KB204032

관음신앙 경전 연구

관음신앙 경전 연구

| 고려와 조선의 유통본을 중심으로 |

김방울 저

운주사

자서自序

이 글은 나의 박사학위논문을 일부 개작改作한 것이다. 뒷부분을 덜어내고, 학위논문에는 없던 내용을 일부 추가했다. 전체적인 내용에는 변화가 없지만 좀 더 짜임새를 갖추게 되었고, 구성상 경전들을 현교와 밀교로 크게 나누었다. 내가 학위를 받은 게 2016년 2월이니, 벌써 10년이 되어간다. 그 사이 학위논문을 수정하여 책을 내고 싶었지만, 책으로 낼 만한 가치가 있는지 확신이 없었다. 그러다가 더 늦기 전에 책을 내야겠다는 만용을 부리게 되었다.

나는 20대 때 법학을 공부했다. 수업은 들었지만, 법학 자체에 크게 흥미를 느끼지는 못했다. 인간과 사회의 좀 더 근본적인 문제에 관심이 있었다. 하지만 그땐 어디 가서 무엇을 공부해야 할지 몰랐다. 그러다가 30살에 다시 대학 신입생이 되었다. 우리의 전통문화를 공부할 수 있는 곳이었다. 고전을 읽을 수 있는 능력을 갖추고 싶었고, 인간 사유의 심연을 들여다볼 수 있는 안목을 갖고 싶었다. 그때 나름 결심한 게 있다. '새로운 분야를 공부하기 시작했으니, 최소 30년은 공부하자.'

이제 몇 년 남지 않았다. 벌써 30년이 되어간다. 이룬 건 없고, 날은 저물어간다. 책보다는 술을, 글쓰기보다는 떠벌리기를 더 좋아했던 거 같다. 하지만 그런 날들이 무익하지 않았음은 내 주위에 좋은 벗들이 있다는 사실이 증명한다. 강의실의 수업보다 술자리의 토론이 더욱 나를 추동하고 계발했던 거 같다. 나의 벗들에게 감사한다.

내가 대학원을 간다니 누군가 물었다. 왜 대학원을 가려 하냐고. 잠깐 머뭇거리다가 대답했다. 깨달음을 얻고 싶다고. 그럼 산으로 가야 하지 않냐고. 나에게 산은 학문이라고. 그렇게 웃으면서 헤어졌었다. 이 글은 이에 대한 중간 결과물이다. 대학원에 가서 자연스럽게 불교 문헌 쪽을 공부하게 되었고, 학위논문 주제도 관음신앙 관련 불서로 정했다. 그냥 관세음보살이 좋았다.

농담처럼 얘기한다. 나는 돈복은 없어도 인복은 많다고. 정말 지금까지 살아오면서 많은 사람들의 도움을 받았다. 인과 연으로 이루어진 세상, 그 속에서 나는 너무 많은 복을 받았다. 일일이 호명할 수 없지만, 나에게 DNA를 물려주신 부모님만은 언급해야겠다. 아버지는 예술을 사랑하고 호기심이 많은 초등학교 선생님이셨고, 어머니는 평생 농부셨다. 나는 농부의 DNA를 더 사랑한다.

Ⅳ. 관음신앙 현교 경전들 63

V. 관음신앙 밀교 경전들 169

I. 서론

이 글은 가장 보편적이면서도 민중적인 불교신앙은 무엇인가라는 질문에서 출발했다. 부처님은 열반 직전에 스스로를 등불 삼고, 진리를 등불 삼아 정진하라고 제자들에게 부촉했지만, 시간이 지나면서 사람들은 마음의 의지처, 신앙의 대상을 찾기 시작했다. 그 대상은 부처님에서 여러 보살들로 확대되었으며, 그 보살들은 각기 자신의 영역과 영험을 소유하게 되었다. 그중에서 가장 폭넓은 영역과 강력한 영험을 소유하고 있는 보살이 바로 관음보살이다. 특히 조선시대에, 더욱이 후기로 갈수록 관음신앙의 확산 또는 관음신앙에로의 수렴 현상이 나타난다. 이는 수많은 관음보살상과 관음보살도의 제작 그리고 사찰 건축에서 관음사, 관음전, 원통전의 건립을 통해 알 수 있다. 이에 발맞추어 관음신앙 관련 불서들도 다수 간행되었다. 그렇다면 이러한 관음신앙 현상을 뒷받침하는 그 실체는 어디에 있는가라는 의문이 들었다. 관음신앙은 불교신앙이고, 불교신앙은 불교경전에 근거를 둘 수밖에 없다는 생각에 관음신앙을 표방하는 경전들을 추출하여 이들을 면밀히 분석해 봐야겠다는 욕구를 느끼게 되었다. 이 글은 이러한 여정의 결과물이다.

현재 우리나라 불교의식에서는 『천수경』을 먼저 독송하며, 재식 때는 관음시식을 하고, 참회의식에서는 『관음예문』에 의거한다. 그리고 우리나라 불자들이 가장 많이 읽는 경전은 『천수경』과 『반야심경』이다. 『천수경』은 천수천안관음의 발원과 대비주의 공덕을 설한 경전이고, 『반야심경』은 그 설법 주체가 관자재보살, 즉 관음보살이다. 불교의 모든 의식을 행하는 데 있어서 이 두 경전을 독송하지 않으면 의식이 행해지지 않을 만큼 중요한 경전으로 숭상되고 있다. 또한 우리나라 불교에서 가장 중시하는 경전은 『법화경』과 『화엄경』이다. 『법화경』에는 「관세음보살보문품」이 들어 있어, 법화신앙의 확산에 중요한 역할을 했으며, 『화엄경』 「입법계품」에는 선재동자가 관음보살을 찾아가 구법하는 장면이 있어 동아시아에서 관음도상과 관음 성지가 만들어지는 근거가 되었다. 선가에서는 대승의 요체와 수행의 방법을 제시한 『수능엄경』을 중시한다. 『수능엄경』에는 25가지 수행 방법을 설명한 25원통장이 있는데, 이 중 관음보살의 '이근원통耳根圓通' 수행이 가장 뛰어남을 강조하고 있다. 그리고 수행 중에 생기는 잡념을 없애기 위해 『수능엄경』에 들어 있는 능엄주를 지송한다.

이 모두를 관통하는 것은 관음보살이 주인공이거나, 관음보살을 예배의 대상으로 한다는 점이다. 그만큼 우리에게 가장 친숙하고 보편적인 불교신앙이 바로 관음신앙인 것이다. 이러한 관음신앙은 불교경전에 바탕하고 있으며, 관음신앙의 확산에는 경전뿐만 아니라 영험전이나 예참문 등이 중요한 역할을 했다. 특히 조선시대에는 교학불교보다는 신앙불교로서의 면모가 두드러진다. 신앙불교에서는 관음보살이 주된 신앙의 대상으로 등장하게 된다. 이러한 관음신앙과 관련하여 조선시대에 어떤 경전들이 간행되었고, 이 경전들은 어떠한 내용들을 담고 있는지, 그리고 새롭게 편찬된 경전일 경우 어떻게 텍스트가 구성되었으며 변화되어 갔는지를 살펴보는 것이 이 글의 주 내용이다. 따라서 이 글의 연구 목적은 다음과 같이 세 가지로 정리할 수 있겠다.

첫째, 관음신앙의 형성과 전개에 어떤 경전들이 영향을 미쳤는지 알아보는 것이다. 종교는 크게 교리, 신앙, 의례로 구성되어 있다. 교리는 주로 성인의 말씀을 기록한 경전에 나타나 있다. 이 교리에 대한 연구와 계승을 위해 일정 집단의 전폭적 신앙이 뒤따른다. 이에는 규칙적이고 반복적인 행위와 과정이 수반되는데 이를 종교의례라 한다. 믿음은 인간의 주관적 정신작용이기에 그 대상과 작용방식을 일정하게 규정짓기 어렵다. 그러나 종교적 믿음인 신앙은 종교 교리와 경전에 기반하기 때문에 마냥 주관적으로 흘러갈 수 없다. 일정한 대상과 형식을 요구하는 것이다. 따라서 신앙은 특정 경전에 바탕을 둘 수밖에 없다. 그렇다면 불교신앙의 대표격인 관음신앙은 어떤 경전들에 근거하여 형성되고 전개되어 왔는지 그 구체적 연관관계를 살펴볼 필요가 있다.

둘째, 신앙은 위에서 언급한 바와 같이 인간의 주관적 정신작용이라 십인십색, 백인백색일 수 있다. 각 개인이 처한 실존적 상황이 다르고 그에 따라 바라는 내용이 다르기 때문이다. 그러나 그 신앙의 대상은 특정 대상으로 일치한다. 따라서 그 특정 대상은 무한한 위신과 권능을 지닐 수밖에 없다. 관음보살 역시 그러하다. 특히 관음보살은 다른 부처나 보살에 비해 그 수용범위가 매우 폭넓다. 각각의 부처와 보살은 자기가 담당하는 영역과 범위가 정해져 있는데 관음보살은 사바세계와 극락세계에 두루 머무르며 모든 중생의 고민과 고난을 해결해준다. 그것이 관음보살이 가장 친근한 모습으로 사바세계 중생의 곁에 자리잡은 이유이기도 할 것이다. 이처럼 관음보살의 위신과 권능은 무한대에 이르나, 역사적 표면에 드러난 모습은 일정한 양상을 보인다. 이를 파악하기 위해서는 실제 간행된 경전들을 중심으로 그 양상을 살펴보는 것이 역사적 실체에 다가가는 방법일 것이다. 그 경전들에 나타난 관음보살의 모습을 중심으로 관음신앙이 어떻게 전개되어 왔는지를 살펴보고자 한다.

셋째, 궁극적으로는 어떠한 역사적 과정을 거쳐 현재 관음신앙의 모습을 갖추게 되었는지 알아보는 것이다. 오늘날 관음신앙이 성행하는 대표적인 지역이 티베트일 것이다. 티베트인들이 숭앙하는 달라이라마는 관음보살의 현신으로 인정되며, 그 현신한 관음보살의 모습을 찬탄하는 주문이 '옴마니반메훔'이라는 육자진언이다. 그 육자진언은 조선시대에도 『성관자재구수육자선정聖觀自在求修六字禪定』이라는 책으로 간행되기도 하고, 낱장 다라니 형태로 다수 간행되어 유통되기도 했다. 그렇지만 이 육자진언이 수행의 방편으로 사용되었을지는 몰라도, 일반 백성들 마음에 스며들지는 못한 것 같다. 그렇다면 현재 한국 불교신자들이 가장 일반적으로 암송하는 주문은 무엇인가. 아마도 '나무아미타불 관세음보살'이 아닐까 싶다. 한반도에 불교가 들어와 다양한 양상으로 전개되어 나갔는데, 민초들 마음에 남은 마지막 고갱이가 '나무아미타불 관세음보살'이라면 그 연유를 알아보는 것도 의미가 있을 것이다.

이러한 연구 목적을 위해 다음과 같이 두 가지 연구 방법을 주로 사용했다.

첫째, 고려와 조선시대에 간행된 경전들 중 관음신앙 관련 경전을 추출하는 것이 우선 과제다. 관음보살은 다수의 대승경전과 밀교경전에 등장하기 때문에 이 모두를 연구의 범위에 포함시킬 수는 없다. 다양한 경전들 중에서 고려와 조선시대에 실제 간행되어 유통되었고, 관음신앙을 직접적으로 표방하는 경전들에 주목한다. 이에는 경전뿐만 아니라 영험전과 예참문도 포함시킨다. 그 범위를 정함에 있어서는 간행 목록과 책판 목록, 그리고 기존의 선행 연구들을 참조하였다.

둘째, 고려와 조선시대 관음신앙 관련 경전을 선정한 다음 이 경전들을 하나씩 분석해 나간다. 분석의 방법은 크게 세 가지로 나눌 수 있다. 경전의 내용 구성과 출전을 분석하는 방법, 텍스트 구성의 변천을 검토하는 방법, 그리고 경전의 주요 간행본을 정리하는 방법 등이다. 경전에 따라 이 세 가지 방법을 적절히 적용하여 각 경전의 내용과 역사적 맥락을 검토해 나간다.

II. 관음신앙과 관음보살

1. 불교신앙 속의 관음신앙

『진심직설』[1]에서는 영명연수(904~975) 스님의 말을 인용하여 다음과 같이 말하고 있다.

> 믿기만 하고 이해하지 않으면 무명만 키우고,
> 이해하기만 하고 믿지 않으면 사견만 키운다.
> 그러므로 믿음과 이해를 겸하여 알아야만 도에 빨리 들어갈 수 있음을 알라.[2]

---

1 이 책은 기존에 보조지눌의 저술로 알려져 있었으나, 최연식 교수의 연구에 의해 보조지눌의 저술이 아니라 중국 金代 승려 政言禪師의 저술로 밝혀졌다. 다음의 논문을 참고할 수 있다. 남권희·최연식, 「진심직설의 저자에 대한 재고찰」, 『한국도서관·정보학회지』 31(2), 2000; 최연식, 「진심직설의 저자에 대한 새로운 이해」, 『진단학보』 94, 2002.

2 『眞心直說』「眞心正信」"信而不解 增長無明 解而不信 增長邪見 故知 信解相兼

'신信'과 '해解'와 '행行'의 관계를 잘 보여주고 있는 말이다. 대승불교의 시작은 '신'에서부터 시작한다. 물론 이 신앙은 부처님 가르침에 대한 믿음이다. 이 믿음을 바탕으로 '행'으로 나아가야 하는데, 그 '행'이란 개인적 수행을 넘어 자비의 실천, 즉 중생구제를 말한다. 하지만 이 둘은 '해'를 바탕으로 해야 한다는 것이 대승불교의 특징이다. '해'는 진리에 대한 이해 즉 세계 실제 모습에 대한 이해를 말하며 그것은 용수가 체계화한 '공'의 가르침이다. '진리 탐구'와 '자비 실천'은 둘인 듯하나 하나이다. 자비의 실천은 공의 논리를 바탕으로 해야 한다. 공의 논리란 다름 아닌 나와 남에 대한 집착과 분별심을 없애는 것이다.

그리고 『대지도론』에서 용수보살은 모든 불경의 시작점인 '여시아문'을 풀이하면서 '신'의 중요성을 다음과 같이 설명하고 있다. "불법은 큰 바다와 같아서 믿음으로 들어갈 수 있고, 지혜로써 건널 수 있다. '여시'의 뜻은 '믿음'이다. 만약 어떤 사람이 마음속에 청정한 믿음을 갖고 있다면 이 사람은 능히 불법에 들어갈 수 있다. 만약 믿음이 없다면 이 사람은 불법으로 들어갈 수 없다."[3] 왜 '이와 같이 나는 들었다'라고 말하는가. '이와 같이'는 내가 들은 내용, 즉 이후에 전개될 부처님과 제자들과의 대화이다. 그 대화 속에 부처님의 가르침이 들어 있는 것이다. 그 가르침에 대한 믿음을 전제하는 것이 '여시아문'

得入道疾."

3 『大智度論』第1卷 '摩訶般若波羅蜜初品如是我聞一時釋論第二' "佛法大海 信爲能入 智爲能度 如是義者 卽是信 若人心中有信淸淨 是人能入佛法 若無信 是人不能入佛法."

속에 들어 있다는 뜻이다. 그래야만이 부처님 가르침 속으로 들어갈 수 있고, 그 속에서 지혜를 얻어 인생이라는 쓴 바다를 건널 수 있다.

'신信'을 논함에 있어서 대승의 최고 논서인 『대승기신론』을 빼놓을 수 없다. 첫 부분 '귀경송'에서 이 논서를 지은 목적을 다음과 같이 밝히고 있다. "중생으로 하여금 의혹과 삿된 집착을 없애고 대승의 바른 믿음을 일으켜 부처님 씨앗이 끊이지 않도록 하고자 함이다."[4] 바른 믿음, 즉 '정신正信'은 위에서 설명한 『진심직설』에서 강조하고 있는 대목이기도 하다. 그 다음 이어지는 '인연분'에서 대승기신론을 저술하게 된 동기를 8가지로 설명하고 있다. 그중 두 번째로 "여래의 근본 뜻을 해석하여 중생들로 하여금 바르게 이해하여 오류가 없도록 하고자 함"[5]을 들고 있다. 여기서는 바른 이해, 즉 '정해正解'를 강조하고 있다. 이어서 "선근이 성숙한 중생들에게는 불퇴전의 믿음을 얻게 하고, 선근이 미약한 중생들에게는 신심信心을 닦게 하고자 함"[6]이라고 밝히고 있다. 이러한 믿음을 바탕으로 수행의 방편을 제시하고 있는데, "일곱 번째로 일념으로 염불하는 방편을 보여 아미타불 극락정토에 왕생하기 전에 불퇴전의 신심을 갖게 하고자 함"[7]이라고 설명한다. '해'를 바탕으로 '신'으로 나아가며, 다시 그 '신'을 바탕으로

---

4 "爲欲令衆生 除疑捨邪執 起大乘正信 佛種不斷故."

5 "爲欲解釋如來根本之義 令諸衆生正解不謬故."

6 "三者 爲令善根成熟衆生 於摩訶衍法 堪任不退信故 四者 爲令善根微少衆生 修習信心故."

7 "七者 爲示專念方便 生於佛前 必定不退信心故." 이 대목의 번역은 釋法性 편역, 『대승기신론』, 운주사, 2003, 71쪽을 참조했다.

'행'으로 나아가야 하되, 결국 핵심은 '불퇴전의 신심'임을 강조하고 있다. 이 내용은 거듭 '수행신심분'에서 강조되고 있다.

결국 불교의 신앙이란 부처님에 대한 순종, 진리의 근원, 불교의 입문처라고 할 수 있다. 하지만 이러한 마음이 지향하는 바는 보살의 마음 즉 중생구제다. 아무리 악한 사람이라도 인간은 모두 부처의 대자비력에 의해 구제받을 수 있다는 것을 확신하는 것, 이것이 궁극적으로 추구하는 가치이다. 여기서 왜 대승불교에서 보살이라는 존재를 중요하게 부각시켰는지를 알 수 있다. 석가모니 부처는 이미 적멸에 든 지 오래되었고, 교단은 번쇄한 논리 싸움에 분열되었으며, 반면 중생들의 삶은 정치적 소용돌이에 휘말려 점점 피폐해져 가는 상황에서 중생들에게는 새로운 의지처가 필요했다. 힘들고 외로운 삶을 돌봐줄 존재, 현실구제를 약속해 줄 존재, 그러한 존재가 '보살'이라는 존재로 투영되었던 것이다. 그래서 다수의 '보살'이 출현하게 되었다. 부처는 진리의 총합체로 추상화되고 시대적 상황과 필요에 따라 그 일부를 구체화시킨 보살들이 출현한 것이다. 중생과 부처 사이가 멀어지면 그 사이를 중계할 매개체가 필요하다. 그러한 존재를 대승 이론가들은 부처님 전생담에서 끌어냈는데, 부처님이 깨달음을 얻기 이전 전생에서 수행의 과정에 있던 '보살'이 그것이었다. 이 보살들이 경전의 전래와 함께 동아시아에 소개되면서 다양한 신앙을 만들어냈는데 대표적인 신앙으로 다음과 같은 다섯 가지를 들 수 있다.

① 관음신앙은 부처님이 구제성자의 형식을 빌려 관세음보살로 나타난 중생구제 신앙이다. 칭명염불稱名念佛의 대표적 신앙으로,

동아시아에서 불교 확산에 중요한 역할을 한 보살이다. 다양한 소의경전이 존재한다.

② 아미타신앙은 부처님이 내세 인도자의 형식을 빌려 아미타불로 나타난 내세신앙 즉 정토신앙이다. 이 신앙의 소의경전으로는 『무량수경』, 『관무량수경』, 『아미타경』 즉 정토삼부경이 있다. 그리고 세친의 『정토론』도 큰 영향을 미쳤다.

③ 미륵신앙은 부처님이 재림자 메시아의 형식을 빌려 미륵불로 나타난 재림신앙이다. 이 신앙의 소의경전으로 미륵삼부경이 있는데, 『불설미륵하생성불경』, 『불설미륵상생성불경』, 『불설미륵대성불경』이 그것이다. 세친의 형인 무착(310~390년경)이 체계화시켰다.

④ 지장신앙은 부처님이 인간 성자의 형식을 빌려 지장보살로 나타난 절망의 신앙이다. 지옥이 텅 빌 때까지 자신의 성불을 늦추면서 중생구제를 하겠다는 보살이다. 이 신앙의 소의경전으로는 현장 번역의 『대승대집지장십륜경』과 실차난타 번역의 『지장보살본원경』이 있다.

⑤ 약사신앙은 복덕과 장수, 건강과 행운을 기약하는 타력적 현세이익 신앙이다. 이 신앙의 소의경전으로는 달마급다가 번역한 『약사여래본원경』, 현장이 번역한 『약사유리광여래본원공덕경』, 의정이 번역한 『약사여래칠불공덕경』 등 세 경전이 있다.

이 다섯 가지 신앙은 부처님이 각각의 형식을 빌려 나타낸 방편이므로, 상호 충돌적인 성질의 것이 아니라 상호 보충적이며 상호 관통적인 성질을 갖고 있다.[8] 여기서 드는 의문은 아미타신앙, 미륵신앙, 지장신앙, 약사신앙은 각 신앙이 의지하는 소의경전이 분명한데, 관음신앙은 너무 다양하다는 것이다. 아미타와 미륵, 지장보살과 약사여래는 각각을 주인공으로 하는 별도의 경전들이 존재하는 데 반해 관음보살은 다양한 대승경전에 산재되어 나타난다. 물론 밀교 경전으로 가면 천수관음 등 변화관음을 주인공으로 하는 다수의 경전들이 출현하지만 말이다. 그렇다면 관음신앙은 어떠한 경전에 근거하여 형성, 전개되어 왔는가. 우선 관음신앙의 역사적 전개를 개관한 다음, 관음보살이 등장하는 주요 경전과 이들 경전에 나타난 관음보살의 모습과 특징을 살펴보고자 한다.

2. 우리 역사 속의 관음신앙

본격적인 관음신앙 경전들을 논하기에 앞서 관음신앙의 역사적 전개를 개관해 볼 필요가 있다. 여기서는 관음신앙 관련 주요 경전들에 초점을 맞춰 내용을 서술하고자 한다.

1) 삼국시대·통일신라시대의 관음신앙

삼국의 관음신앙을 알 수 있는 구체적 자료는 거의 남아 있지 않다. 다만 삼국이 중국을 통해 불교를 받아들였고, 중국과 활발히 교류했다는 점, 그리고 당시 중국이 남북조시대였고 적극적으로 역경사업을 추진했다는 점 등을 감안한다면 중국에서 번역된 경전들이 삼국에

8 석지현, 『불교를 찾아서』, 일지사, 1997, 176~213쪽 참조.

전래되었을 가능성이 높다. 이들 중 관음 관련 대표적 경전들을 뽑아보면 우선 『정법화경』과 『묘법연화경』의 「관세음보살보문품」을 들 수 있다. 이 「보문품」은 동아시아 관음신앙 형성의 기본 토대라고 볼 수 있다. 그리고 『반야심경』의 최초 번역본인 『마하반야바라밀대명주경』이 후진 구마라집에 의해 402년에서 412년 사이 번역되었다. 불타발타라(359~429)가 418년에서 420년 사이에 『화엄경』의 최초 번역인 60권본 『화엄경』을 번역했다. 동아시아 정토신앙의 기본 경전인 정토삼부경도 이때 번역되었다. 『무량수경』은 이미 252년 강승개에 의해 번역되어 있었고, 『아미타경』은 402년 구마라집에 의해, 그리고 『관무량수경』은 433년 강량야사에 의해 번역되었다. 『관세음보살수기경』은 남조 송시대 담무갈이 420년에 번역하였다. 줄여서 『관세음수기경』·『관음수기경』이라고 한다. 420년경 천축거사 축난제가 『청관세음보살소복독해다라니주경』, 일명 『청관세음경』을 번역했다. 「보문품」의 칭명염불뿐만 아니라 밀교적 신주와 실천적 수관법修觀法까지 소개하고 있다. 『불설십일면관세음신주경』은 북주 무제(561~578)가 권력을 잡기 직전인 560년경 야사굴다에 의해 번역되었다. 이런 분위기에서 의위경疑僞經도 제작되었다. 『소관음경小觀音經』이라 일컬어지는 『고왕관세음경高王觀世音經』과 아울러 『관세음십대원경觀世音十大願經』, 『관세음영탁생경觀世音詠託生經』, 『관세음보살왕생정토본연경觀世音菩薩往生淨土本緣經』, 『관세음참회제죄주경觀世音懺悔除罪呪經』, 『관세음보살구고경觀世音菩薩救苦經』, 『관세음소설행법경觀世音所說行法經』, 『관세음삼매경觀世音三昧經』 등이 그것이다.[9]

신라와 통일신라의 관음신앙은 『삼국유사』의 기록을 통해 그 일단을 엿볼 수 있다.[10] 관련 사례를 소개하면 다음과 같다.

① 제2권, 「문호왕文虎王 법민法敏」

문무왕의 아우 김인문이 당에서 옥에 갇혔을 때 신라에서는 인곡사仁谷寺를 짓고 관음도량을 개설했다.

② 제3권, 「분황사천수대비맹아득안芬皇寺千手大悲盲兒得眼」

경덕왕대 한기리漢岐里에 사는 여자 의명希明의 아이가 태어난 지 5년 만에 눈이 멀었다. 어느 날 그 어머니가 애를 안고 분황사 좌측 전각 북쪽의 천수대비 그림 앞에 가서 아이를 시켜 노래를 지어 빌었더니 마침내 눈을 떴다. 그 노래에 이르기를 "무릎 꿇고 두 손 모아 천수관음 앞에 비옵니다. 천개의 손과 천개의 눈을 가지셨으니 하나를 내고 하나를 덜어 둘 다 없는 나에게 하나를 주시옵소서. 아아! 나에게 주시오면 그 자비가 얼마나 클 것이옵니까."

③ 제3권, 「낙산이대성洛山二大聖 관음觀音 정취正趣 조신調信」

670년 의상이 당에서 귀국하자마자 낙산 해변굴에서 관세음보살의 진신眞身을 친견했고, 원효는 관음의 진용眞容을 참배코자 했으나

---

9 김영태, 「삼국(麗·濟·羅)의 관음신앙」, 『한국관음신앙』, 동국대 불교문화연구원 편, 1997, 80~120쪽 참조.

10 김영태, 「신라의 관음신앙(삼국유사를 중심으로)」, 『불교학보』 제8집, 동국대 불교문화연구소, 1976.

만나지는 못하고 다만 관음의 현신인 백의여인白衣女人을 만났다.

④ 제3권, 「백률사栢栗寺」

효소왕 2년(693) 국선國仙 부례랑夫禮郞의 양친이 백률사 대비상大悲像 앞에서 기도하였다.

⑤ 제3권, 「남백월이성南白月二聖 노힐부득努肹夫得 달달박박怛怛朴朴」

성덕왕 8년(709) 노힐부득과 달달박박이라는 두 승에게 한 여인이 찾아와 "나는 관음보살인데 대사들의 깨달음을 이루도록 와서 도운 것이다."라고 말했다.

⑥ 제3권, 「민장사敏藏寺」

경덕왕 4년(745) 우금리禺金里에 사는 보개寶開의 아들 장춘長春이 바다에 장사하러 나가 돌아오지 않자 보개가 민장사 관음상 앞에 가서 7일을 기원하였더니 홀연 아들이 돌아왔다.

⑦ 제3권, 「대산월정사臺山月精寺 오류성중五類聖衆」

신효거사信孝居士가 출가 수도할 거처를 묻자 한 노부인이 그 장소를 알려주고 사라져 버렸다. 신효는 그것이 관음의 가르침인 줄 알았다.

⑧ 제3권, 「삼소관음三所觀音 중생사衆生寺」

중국의 화가가 신라로 와 중생사의 대비상을 조성하였다.

⑨ 제4권, 「자장정율慈藏定律」

신라 자장율사의 아버지는 청관요직을 지냈으나 후사가 없었다. 삼보에 귀의하고 천부관음千部觀音에게 기원하기를, 만일 아들을 낳으면 시주하여 법해法海의 기둥을 이루겠다고 하여 자장이 태어나게 되었다.

⑩ 제5권, 「경흥우성憬興遇聖」

신문왕대의 대덕 경흥은 웅천주熊川州 사람으로서 갑자기 병이 든 지 여러 달이 되었다. 한 여승이 와서 살펴보고 말했다. 지금 대사의 병은 슬픔이 원인이니 크게 웃으면 나을 것입니다. 그러고 나서 십일상十一相의 가면을 만들어 웃음거리 춤을 추게 했다. 그 모양이 말로 표현할 수 없을 정도로 재미있어 모두 턱이 빠질 정도로 웃었다. 이에 대사의 병이 부지불식간에 깨끗이 나았는데, 여승은 문을 나가 남항사南巷寺에 들어가 숨어버렸다. 그리고 가지고 있던 지팡이만 십일면원통상十一面圓通像 앞에 있었다.

⑪ 제5권, 「광덕廣德 엄장嚴莊」

문무왕대(661~681)에 분황사의 비婢가 십구응신十九應身의 하나였다.

⑫ 제5권, 「욱면비염불서승郁面婢念佛西昇」

욱면은 아간 귀진의 계집종이었는데, 일하는 틈틈이 염불을 지성으로 하여 서쪽으로 올라갔다. 일찍이 관음의 현신인 팔진八珍이 제자들을 두 패로 나누어 정진하게 했는데, 이들 중 계를 얻지 못하고 죽은 이가 있었다. 그는 축생도에 떨어져 부석사의 소가 되었다. 그 소가 불경을 싣고 가다가 불경의 힘을 입어 아간 귀진의 계집종으로 태어나게 되었는데, 그가 바로 욱면이었다.

이 기록들을 통해 11면 관음, 천수관음, 관음보살의 응신, 관음보살의 재난구제 능력 등에 대한 신앙의 모습을 엿볼 수 있다. 그리고 838년에서 847년까지 당을 순례했던 일본 승려 원인圓仁이 남긴 기록인『입당구법순례행기』속에서 신라 관음신앙의 흔적을 발견할 수 있다. 즉 원인은 839년 11월의 기사에서 장보고가 당나라에 창건한 사찰 적산赤山 신라원新羅院에서의 송경의식을 기록하고 있다. "도사가 나무대자대비를 읊으면 대중들은 관세음보살을 외운다."[11]

신라의 고승 지인智仁과 둔륜遁倫 등은 각각『십일면경소十一面經疏』1권씩을 남기고 있어 관음보살 신앙에 대한 학술적 연구 또한 행해지고 있었음을 볼 수 있다. 그러나 아쉽게도 현재 전해지지 않는다. 석굴암 십일면관음상을 통해서도 신라에서 얼마나 관음신앙이 성했는지를 알 수 있다.

2) 고려시대의 관음신앙

고려불교의 특징은 여러 종류의 법회·법석·도량·설재 등의 행사가 많았다는 점이다. 국가가 어지럽고 외환이 잦았던 당시의 난국을

---

11 圓仁 저, 申福龍 역,『入唐求法巡禮行記』, 정신세계사, 1991, 122쪽.

부처의 힘으로 해결하려는 목적이었다. 이러한 현상은 기복양재祈福禳災적 고려불교의 성격을 잘 보여준다.[12] 그러나 고려 후기로 갈수록 국가와 사회를 이끌어가고 중생을 제도하는 것을 본분으로 삼는 지혜의 종교인 불교가 그 지도적 활력을 상실하게 되어 국가사회는 물론 승단 자체의 타락도 구하지 못하는 결과를 가져오게 되었다. 정권쟁탈에 참여, 권력을 등에 업고 재산을 축적하고, 국정을 문란하게 했다. 이를 통해 불교의 폐단이 심화되자 이를 비판하는 유학자들의 비판상소가 뒤를 이었다.[13]

충렬왕 무렵부터는 티벳불교가 유입되어, 육자주와 염송이 널리 유행했다. 관음신앙과 밀교의 융합 현상이 나타난 것이다. 충렬왕 때 혜영惠永(1228~1294)이 『백의해』를 지었다. 백의관음보살에 대한 예참문으로서 관음신앙을 통해서 고려시대에 밀교적인 정토사상을 확립해 보려는 의도에서 저술한 것이다. 체원體元은 신라의 의상교학에서 관음신앙의 실천성을 추구하고, 『백화도량발원문』에 주석을 단 『백화도량발원문략해』 1권을 저술했다.[14] 그리고 『화엄경관자재보살소설법문별행소華嚴經觀自在菩薩所說法門別行疏』 2권과 『화엄경관음지식품華嚴經觀音知識品』 1권도 저술했다. 충혜왕 때는 요원了圓이 『법화영험전』 2권을 저술했다. 이들 저술 중 『백의해』와 『법화영험전』에 대해서는 아래에서 자세히 고찰하기로 한다.

---

12 김영태, 『한국불교사개설』, 경서원, 1993, 120쪽.

13 김영태, 위의 책, 157쪽.

14 채상식, 「체원의 저술과 화엄사상-14세기 화엄사상의 단면」, 『한국화엄사상연구』, 동국대 불교문화연구원, 1982.

3) 조선시대의 관음신앙

조선시대에는 11종의 종단이 태종 때 7종으로 축소되었고, 다시 세종 6년(1424)에 선교 양종으로 통폐합되었다. 이조차도 연산군 때 일시 폐지되었다가 중종 때 완전히 소멸되었다. 다시 명종 때 잠시 부활하였다가 문정왕후 사후 영영 자취를 감추고 말았다. 이후 깊은 산속에 자리잡은 승가는 선종도 교종도 아니고 정토종도 계율종도 아니며 현교도 밀교도 아닌 종단 부재의 산승불교가 되어 버렸다. 승가에서는 관가와 유자들에게 종이, 기름, 신주 위패목 용 밤나무, 짚신 등을 바쳐야 했고, 그 밖에 여러 가지 잡역을 맡았다. 그리고 왜란과 호란을 당해서는 의승군을 일으켜 구국에 앞장을 섰다. 전쟁이 끝난 뒤에는 산성을 쌓고 도성을 수비하는 일을 도맡아 하였다. 그러면서도 성내와 도회처에 출입이 금지되었고 가장 천한 대우를 받아야 했다. 1895년 도성출입이 해금될 때까지 산승의 시대는 계속되었다.[15]

조선 전기에는 왕실 차원의 관음신앙이 주목된다. 세종과 문종 때 『법화경』 사경이 이루어지고 법화법석이 설행되었다. 세조는 즉위 7년(1461) 경기도 지역을 순시하다가 경기도 양평 용문산 상원사에 머물게 되었는데, 이때 관음보살을 친견하게 되었다. 이 장면을 글로 짓게 했는데, 이것이 최항이 찬한 『관음현상기觀音現相記』이다. 인수대비 등 왕실 여성들의 발원으로 관음신앙 관련 불경들이 간행되거나 인출되었는데, 이는 이후 간행되는 경전들의 모범이 되었다. 그리고 조선 전기 불전간행과 관련하여 가장 주목해야 할 인물은 성달생이다.

---

15 김영태, 위의 책, 165~167쪽.

그는 성삼문의 조부이자 한계희의 외조부로 『법화경』, 『수능엄경』, 『육경합부』 등을 서사했다. 이 서사본은 이후 이들 경전 간행의 바탕이 되어 수많은 복각본을 만들어냈다.

조선 후기에는 전국 각지 사찰에서 불교전적이 간행되었다. 이 시대에 간행된 불서들의 특징은 다음과 같다. 첫째, 조선 전기에 간행된 불서들은 교학상으로 중요한 경·율·론 및 그 주석서들이 대부분을 차지하였으나, 후기로 갈수록 다라니경, 진언집, 불교의식집, 위경류僞經類 불서의 간행이 두드러지게 증가하였다. 둘째, 조선 전기까지는 관판의 비중이 상대적으로 높았으나, 간경도감이 폐지된 후부터는 국가 주도의 공적인 간행은 거의 자취를 감추고, 불서들은 대부분 사찰에서 사간판으로 간행되었다. 셋째, 다라니경, 진언집, 불교의식집, 위경류 등 대중적인 불서들이 대부분 언해되어 간행되었다. 특히 조선 후기에는 관음신앙 관련 불서들이 다수 간행되었다. 이들은 위에서 설명한 바와 같이 거의 사찰판이고, 밀교 계통이 압도적이며, 대부분 언해되었다.[16] 그리고 『영험약초』, 『관세음보살영험약초』, 『법화영험전』, 『관세음지험기』, 『관세음보살지송영험전』 등 관음신앙의 영험을 강조하는 불서들이 간행되었다. 이들에 대해서는 아래에서 자세히 언급하기로 한다.

---

16 이봉춘, 「조선시대의 관음신앙」, 『한국관음신앙』, 동국대 불교문화연구원 편, 1997, 175~183쪽 참조; 이봉춘, 「조선 전기 불전언해와 그 사상」, 『한국불교학』 제5집, 한국불교학회, 1982; 서윤길, 「조선조밀교사상연구」, 『불교학보』 제20집, 1983; 남희숙, 「조선후기 불서간행 연구: 眞言集과 佛教儀式集을 중심으로」, 2004, 서울대 국사학과 박사학위논문, 2쪽.

3. 경전에 나타난 관음보살

관음보살이 등장하는 대표적 경전들은 『반야심경』, 『법화경』「관세음보살보문품」, 『화엄경』「입법계품」, 『관무량수경』, 『수능엄경』, 『천수경』 등이다. 이 외에도 많은 경전들이 있으나, 동아시아 관음신앙에서는 이 경전들을 중심으로 해서 관음보살의 이미지와 위신력이 형성되었다. 이 경전들은 시기를 달리하여 형성되었지만, 관음보살에 대해서는 몇 가지 특징을 중심으로 일관된 흐름을 보이고 있다. 우선 이들 경전에 나타난 관음보살의 특징을 표로 제시하면 다음과 같다.

〈표〉 각 경전에 나타난 관음보살의 특징

경전 / 특징	『반야심경』	『법화경』 「보문품」	『화엄경』 「입법계품」	관무량수경』	『수능엄경』	밀교 (『천수경』)
핵심 내용	공空	칭명염불	자비해탈문	보처불	이근원통	자비
재난구제		재난구제	재난구제		재난구제	재난구제
응신應身		33응신	응신		32응신	변화신 變化身
시무외 施無畏	무유공포 無有恐怖	시무외자	무외공덕		14무외공덕	
정토淨土			극락정토 관음정토	극락정토	극락정토	
신주神呪	주呪				능엄주 4불사의무작 묘덕	변화신 變化身 신주 (다라니)

우선 핵심 내용은 각 경전이 표방하는 중심 법문을 나타낸다. 『반야심경』에서는 관자재보살이 반야바라밀다 수행을 통해 오온이 모두

공함을 깨달았다고 밝히고 있다. 『법화경』「관세음보살보문품」은 관음신앙 형성에 결정적 영향을 미친 경전으로서 관음보살의 이미지를 구성하는 기본적 요소를 구비하고 있다고 할 수 있다. 이 「보문품」의 핵심 내용은 관세음보살의 이름을 지성으로 염하면 관세음보살이 이 소리를 듣고 재난에서 구해 준다는 것이다. 『화엄경』「입법계품」에서는 선재동자가 참방하는 53선지식 중 관음보살이 등장하는데, 관음보살은 선재동자에게 자기가 수행하여 깨달은 '자비해탈문'을 설해 준다. 『관무량수경』에서는 관음보살이 대세지보살과 함께 아미타불의 협시로 등장하는데, 관음보살은 아미타불의 뒤를 이를 보처불로 인정받는다. 『수능엄경』에서는 25원통 법문이 설해지는데, 관음보살이 수행한 이근원통 수행이 가장 수승함을 부처님으로부터 인가받는다. 『천수경』 등 밀교 경전에서는 관음보살의 자비력을 강조하기 위해서 다양한 모습을 가진 관음보살이 탄생한다.

관음보살이 가진 특징과 위신력은 크게 재난구제, 응신력, 시무외, 왕생정토, 신주로 나눌 수 있다. 이들은 서로 긴밀하게 연결되어 있는데, 재난에 빠진 중생들을 구제하기 위하여 그때그때 필요한 모습으로 몸을 나타내며, 두려움을 없애주고, 극락정토나 관음정토에 왕생할 수 있도록 이끌어준다. 그리고 수행과 구제의 수단으로 신주를 설한다. 재난구제의 내용은 『법화경』「관세음보살보문품」에 처음 등장하는데, 이후 『화엄경』「입법계품」과 『수능엄경』 그리고 『천수경』에도 계속 이어진다. 응신의 내용은 『법화경』「관세음보살보문품」에서 설해진 이후 『화엄경』「입법계품」에도 나타나고 『수능엄경』에서 더욱 자세히 설해진다. 그리고 밀교 경전에서는 훨씬 구체적이고 다양한 변화신들과 무드라(mudra, 수인手印)가 등장한다. 관음보살은 경전에서 '시무외자'로도 칭해지는데, 이는 중생들의 두려움을 없애준다는 의미이다. 이는 『반야심경』에서 '무유공포'라 하여 관음보살이 수행한 반야바라밀다의 공덕을 설하고 있는 대목에서도 보인다. 이 시무외의 공덕은 『법화경』「관세음보살보문품」, 『화엄경』「입법계품」, 『수능엄경』에서 계속 설해진다. 정토의 안내자로서 관음보살은 『화엄경』「입법계품」과 『관무량수경』, 그리고 『수능엄경』에 나타난다. 관음보살은 『반야심경』에서 반야바라밀다주를 설하고, 밀교 경전에서는 다양한 다라니를 지니게 된다. 그리고 『수능엄경』에서는 신주를 설하는 주체로 관음보살이 명시되지는 않지만 관음보살의 현실적 권능을 나타내는 능엄주가 설해진다.

Ⅲ. 불교설화에 나타난 관음 신앙과 경전들

1. 불교설화에 나타난 관음신앙

1) 중국 초기 관음신앙 영험전

중국에서는 진晉대 이후로 관음보살 신앙에 대한 영험담들이 산출되어 기록되기 시작한다. 불교가 서역의 종교로 들어와 서서히 이해되고 토착화하는 과정에서 불보살에 대한 신앙도 점점 깊어간 것으로 보인다. 이 초기 영험전들을 살펴보는 이유는 여기에 실려 있는 영험담들이 이후에 편찬되는 영험전에 계속 인용되며 원자료로서의 역할을 하고 있기 때문이다. 고려와 조선시대에 편찬 간행된 영험전에서도 마찬가지이다. 중국에서 여러 불경과 함께 신앙에 대한 경험담인 영험전들이 한반도에 소개되면서 불교에 대한 교리적 이해와 신앙적 행위가 동시에 상승하는 시너지효과를 낸 것으로 보인다.

『광세음응험기光世音應驗記』는 유송劉宋대 상서령을 지낸 부량傅亮

(374~426)이 찬술한 책이다. 모두 7건의 관세음영험담을 수록해 놓고 있다. 이에 앞서 동진의 고사高士 사부謝敷가 관세음보살의 영험담 10여 편을 1권으로 편찬하여 당시 회계에 살고 있던 부량의 아버지 부원傅瑗에게 보낸 적이 있다. 그런데 부원은 399년 병란을 만나 사부가 보낸 영험전을 잃어버리고 만다. 그 글을 다시 찾을 수가 없어 부량이 아버지 부원에게 들었던 내용을 기억해 내어 기록한 것이 바로 『광세음응험기』이다. 따라서 일실되었지만 사부가 지은 『광세음응험전』이 중국 최초의 관세음영험전이 된다.

5세기 전반 장연張演이 부량의 『광세음응험기』에 감동되어 10건의 영험담을 묶어 세상에 내놓았는데, 그것이 『속광세음응험기續光世音應驗記』이다. 그리고 501년 남조의 제나라 육고陸杲(459~531)가 69건의 관세음영험담을 모아 편찬한 것이 『계관세음응험기繫觀世音應驗記』이다. 『광세음응험기』와 『속광세음응험기』, 『계관세음응험기』는 중국에서도 중간에 산실되어 전해지지 않다가 1970년 목전체량牧田諦亮이 1100년대 사본을 바탕으로 다시 복원해 내면서 알려지게 되었다.[1]

그 외에도 유송 임천臨川 강왕康王 유의경劉義慶이 편찬한 『선험기宣驗記』가 있는데, 『계관세음응험기』에 언급된 것으로 보아 그 이전에 편찬된 것으로 보인다. 그리고 태원왕太原王 염琰이 편찬한 『명상기冥祥記』는 염이 육고와 친분이 있었던 것으로 보아 『계관세음응험기』와 비슷한 시기에 편찬된 것으로 보인다. 당대 도세道世가 편찬한 『법원

---

1 김찬용, 「조선시대에 유포된 관음영험설화-관세음보살지송영험전을 중심으로」, 동국대 석사학위논문, 1978, 7~9쪽 참조.

주림法苑珠林』에는 『명상기』에 나오는 기사를 다수 인용하고 있다.[2]

이하에서는 조선시대에 간행되었던 『법화영험전』, 『관세음지험기』, 『관세음보살지송영험전』을 중심으로 살펴보고자 한다.

2) 『법화영험전』의 간행과 관음신앙

『법화영험전』은 고려 충혜왕 때 왕사를 지낸 요원이 편찬한 책으로 2권 1책으로 구성되어 있으며 현재 전해지고 있다. 『법화경』의 수지, 독송, 서사, 강해가 지니는 영험의 다양한 사례를 기록하고 있다. 『법화경』의 각 품별로 목차를 나누어 해당되는 기사를 각 품에 배치시키고 있다. 당 혜상慧詳의 『홍찬전弘贊傳』 10권, 송 종효宗曉의 『현응록現應錄』 4권, 고려 천책天頙의 『해동전홍록海東傳弘錄』 4권 및 『영서집靈瑞集』, 『송고승전宋高僧傳』, 『태평광기太平廣記』, 『이견지夷堅志』, 『남산삼보감통록南山三寶感通錄』, 『석법안전釋法眼傳』, 『용서정토문龍舒淨土文』, 『계살류戒殺類』, 『권적본전權適本傳』, 『법원주림전法苑珠林傳』, 『사부관음전謝敷觀音傳』, 『계림고기략鷄林古記略』, 『민장사기敏藏寺記』, 『천태별행소天台別行疏』, 『해동고승전海東高僧傳』, 『속고승전續高僧傳』 등의 문헌에서 영험담 114개를 채록하고 있다. 『해동전홍록』은 진정국사眞淨國師 천책이 4권 1책으로 편찬한 것으로 일실되어 현재는 전하지 않는 책이다. 그런데 이 『법화영험전』에 7건의 기사가 인용되고 있는 것이다. 그리고 지금은 전하지 않는 『해동고승전』, 『계림고기략』, 『민장사기』, 『권적본전』 등 신라와 고려시대의

---

2 김영태, 「삼국(麗·濟·羅)의 관음신앙」, 『한국관음신앙』, 동국대 불교문화연구원 편, 1997, 81~87쪽 참조.

기록들이 수록되어 있어 그 가치를 더하고 있다.

(1) 『법화영험전』의 간행

1534년 전라도 고창 문수사에서 간행된 중간본 발문에 의하면 원래 고려 묘혜妙慧 대사의 희사로 수원 만의사에서 간행된 판본이 있었다고 한다. 그러나 현재는 일실되어 전하지 않는다. 이후 1544년 함경도 안변 석왕사와 1550년 경상도 풍기 철암, 1564년 황해도 대청산 중암, 1652년 전라도 보성 개흥사, 1795년 경기도 양주 불암사에서 다시 간행되어 현재 전해지고 있다. 이를 표로 정리하면 다음과 같다.

〈표〉『법화영험전』 간행 목록

서명	판본	간행년(인출년)	간행처
법화영험전	목판본(일실)		경기도 수원 만의사
법화영험전	목판본 (고려 만의사본 복각본)	중종 29(1534)	전라도 고창 문수사
법화영험전	목판본 (고려 만의사본 복각본)	중종 39(1544)	함경도 안변 석왕사
법화영험전	목판본	명종 5(1550)	경상도 풍기 철암
법화영험전	목판본	명종 19(1564)	황해도 수안 대청산 중암
법화영험전	목판본	효종 3(1652)	전라도 보성 개흥사
법화영험전	목판본	정조 19(1795)	경기도 양주 불암사

우선 만의사에 대해서는 태조 1년(1392) 양촌 권근이 쓴 '수원만의사축상화엄법화법회중목기水原萬義寺祝上華嚴法華法會衆目記'[3]라는 기문이 있다. 이 글은 '수원 만의사에서 축원하며 올린 『화엄경』과

3 『양촌선생문집』 제12권 記類; 『동문선』 제78권.

『법화경』 법회의 여러 사목에 대한 기록'으로 1388년 위화도 회군 때 이성계를 도왔던 신희神照가 1391년 만의사에 소재도량消災道場를 설치하고 1392년 2월에 강경 법회를 연 것을 기념하여 지은 것이다. 『화엄삼매참의경』과 『묘법연화경계환해』를 차례로 강경했는데, 21일 동안 진행되었다. 이 기문에 따르면 만의사는 원래 비보사찰로 폐허가 된 지 오래되었었는데, 원나라 황경皇慶(1312~1313) 연간에 천태종 진구사珍丘寺 주지 혼기混其가 이를 중창하고, 의선義璇이 이어받아 주지로 있다가, 묘련사에 소속시켰다고 한다. 이후 이 절에 속한 토지와 노비가 많아 조계종에서 이를 탐하여 분쟁을 일으켰던 모양인데, 결국 공론에 따라 노비는 수원부에 소속시키고 절은 천태종에 귀속시켰다. 그러다가 위화도 회군을 도왔던 신조의 공을 높이사 1390년 그에게 공신패를 내리고 만의사의 토지와 노비를 그와 그의 법손들에게 영구히 내렸던 것이다.

위 기문의 내용을 이해하기 위해서는 백련결사와 묘련사, 그리고 묘련사와 만의사의 관계를 살펴볼 필요가 있다. 왜냐하면 기문에 등장하는 혼기와 의선은 묘련사계 천태종 승려이며, 이들은 백련사 출신으로 묘련사에서 주법했던 원혜국통圓慧國統 경의景宜와 무외국사無畏國師 정오丁午의 제자들이기 때문이다. 백련사의 불교혁신운동은 다음과 같이 3단계로 나눌 수 있다. 1단계는 강진 만덕산 백련사를 중심으로 원묘국사圓妙國師 요세了世(1163~1245)의 결사정신이 충실히 계승되면서 동남백련東南白蓮으로 확장되던 때이고, 2단계는 중앙 개경의 묘련사에 진출하여 천태종의 총본산인 국청사까지를 장악하게 되지만 사상적으로는 귀족불교로 전락해 버리는 때이다. 그리고

3단계는 묘련사계의 귀족불교에 대해서 백련사의 초기 결사정신을 되살리려는 새로운 백련사파가 등장하는 때를 말한다.[4]

1단계는 중생을 일반 범부로 파악하여 참회와 정토를 중시하는 민중불교적 지향을 표방한다. 이러한 지향은 백련사 1세 원묘요세 이후로 2세 정명국사靜明國師 천인天因(1205~1248), 3세 원환圓晥, 4세 진정국사 천책(1206~1277경)으로 이어진다. 천책은 『해동법화전홍록』 4권을 지었다. 이 책은 일실되었지만 이 중 7개 이야기가 『법화영험전』에 수록되어 있다.

2단계는 백련사 출신 승려들이 중앙의 묘련사로 진출하는 시기이다. 원묘요세의 3세 법손에 해당하는 원혜국통 경의, 무외국사 정오가 대표적 인물들이다. 충렬왕은 즉위 10년(1284) 개경에 묘련사를 창건하고[5], 백련사에서 주법하고 있던 원혜경의를 묘련사 1세 주법으로 초청한다. 원혜가 『천태삼대부天台三大部』에 능통했기 때문인데, 이로써 만덕산 백련사계가 중앙에 진출하게 되었다. 1302년에는 정오가

---

4 고익진, 「白蓮社의 思想傳統과 天頙의 著述問題」, 『불교학보』 16, 1979, 120~121쪽.

5 묘련사는 충렬왕(1275~1308)과 원 세조의 딸인 제국대장공주의 원찰인 동시에 원 황실의 복을 빌기 위해 창건한 사찰이다. 충혜왕(1340~1344) 재위를 전후한 시기에는 연회 장소나 원의 사신을 접대하는 장소로 전락하였다. 비록 왕실이 건립 주체였지만 국가적인 위기를 극복하기 위한 의도라기보다는 개인과 특정 가문의 명복과 기복을 위해 건립되었다.(채상식, 「묘련사의 창건과 그 성격」, 『고려후기 불교사연구』, 일조각, 1991, 181~197쪽.) 이에 대해 충렬왕이 왕권 강화를 위한 정치적 목적과 현세 기복을 위한 법화신앙 차원에서 묘련사를 창건했다는 주장이 있다.(변동명, 「고려 충렬왕의 묘련사 창건과 법화신앙」, 『한국사연구』 104, 1999.)

묘련사의 주법을 맡게 된다. 이후 당시 교권의 중심이던 국청사, 영원사 등을 중심으로 왕실의 지원 아래 화려한 승계를 가지면서 교권을 장악하였다. 이들은 초기 백련사계의 지향과는 달리 『법화경』의 '회삼귀일會三歸一' 교설과 『천태소天台疏』의 '일심삼관一心三觀' 선법을 바탕으로 국가의 통일이념을 제시하고 귀족불교적 성향을 보이게 된다.[6] 이들은 특히 조인규趙仁規(1237~1308) 가문과 결합하면서 부원세력화하는 현상까지 보인다.[7]

조인규는 원 지배 하에서 몽골어 통역관으로 출세한 인물이다. 충선왕의 장인으로 고종, 원종, 충렬왕, 충선왕 4대에 걸쳐 권력을 행사했다. 이후 그의 집안은 고려 말기 대표적인 권문세가로 등장했다. 이 가문에서 4명의 천태종 승려를 배출했는데, 조인규의 형 혼기混其, 조인규의 네 번째 아들 순암의선順庵義旋, 조인규의 손자 보해普解, 조인규의 증손 묘혜妙慧가 그들이다. 혼기는 권근의 기문에 등장하는 인물로 만의사를 중창했다. 의선은 혼기를 이어 만의사의 주지를 역임한 인물로 묘련사 1세 주법 원혜경의의 제자이다. 아버지 조인규를 따라 원에 들어가 원 황실과 밀접한 관계를 맺었다. 이후 원과 고려를 왕래하면서 정치적 배경을 바탕으로 교권을 장악하고 경제적 부를 축적했다. 그리고 묘혜는 『법화영험전』 발문의 찬자로[8], 묘혜의 형이 조선 개창에 참여한 조준趙浚이다.

---

6 고익진, 위 논문, 144~146쪽.

7 고익진, 위 논문, 148쪽.

8 고익진은 발문의 찬자를 『법화영험전』의 저자인 了圓이지 않을까 추정하고 있다.(고익진, 위 논문, 149~150쪽.)

원래 만의사는 문종 34년(1080) 2월에 창건된 사찰로 당시의 소속 종파는 알 수 없으나, 혼기가 중창하여 주지를 맡은 이후에는 천태종의 묘련사 계통에서 장악했다. 이후 의선, 묘혜 등이 역대 주지를 맡았으며, 이들이 조인규 가문 출신이고, 묘혜가 『법화영험전』 발문에서 아버지인 조덕유趙德裕의 왕생을 축원하고 있는 점으로 보아, 조씨가는 경기도 일대에 막대한 경제력을 소유하면서 이를 배경으로 청계산 자락에 조인규의 사당과 청계사라는 원찰을 건립하고, 인근 수원에 있던 만의사를 원찰로 삼았음을 알 수 있다. 즉 만의사는 청계사와 더불어 조인규 가문의 원찰이었던 셈이다.[9] 이러한 만의사에서 『천태소』 강의가 이루어지고 『법화영험전』이 간행되었던 것이다.

(2) 『법화영험전』에 나타난 관음신앙

『법화영험전』 제9단에는 『법화경』 「종지용출품從地踊出品」, 「여래수량품如來壽量品」, 「분별공덕품分別功德品」에 해당하는 영험담들이 수록되어 있다. 그 두 번째 기사에 관음보살 관련 이야기가 나온다. '제친시통帝親試通'이라는 기사로 『해동전홍록海東傳弘錄』과 『권적본전權適本傳』이 출처로 기록되어 있다. 권적은 고려 예종 때 인물로 송에 유학하여 문과에 장원으로 급제하였다. 귀국하려는데 관상쟁이가 수명이 40을 넘기지 못하고 벼슬도 5품에 지나지 않을 것이라며, 이를 피하기 위해서는 대승경을 외우라는 것이었다. 이에 권적이 사흘 동안에 『법화경』을 다 외웠는데, 황제가 이 말을 듣고 직접

9 채상식, 위 논문, 186쪽. 193~194쪽.

권적을 불러 시험해 보았다. 그가 한 글자 틀림없이 외워내자 황제가 크게 기뻐하고 관음상과 법화탑 각각 한 폭씩 주었다는 것이다.

『법화영험전』 제14단이 『법화경』「관세음보살보문품」에 해당하는 기사들이 실려 있는 곳이다. 모두 15개 기사가 실려 있다. 내용은 「보문품」의 내용에 따라 중생들이 어려움에 빠져 있을 때 관세음보살의 이름을 한마음으로 부르면 관세음보살이 이를 관찰하고 구해 준다는 내용을 실제에 구현한 사례들이다. 우선 『법화영험전』과 이하의 관음신앙 영험담의 내용을 이해하기 위해서는 『법화경』「보문품」의 내용 구성을 이해할 필요가 있다. 「보문품」에서는 무진의보살이 왜 관세음이라 하는지 부처님에게 질문하는데, 이에 대해 부처님은 모든 중생들이 고통받을 때 관세음보살의 이름을 듣고 일심으로 관세음보살을 부르면 관세음보살이 이 소리를 듣고 고통에서 벗어나게 해주기 때문이라고 한다. 그 다음에 구체적인 9가지의 사례를 제시하고 있다. 이것은 중생들이 실제 생활에서 당할 수 있는 어려움을 대표적으로 제시한 것이다.

① 화난火難

관세음보살의 이름을 지니는 이는 설사 큰 불에 들어가도 불이 능히 태우지 못한다.

② 수난水難

큰물에 떠내려가더라도 그 이름을 염하면 곧 얕은 곳에 닿게 된다.

③ 풍난風難

중생이 보배를 구하려고 큰 바다에 들어갔다가 폭풍에 밀려 그

배가 나찰들의 나라에 잡혔을 때 그 가운데 한 사람이라도 관세음보살의 이름을 염하는 이가 있으면 여러 사람들이 모두 나찰의 난을 벗어나게 된다.

④ 도장난刀杖難

어떤 사람이 해를 입게 되었을 때 관세음보살의 이름을 염하면 적들이 가진 칼과 무기가 조각조각 부서져서 위험을 벗어나게 된다.

⑤ 악귀난惡鬼難

만일 삼천대천세계에 가득한 야차와 나찰들이 와서 사람을 괴롭히려 하다가도 그 사람이 관세음보살의 이름을 지성으로 염하면 이 악귀들이 흉악한 눈으로 보지도 못할 뿐더러 해를 끼치지도 못한다.

⑥ 가쇄난枷鎖難

어떤 사람이 죄가 있거나 죄가 없거나 간에 수갑과 고랑과 칼과 사슬이 그의 몸을 속박하더라도 관세음보살의 이름을 염하면 모두 부서지고 끊어져서 벗어나게 된다.

⑦ 원적난怨賊難

상인들이 많은 보석을 지니고 가다가 도중에 칼을 든 도적들을 만났을 때, 우두머리가 '두려워하지 말고 모두 일제히 안전을 지켜주시는 관세음보살의 이름을 불러라. 그리하면 도적들로부터 구출될 것이다.'라고 말하자, 이 말을 듣고 상인들이 일제히 관세음보살의 이름을 부른다면 그 상인들은 바로 위험에서 벗어나게 된다.

⑧ 삼독三毒

어떤 중생이 탐욕, 노여움, 어리석음에 휘둘릴 때 항상 관세음보살을 생각하고 공경하면 그 삼독에서 벗어날 수 있다.

⑨ 무자無子

어떤 여인이 아들 낳기를 원하여 관세음보살께 예배하고 공양하면 문득 복덕 많고 지혜 있는 아들을 낳게 되고 딸을 낳기를 원하면 문득 단정하고 어여쁜 딸을 낳을 수 있다.

이어지는 내용으로 관세음보살은 고통에 빠진 각각의 중생들에게 거기에 합당한 모습으로 몸을 나타내 구제해 준다. 이를 '응신應身'이라고 하는데 모두 33가지의 형상이 제시되어 있다. 이 모습이 대승불교가 추구했던 이상적 구도자로서의 보살상이라고 할 수 있다. 깨달아서 저 위에 앉아 있는 모습이 아니라 깨달았지만 먼저 중생들의 힘겨운 소리를 듣고 그 곁에 다가오는 모습, 이것이 바로 보살이라는 이름으로 추구했던 가치이자 형상이다. 그런 보살상의 대표적 구현체가 바로 관세음보살이고 그렇기 때문에 동아시아 불교에서 가장 친숙한 보살로 신앙되었던 것이다. 이 33응신의 내용은 조선 후기에 불화로도 제작되어 관음신앙의 기본적 도상으로 자리잡았다.

이러한 『법화경』「보문품」의 내용이 어떻게 각 영험담에 구현되었는지를 알아보기 위해 『법화영험전』「보문품」편에 실려 있는 기사들의 내용을 간단히 정리해 보면 다음과 같다.

① 사문 법지法智가 불길에서 벗어난 이야기.

② 잠문본岑文本이 배로 강을 건너다 바람에 휩쓸려 모두 가라앉았는데 「보문품」을 독송한 공덕으로 살아난 이야기.

③ 해염현海鹽縣의 어떤 사람이 배가 뒤집혀 모두 죽었는데 홀로

관세음보살을 염송하여 살아났다는 이야기.

④ 인도양을 항해하다 폭풍을 만나 귀국鬼國에 떨어졌는데 귀신들이 잡아먹으려 하자 관세음보살을 염송하여 살아났다는 이야기.

⑤ 신라 때 보개寶開라는 여인의 아들 장춘長春이 장삿배를 타고 바다로 나갔다가 폭풍을 만나 함께 탔던 사람들은 모두 죽고 홀로 살아남아 우여곡절 끝에 고향으로 돌아왔는데 나중에 알고 보니 어머니가 민장사 관세음보살상 앞에서 열심히 기도한 공덕이었다는 이야기.

⑥ 어떤 사람이 죄를 범하여 참형을 받게 되었는데 일심으로 관세음보살에 귀의하여 오히려 칼이 부러졌다는 이야기.

⑦ 고간高簡이라는 자가 죄를 범하여 옥에 갇혀 사형을 받게 되었는데 일심으로 관세음보살에 귀명하여 칼이 부러지고 끈이 끊어졌다는 이야기.

⑧ 장창張暢이 옥에 갇혔다가 관세음보살을 일심으로 염송하니 족쇄가 저절로 벗겨졌다는 이야기.

⑨ 개호蓋護라는 자가 옥에 갇혀 죽게 되었는데 사흘 밤낮을 일심으로 관세음보살을 염송하니 형구가 벗겨졌다는 이야기.

⑩ 혜달惠達이라는 스님이 오랑캐에게 잡아먹히게 되었는데 일심으로 관세음보살을 부르고 「보문품」을 독송하여 살아났다는 이야기.

⑪ 서의徐義라는 관리가 난리통에 도둑에게 잡혀 죽게 되었는데 일심으로 관세음보살을 불러 위기에서 탈출했다는 이야기.

⑫ 손도덕孫道德이라는 사람이 나이 50이 되도록 자식이 없었는데 관세음보살을 부르고 「보문품」을 독송하여 아들을 낳았다는 이야기.

⑬ 당나라 문종이 조개를 매우 좋아했는데 하루는 반찬으로 올라온 조개가 관세음보살로 변하여 설법했다는 이야기.

⑭ 관세음보살이 처녀의 몸으로 나타나 불법을 믿지 않는 지방 사람들을 교화했다는 이야기.

⑮ 신라 남화사南花寺 11면 관세음보살이 비구니의 몸으로 나타나 경흥국사의 병을 치유했다는 이야기.[10]

이 내용들은 모두 『법화경』「보문품」에 제시된 대표적 사례들에 부합한다. 따라서 『법화경』「보문품」이 관음신앙의 형성과 대중화에 얼마나 중요한 역할을 했는지 알 수 있다. 친근하고 친절한 관음, 위기와 고난의 순간에 도움을 주는 관음, 그러한 관음보살의 모습이 이 경전을 통해 확산되어 간 것이다. 아래의 다른 영험전에서도 살펴보겠지만, 관음보살이 신앙의 대상으로서 굳건히 자리잡은 데는 이 『법화경』의 번역과 보급이 중요한 역할을 했다고 볼 수 있다.

3) 『관세음지험기』와 『관세음보살지송영험전』의 간행과 관음신앙

(1) 『관세음지험기』와 『관세음보살지송영험전』의 간행

『관세음지험기』는 백암성총栢庵性聰(1631~1700)이 1686년에 간행한 『사경지험기』 중 하나이다. 『사경지험기』는 『화엄경』, 『금강경』, 『법화경』, 『관음경』을 사경, 수지, 독송하고 간행, 유포한 사람들의 영험담을 기록한 책이다. 『관음경』은 『법화경』「관세음보살보문품」

10 김행산, 『법화영험전』, 영산법화사출판부, 1982; 『법화영험전』 영인본, 단국대학 출판부, 1976.

을 별도로 이르는 명칭이다. 『사경지험기』는 백암성총이 청나라 주극복周克復이 편찬한 『관세음지험기』, 『역조법화지험기』, 『역조금강지험기』, 『역조화엄경지험기』에서 그 내용을 발췌하여 편집한 것이다.

『사경지험기』는 『역조화엄경지험기』, 『금강경지험기』, 『법화경지험기』, 『관세음지험기』 이렇게 4권 1책으로 구성되어 있다. 이 중 제4권 『관세음지험기』는 주극복이 1659년 편찬한 『관세음지험기』에서 일부 내용을 발췌하여 편집한 것이다. 주극복이 편찬한 『관세음지험기』는 상하 2권으로 상권에는 70개 기사, 하권에는 48개 기사, 총 118개 기사가 수록되어 있는데 대부분 원과 명대의 기사들이다. 성총은 이 가운데 59개의 기사를 발췌하여 수록하고 있다.[11]

백암성총이 주극복의 책을 어떻게 얻어서 새로 편집 간행하게 되었는지에 대해서는 다음과 같은 사연이 있다. 성총이 51세 되던 1681년 6월에 태풍이 불어 전라도 신안 임자도에 중국 무역선들이 좌초되었다. 이 무역선들은 중국에서 물품들을 싣고 일본으로 가던 중이었다. 거기에 다수의 불교관련 서적들이 실려 있었던 것이다. 이 불서들은 명나라 말기부터 약 100여 년에 걸쳐 간행된 『가흥대장경嘉興大藏經』이었다. 일부는 나주 관아에서 수집하여 왕실에 올려 보냈으며, 나머지 일부는 민간에서 건져 인근 사찰 등지에 보관했다. 그해 6월 영광 불갑사에 갔다가 그 소식을 들은 성총은 곧바로 표류선이 표착한 곳으로 달려갔고, 그곳과 인근 사찰에 보관 중이던 불서들에서 당시 조선에 유통되고 있지 않던 『화엄경소연의초華嚴經疏演義鈔』

11 백암성총, 성재헌 옮김, 『사경지험기』, 2014, 동국대학교출판부, 9~10쪽 참조.

등을 발견하게 된다. 이에 성총은 표류선에서 발견한 불서를 간행하고자 하는 서원을 세우고 흩어진 책들을 수집하기에 이른다. 성총은 원력을 세우고 이곳저곳 수소문하여 4년여에 걸쳐 불서를 수집하였다. 그중에 주극복이 편찬한 『지험기』들이 포함되어 있었다. 1685년 성총은 이렇게 수집한 책들을 짊어지고 낙안 징광사로 들어가 향후 10년 동안 제자들과 함께 서적 편찬사업을 주도하게 된다. 모두 12종 197권 115책을 간행하여 징광사, 쌍계사 등에 안치하였다. 『사경지험기』는 간행 첫해인 1686년 간행된 것이다.[12]

『관세음보살지송영험전』은 정조 19년(1795) 양주 천보산 불암사의 승려 지영智瑩이 찬집, 언해한 책이다. 모두 26편이 수록되어 있는데, 성총이 편찬한 『관세음지험기』에서 발췌하여 언해한 것이다. 관음신앙을 백성들 속으로 보편화시키기 위해 『관세음지험기』에서 기사를 발췌하고 다시 이를 한글로 번역한 것이다. 『관세음지험기』에서 어떤 기사를 발췌했는지는 다음 항의 표에서 보여줄 것이다. 『관세음보살지송영험전』의 책판은 현재 양주 천보산 불암사에 소장되어 있다. 우선 『관세음지험기』와 『관세음보살지송영험전』의 서지사항은 다음과 같다.

12 이종수, 「숙종 7년 중국선박의 표착과 백암성총의 불서간행」, 『불교학연구』 제21호, 2008; 이종수, 「조선 후기 가흥대장경의 복각」, 『서지학연구』 제56집, 2013; 백암성총, 성재헌 옮김, 위의 책, 5~8쪽 참조.

〈표〉『관세음지험기』와 『관세음보살지송영험전』의 서지사항

서명	판본	간행(인출)년	간행처	편저자
관세음지험기	목판본	숙종 12(1686)	전라도 낙안 징광사	백암성총
관세음보살지송영험전	목판본(언해본)	정조 19(1795)	경기도 양주 불암사	지영

(2) 『관세음지험기』와 『관세음보살지송영험전』에 나타난 관음신앙

여기에 실려 있는 영험담들은 물론 우리나라 이야기들은 아니다. 그렇지만 이들 영험담들이 한반도에 전래되어 유통되었고 책으로 간행되기까지 했다. 따라서 이 영험담들은 관음신앙을 확산시키는 데 중요한 영향을 미쳤다고 볼 수 있다. 그리고 불교 관련 설화나 민담들을 살펴보면 영험전에 실린 이야기와 비슷한 사례가 많이 있었음을 알 수 있다.[13] 여기에서는 『관세음지험기』와 『관세음보살지송영험전』에 수록된 기사들을 통해 각 영험담들이 어떤 상황에서 어떤 경전에 근거하여 형성되었는지를 살펴보고자 한다. 이를 통해 동아시아 관음신앙 형성에 주요한 역할을 한 경전들을 파악할 수 있을 것이다.[14]

〈표〉『관세음지험기』와 『관세음보살지송영험전』의 내용과 출전

번호	시대	주체	위기 상황	극복 방법	근거 경전	중복 출전
1	진晉	축법의 竺法義	심장병	관세음 생각	『법화경』 「보문품」	『광세음응험기』, 『지송영험전』
2		축법순 竺法純	배에서 폭풍우 만남	『관음경』 염송	『법화경』 「보문품」	『계관세음응험기』, 『법화전法華傳記』, 『지송영험전』

13 한정섭 편, 『불교설화대사전』 하권, 이화문화사, 1991.

14 백암성총, 성재헌 옮김, 위의 책 중 「관세음지험기」 부분과 김찬용 논문 참조.

3		석개달 釋開達	오랑캐에 잡혀 죽을 위기	『관음경』 염송	『법화경』 「보문품」	『계관세음응험기』, 『법화전기』, 『법화영험전』[15], 『지송영험전』
4		석도태 釋道泰	병들어 일찍 죽을 위기	관세음 염송	『법화경』 「보문품」	『속광세음응험기』, 『법화전기』, 『지송영험전』
5		홍만洪滿	두 다리 마비	관세음 염송	『법화경』 「보문품」	『지송영험전』
6		축장서 竺長舒	화재	『관음경』 염송	『법화경』 「보문품」	『광세음응험기』, 『법화전기』, 『지송영험전』
7		왕민王珉	자식 없음	관세음 기도	『법화경』 「보문품」	『지송영험전』
8		두전竇傳	감옥에 갇혀 형틀에 묶임	관세음 염송	『법화경』 「보문품」	
9	전진 前秦	서의徐義	적들에 잡혀 결박당함	관세음 염송	『법화경』 「보문품」	『속광세음응험기』, 『법화영험전』[16], 『지송영험전』
10		필람畢覽	적들에 잡힐 위기	관세음 염송	『법화경』 「보문품」	
11	유송 劉宋	문제文帝	닭을 삶자 관세음보살 명호소리 들림	닭 사용 금지	불살생	『지송영험전』
12		축혜경 竺惠慶	배가 폭풍을 만나 표류	『관음경』 염송	『법화경』 「보문품」	
13		석담영 釋曇穎	종기	관음상 예배	『법화경』 「보문품」	『지송영험전』
14		복만수 伏萬壽	밤배에 풍랑을 만남	관세음 염송	『법화경』 「보문품」	
15		차씨 어머니	아들이 적에게 잡힘	관세음 염송	『법화경』 「보문품」	
16	오吳	육휘陸暉	감옥에서 칼 맞아 죽을 위기	관음상 조성, 기도	『법화경』 「보문품」	『지송영험전』
17	?	사준史雋	양발 마비	관음상 조성,	『법화경』	『지송영험전』

				기도	「보문품」	
18	위魏	도집道集, 법선法禪	도적에 죽을 위기	관세음 염송	『법화경』 「보문품」	
19	수隋	어떤 스님과 사미	갑자기 죽었다 살아남	『관음경』 염송	『법화경』 「보문품」	
20	당唐	석자각 釋自覺	아미타불 친견 발원	관음상 주조, 축원-아미타삼존 출현	『관무량수경』	
21		도헌道憲	관음상 7축을 그려 봉안 후 돌아오다 물에 빠짐	관음을 생각하니 7관음이 나타나 나무아미타불 염송 지시	『법화경』 「보문품」+ 『관무량수경』	
22		석지익 釋智益	거북 잡아먹고 문둥병 걸림	관음대비주觀音大悲呪」 염송	『천수경』	『지송영험전』
23		잠문본 岑文本	배가 뒤집혀 익사 위기	「보문품」 염송	『법화경』 「보문품」	『법화전기』, 『법화영험전』[17], 『지송영험전』
24		서선재 徐善才	도적에 붙잡혀 죽을 위기	『관음경』 염송	『법화경』 「보문품」	
25		동웅董雄	옥에 갇혀 죽을 위기	「보문품」 염송	『법화경』 「보문품」	
26		허엄許儼	어부였는데 중병 걸림	관음상 2구 조성, 참회	불살생	『지송영험전』
27		성규成珪	억울하게 옥에 갇혀 죽을 위기	관세음 염송	『법화경』 「보문품」	
28		왕기王琦	중병	『관음경』 지송	『법화경』 「보문품」	
29		한 선비	자식 없음	『백의관음경』 염송	『백의관음경』	『지송영험전』
30		맹지검 孟知儉	요절하여 명부에 갔다 살아 돌아옴	『심경』과 『관음경』 염송	『반야심경』, 『법화경』 「보문품」	
31		이흔李昕	학질 걸린 사람과 병에	「천수천안주」 지송	『천수경』	『지송영험전』

			걸려 죽은 누이동생을 위해 주문을 외움			
32		한광조 韓光祚	첩이 죽음	금으로 관음상 주조, 기도		『지송영험전』
33	송宋	적즙翟楫	자식 없음	관음상을 그려 기도	『법화경』「보문품」	『지송영험전』
34		유집兪集	배에서 조개를 삶아 먹음	솥에서 소리가 나 열어보니 조개껍질 사이로 관음상과 대나무 두 그루 출현	『화엄경』「입법계품」(수월관음)	『지송영험전』
35		양량楊亮	명부에서 다시 살아 돌아옴	『관음경』 염송	『법화경』「보문품」	
36		뢰성간 賴省幹	희생제에 바쳐진 소녀가 살아 돌아옴	『심경』 염송, 「게체주揭諦呪」[18]염송	『반야심경』	『지송영험전』
37		장효순 張孝純	다섯 살 손자가 걷지 못함	관세음 지송, 관음 시현(사구게四句偈[19])	『법화경』「보문품」	
38		여굉呂宏과 처 오씨	병자, 정토에 왕생하려는 자	오씨가 관음주를 외운 물을 마심	『법화경』「보문품」+『관무량수경』	
39		정씨鄭氏	병들어 죽음 임박	『관음경』 염송, 아미타 관음 내영	『법화경』「보문품」+『관무량수경』	
40	원元	혜공惠恭	위장병	관세음 염송, 「대비주」 지송	『법화경』「보문품」+『천수경』	『지송영험전』
41		왕옥王玉	자식 없음	『백의관음경』 지송	『백의관음경』	

42	명明	원료범 袁了凡	자손을 기원하는 경전 간행	『백의관음경』을 수심다라니라 명명	『백의관음경』(수심다라니)	
43	원元	도씨陶氏	왕생 기원	「보문품」『아미타경』 염송, 화불래영	『법화경』「보문품」+『관무량수경』·『아미타경』	『지송영험전』
44	명明	영락제 永樂帝	황제가 불경 반포	천불, 관음, 나한 출현		
45		법정法程	어려서 장님이 됨	관세음 염송	『법화경』「보문품」	『지송영험전』
46		유곡현 劉谷賢	정화 원정 때 바다에 빠짐	『관음경』 염송	『법화경』「보문품」	
47		임옹林翁	배가 파손되어 바다에 빠짐	관세음 호명	『법화경』「보문품」	
48		심견천沈見泉 조상	파손된 관음전을 보고 중수 발원	자손 중 과거급제		
49		왕응길 王應吉	아무것도 삼킬 수 없는 목병 걸림	꿈에 관음보살 출현, 불살생 결의	불살생	『지송영험전』
50		상서尙書의 하인	싸우다 실수로 사람을 죽임	옥에서 관세음 염송, 1년 만에 사면	『법화경』「보문품」	
51		서명보 徐明甫	아들이 중병에 걸림	관음보살도에 예경	『법화경』「보문품」	
52		보징寶徵	아들 없음	「백의다라니」 염송	『백의관음경』	
53		팽유원 彭有源	어머니 위독	『삼관제경三官諸經』 염송	『삼관제경』	『지송영험전』
54		이청李淸과 아내	아들이 죽자 후사 기원	『백의관음경』 염송	『백의관음경』	
55		앉은뱅이	앉은뱅이로 걸식	관세음 염송, 「준제주準提呪」 지송	『법화경』「보문품」+「준제주」	

56		용자휘龍子翬와 아내 소씨蕭氏	자식 없음	『백의오인심경白衣五印心經』 독송, 『백의경』 천 권 보시	『백의대비오인심다라니경白衣大悲五印心陀羅尼經』, 『백의경』	
57		장귀張貴	아들 없음	『백의경』 천오백 권 보시	『백의경』	
58	청淸	석행인釋行仁	도적에 잡혀 죽을 위기	관세음 지송	『법화경』 「보문품」	
59		정백린程伯鱗	병란을 만나 자기가 전생에 죽인 병사에게 죽을 위기	관음대사 꿈에 출현		

첫 줄 분류항목에서 시대, 주체, 위기 상황, 극복 방법은 『관세음지험기』에 나오는 내용을 간단히 정리한 것이다. 근거 경전은 각 영험담의 내용을 바탕으로 각 영험담의 주체가 위기 순간에 구사한 관음신앙

15 이 기사는 『법화영험전』에도 실려 있다. 다만 주인공 이름이 '惠達'이라고 나오는데, 내용은 거의 비슷하다. 『법화영험전』에서는 이 기사의 출처를 『天台別行疏』라고 밝히고 있다.

16 이 기사는 『법화영험전』에도 실려 있다. 『법화영험전』에서는 이 기사의 출처를 『謝敷觀音傳』이라고 밝히고 있다.

17 이 기사는 『법화영험전』에도 실려 있다. 『법화영험전』에서는 이 기사의 출처를 『靈瑞集』·『現應錄』이라고 밝히고 있다.

18 『반야심경』의 마지막에 나오는 주문인 "揭諦揭諦 波羅揭諦 波羅僧揭諦 菩提娑婆訶"를 이른다. 우리가 보통 "아제아제 바라아제 바라승아제 모지사바하"라고 염송하는 바로 그 주문이다.

19 "大智發于心 于心無所尋 成就一切義 無古亦無今." 원래는 『續傳燈錄』에 나오는 게송이다. (T2077_.51.0481a09: 偈曰 大智發於心 於心何處尋 成就一切義 無古亦無今.)

이 어떤 경전에 근거한 것인지를 표시한 것이다. 각 영험담에는 주체가 구체적으로 어떤 경전을 지송 또는 염송했는지 표시되어 있는 경우가 많고 일부 그렇지 않은 경우도 있다. 그리고 두 가지 이상의 경전에 근거한 신앙의 표출로 보이는 경우도 있다. 마지막 중복 출전 항목은 동일한 영험담이 다른 영험전에 나타나 있는 경우를 밝힌 것이다. 이 외에도 더 다양한 출전을 밝힐 수 있을 것이다. 여기서는 1795년에 간행된 『관세음보살지송영험전』이 1686년 간행된 『관세음지험기』를 발췌, 편집, 언해한 것이기에 이를 중심으로 살펴보았다. 그리고 진대부터 당대까지 중국 초기 영험전에 출현하는 영험담과 고려시대에 처음 간행된 『법화영험전』에 나오는 기사도 같이 표시했다.

조선시대에 간행된 적이 있는 『법화영험전』, 『관세음지험기』, 『관세음보살지송영험전』에 한정하여 각 영험담들이 근거하고 있는 경전들을 추출해 보면 다음과 같다.

① 『법화경』 「관세음보살보문품」: 『법화영험전』 기사 15건, 1~10, 12~19, 21, 23~25, 27, 28, 30, 33, 35, 37~39, 40, 43, 45~47, 50, 51, 55, 58

② 『관무량수경』: 20, 21, 38, 39, 43

③ 『천수경』: 22, 31, 40, 55

④ 『백의관음경』: 29, 41, 42, 54, 56, 57

⑤ 『반야심경』: 30, 36

⑥ 『화엄경』 「입법계품」: 34

⑦ 불살생: 11, 26, 49

⑧『三官諸經』: 53
⑨『십일면관세음보살신주경』: 『법화영험전』 15

위의 결과를 살펴보면 관음신앙의 확산에 『법화경』「관세음보살보문품」이 가장 큰 역할을 했음을 알 수 있다. 다음으로 『관무량수경』, 『천수경』, 『백의관음경』, 『반야심경』, 『화엄경』「입법계품」 등이 관음신앙의 기저를 이루고 있다. 7번 불살생은 계율에 관한 것이고, 8번 『삼관제경』은 그 실체를 알기 어려운 경전이다. 9번 십일면관음보살에 대한 신앙은 북주 야사굴다가 번역한 『불설십일면관세음신주경佛說十一面觀世音神呪經』, 당 현장이 번역한 『십일면신주심경十一面神呪心經』, 그리고 당 불공이 번역한 『십일면관자재보살심밀인념송의궤경十一面觀自在菩薩心密言念誦儀軌經』 등이 소의경전으로서, 통일신라 시기에 성행했던 것으로 보인다. 대표적 작품으로 석굴암 십일면관음보살입상이 있다.

4번 『백의관음경』은 백의관음에 대한 신앙을 표현한 경전이다. 『백의관음신주』, 『백의다라니』, 『백의오인심경』 등으로도 불렸는데, 『관음몽수경』처럼 불보살명과 다라니로 이루어진 짤막한 경전으로 보인다. 이 백의관음은 아들을 낳게 해주는 관음으로 널리 신앙되었다. 위에 나온 사례들도 모두 아들이 없어 『백의관음경』을 염송하며 백의관음에게 기도했더니 아들을 낳게 되었다는 이야기이다. 백의관음과 관련한 가장 이른 기록은 양대(502~557)에 찬집된 『다라니잡집陀羅尼雜集』, 일명 『다라니집경陀羅尼集經』에 보인다. 이 경전은 전체 10권으로 구성되어 있는데, 잡밀경의 하나로서 갖가지 신주들을 모아서 편찬한 것이다. 편찬자는 알 수 없다. 이 경전 제6권에 '관세음보살설소화응현득원다라니觀世音菩薩說燒華應現得願陀羅尼'가, 그리고 제10권에 '관세음현신시종종원제일체병다라니觀世音現身施種種願除一切病陀羅尼'가 실려 있다. 이 다라니의 행법을 설명하는 서두에 다음과 같은 구절이 나온다. "희고 깨끗한 무명이나 고운 베에 관세음상을 그린다. 몸에는 백의를 입히고 연화좌에 앉히며 한손에는 연꽃을, 다른 한손에는 정병을 들게 한다. 그리고 머리카락은 높이 세운다."[20] 이러한 백의관음이 태장계만다라의 주요 존상으로 도입되면서, 33변화관음 중 하나가 된다. 이 백의관음에게 아들을 바라는 마음이 투영되면서 『백의관음경』 같은 짧은 신주들이 만들어진 것으로 보인다.

2. 관음신앙 경전의 범위와 분류

1) 경전의 범위

영험전은 주체적 경험으로서의 종교적 고백이다. 이를 통해 조선시대 관음신앙의 전체적 윤곽을 파악할 수 있었다. 그리고 동시에 영험전이 근거하고 있는 소의경전을 도출할 수 있었다. 영험전을 통해 『반야심경』, 『법화경』「관세음보살보문품」, 『화엄경』「입법계품」, 『관무량수경』, 『천수경』, 『백의관음경』, 『십일면관세음보살신주경』 등을 도출할 수 있었다. 관음신앙 경전들을 정리해 보면 다음과 같다.

---

20 "行此陀羅尼法 應以白淨氎若細布 用作觀世音像 身著白衣 坐蓮華上 一手捉蓮華 一手捉澡瓶 使髮高豎."

① 『법화경』「관세음보살보문품」

② 『관무량수경』

③ 『화엄경』「입법계품」

④ 『반야심경』

⑤ 『수능엄경』

⑥ 『천수경』

⑦ 『백의관음경』

⑧ 『십일면관세음보살신주경』

『백의관음경』과 『십일면관세음보살신주경』은 위에서 간략히 언급했을 뿐만 아니라, 고려와 조선시대에 실제 간행 사례가 보이지 않기 때문에 아래에서는 다루지 않는다. 여기에다가 위의 경전 이외에 고려와 조선시대 실제 간행된 경전들을 추가해야 한다. 여러 자료집과 목록집을 통해 관음신앙 관련 경전들을 추려 보면 다음과 같다.

① 『육경합부』

② 『오대진언』

③ 『영험약초』

④ 『관세음보살영험약초』

⑤ 『불정심다라니경』

⑥ 『고왕관세음경』

⑦ 『몽수경』

⑧ 『성관자재구수육자선정』

⑨ 『관세음보살예문』

⑩ 『백의해』

2) 경전의 분류

위 경전들을 어떻게 분류해 볼 수 있을까. 위 경전들의 내용과 텍스트를 분석해 본 결과 다음과 같은 3단계 분류법에 따라 이들을 분류하는 것이 타당해 보인다.

1단계: 『한국불교찬술문헌총록』[21] 찬술부를 참조하여 경류, 사전부, 예참부로 나눈다.

2단계: 경류을 현교 경전과 밀교 경전으로 나눈다. 그리고 사전부에 영험전을 둔다.

3단계: 현교 경전과 밀교 경전을 각각 기본 경전, 특화 경전, 발췌 경전으로 나눈다.

이를 표로 정리하고 위의 경전들을 배치하면 다음과 같다.

〈표〉 분류기준에 따른 개별 경전 배치

1단계	2단계	3단계	개별 경전
경류 經類	현교顯教 경전	기본 경전	『반야심경』, 『관무량수경』, 『수능엄경』, 40권본 『화엄경』
		특화 경전	『법화경』「관세음보살보문품」, 40권본 『화

21 동국대 불교문화연구소 편, 『한국불교찬술문헌총록』, 동국대출판부, 1976.

			엄경』「보현행원품」
		발췌 경전	『육경합부』
	밀교密教 경전	기본 경전	원본 『천수경』
		특화 경전	
		발췌 경전	현행 『천수경』, 『오대진언』, 『영험약초』, 『관세음보살영험약초』, 『불정심다라니경』, 『고왕관세음경』, 『몽수경』, 『성관자재구수육자선정』
사전부 史傳部	영험전		『법화영험전』, 『관세음지험기』, 『관세음보살지송영험전』
예참부 禮懺部	예참문		『관음예문』, 『백의해』

불교영험설화에서 살펴본 것처럼 관음신앙 영험전은 관음신앙의 확산에 중요한 역할을 했다. 그래서 사전부를 두어 거기에 배속시켰다. 그리고 『관음예문』과 그것의 주석서인 『백의해』는 예참부에 소속시켰다. 특히 『관음예문』은 조선시대에 중요시되어 『육경합부』에 포함되어 있기도 하다.

2단계에서 경류를 현교 경전과 밀교 경전으로 나누었다. 현교는 현시불교, 밀교는 비밀불교의 준말이다. 현교와 밀교의 구분에 대해서는 조금 설명이 필요할 것 같다. 대승이 생기면서 그 이전 불교를 소승이라고 지칭했듯이, 밀교가 생기면서 현교도 생겼다. 스스로를 밀교라 규정짓는 그룹이 생기면서, 그 이전은 자연스레 현교로 규정된 것이다. 밀교의 교학적 체계와 수행법이 정교화될수록, 밀교는 조금씩 스스로를 차별화시켰다. 그 과정을 한역경전에서 살펴보자.[22]

5세기 초에 한역된 『앙굴라마경』에 최초의 그 용례가 보이는데,

여기서 밀교는 현교에 대한 명칭이 아니라 단순히 심오한 가르침을 뜻하는 것이었다. 그 이후의 경들에서 현교와 대비된 밀교의 용례가 나타나기 시작하는데, 이 경우도 현교보다 우월적 지위를 갖는 밀교의 의미는 아니었다. 현교를 소승에, 밀교를 대승에 대비시키거나, 아니면 심오하고 비밀스런 가르침 정도의 의미였다. 그러다가 지금의 밀교와 비슷한 의미를 가지면서, 현교보다 우월한 지위를 표방한 용례는 중국 4대 역경가 중 한 명인 불공이 번역했다는 『총석다라니의찬總釋陀羅尼義讚』이다. 여기서 밀교는 현교에 비해 빨리 성불할 수 있는 가르침으로 천명되어 있다. 이러한 '현밀'을 통해 새로운 교판체계를 이론화한 사람은 일본의 공해空海이다. 그는 『변현밀이교론辯顯密二敎論』에서 법신설법法身說法, 과분가설果分可說, 즉신성불卽身成佛을 밀교의 특징으로 제시하며, 현교에 대한 밀교의 우월성을 제시하고 있다.

3단계에서 기본 경전, 특화 경전, 발췌 경전으로 3분한 것은 각 경전의 텍스트 구성방식에 따른 것이다. 기본 경전은 처음부터 단일 경전으로 성립되어 유통된 경전이고, 특화 경전은 전체 경전 중에서 한 품만 별도로 간행되거나 유통된 경전을 이른다. 그리고 발췌 경전은 여러 경전에서 일부를 발췌하여 새로운 경전을 편집한 형태를 말한다. 특히 밀교 경전의 경우 독송용 텍스트를 만들면서 이러한 새로운 편집본들이 나타나고 있다. 이렇게 3단계로 분류한 다음 위에서 파악한 관음신앙 경전들을 배치하면 위의 표와 같이 된다.

---

22 이하의 내용은 松長有慶 저, 張益 역, 『밀교 경전성립사론』, 불광출판부, 1999, 21~26쪽 참조.

Ⅳ. 관음신앙 현교 경전들

1. 『반야심경』

1) 『반야심경』의 성립과 한역

반야부 경전의 성립 시기는 대체적으로 기원전 1세기부터 기원후 1세기까지이다. 대승불교가 흥기하는 시기와 일치하고 있다. 따라서 대승경전 중에 반야부 경전이 가장 먼저 성립된 것으로 보고 있다. 현장이 번역한 『대반야바라밀다경』은 모두 600권에 이른다. 이 중 『금강반야경』, 『문수반야』처럼 정수만 뽑든지 아니면 한 가지 주제만을 골라 성립된 『소부반야경』도 있다. 특히 『반야심경』은 정수 중에 다시 골수만 뽑아놓은 경전이라고 할 수 있다. 그러므로 『반야심경』은 반야부 경전 중에서도 비교적 후대에 성립된 것이다. 반야부 경전은 육바라밀 가운데 마지막인 '반야바라밀'을 중점적으로 다룬 경전이다. 반야바라밀은 '쁘라즈냐파라미타(Prajñāpāramita)'를 음사한 말로 '지혜의 완성'이라는 뜻이다.

우선 『반야심경』의 산스크리트 원본과 한문 번역본에 대해 살펴볼 필요가 있다. 산스크리트 원본에는 대본과 소본이 있다.[1] 대본은 서분, 정종분, 유통분을 다 갖추고 있는 것이고, 소본은 이 중 정종분만을 추출한 것이다. 동아시아에서 일반적으로 암송되는 현장 역본 『반야심경』은 바로 이 소본을 번역한 것이다.

대본 『반야심경』의 내용을 개관해 보면, 여기에는 세존, 훌륭한 이 아발로키테스바라, 장로長老 사리푸트라, 이 세 사람이 등장한다. 아발로키테스바라는 관세음, 관자재로 번역된다. 사리푸트라는 부처님 10대 제자 중 지혜제일로 꼽히는 수석 상좌인데, 아쉽게도 부처님보다 먼저 죽었다. 『반야심경』에서는 사리자로 번역된다. 아발로키테스바라가 설법의 주체, 사리푸트라는 청법의 주체, 세존은 이 모든 것을 가능하게 하고 마지막에 설법의 내용을 증명하는 주체로 등장한다. 먼저 세존이 명상에 들고, 아발로키테스바라는 그 속에서 반야바라밀다를 실천한다. 오온이 모두 공함을 깨달은 것이다. 사리푸트라는 어떤 훌륭한 남자나 여인이 깊고 깊은 반야바라밀다를 실천하고자 할 때 어떻게 수행하면 좋겠냐고 묻는다. 이에 아발로키테스바라가 사리푸트라에게 설법을 한다. 이 설법의 내용이 소본 『반야심경』에 해당한다. 아발로키테스바라가 설법을 마치자 세존은 명상에서 깨어나 아발로키테스바라에게 찬사를 표한다. 그대의 말이 옳고 옳으니 반야바라밀을 실천할 때 그대가 말한 대로 지어 나가지 않으면 안 된다고 말한다. 그러자 그 자리에 참석했던 세간의 모든 존재들이

---

1 학담, 「현수법장으로 읽는 반야심경」, 큰수레, 2013, 271~300쪽 참조.

기뻐한다.

이에 대한 한문 번역본에는 7종이 있다. 이들은 500년 이상에 걸쳐 7차례나 번역되고 있는데, 이는 단일경전으로는 드문 일이다.[2] 그만큼 반야사상을 압축하고 있는 『반야심경』이 동아시아 불교에서 차지하는 위상을 짐작해 볼 수 있다. 그리고 반야사상은 대승불교의 기초로서 이후 전개되는 유식, 천태, 화엄, 선, 정토 등에 생명수를 공급한다. 그 핵심에는 지혜와 자비의 구현체로서 관음보살이 존재한다. 이들 번역을 알기 쉽게 표로 정리하면 다음과 같다.

〈표〉 『반야심경』 한역본

번호	번역자	번역 연도	번역 경명	원본	설법 보살 명칭
1	구마라집	402~412년	마하반야바라밀대명주경 摩訶般若波羅蜜大明呪經	소본	관세음
2	현장	649년	반야바라밀다심경 般若波羅蜜多心經	소본	관자재
3	법월	738년	보편지장반야바라밀다심경 普遍智藏般若波羅蜜多心經	대본	관세음, 관자재
4	반야, 이언	790년	반야바라밀다심경 般若波羅蜜多心經	대본	관자재
5	지혜륜	847~859년	반야바라밀다심경 般若波羅蜜多心經	대본	관세음자재
6	법성	858년경	반야바라밀다심경 般若波羅蜜多心經	대본	관자재
7	시호	980년 이후	불설성불모반야바라밀다경 佛說聖佛母般若波羅密多經	대본	관자재

구마라집이 5세기 초 『마하반야바라밀대명주경』이라는 이름으로

---

2 학담, 같은 책, 301쪽.

번역한 이래로 모두 7차례에 걸쳐 번역되고 있다. 구마라집 역본과 현장 역본은 소본에 해당하고, 이후 역본들은 모두 대본 『반야심경』을 번역한 것이다. 그중 법성이 번역한 『반야바라밀다심경』은 돈황 석실본으로서 가장 원본에 충실한 번역으로 평가받고 있다.[3] 설법 주체인 관음보살에 대한 명칭은 구마라집이 관세음, 현장이 관자재로 번역했다. 이후 대체로 관자재가 대세로 자리잡고 있으나, 법월은 관세음과 관자재를 같이 사용하고 있고 지혜륜은 관세음자재라는 중복 명칭을 사용하고 있다.

『반야심경』에 관한 주석서는 모두 현장 번역본에 기초하고 있다. 사실 현장 번역은 거의 구마라집의 번역 체재를 따르고 있다. '오음五陰'을 '오온五蘊'으로 바꾸는 등 일부 번역용어를 정비하고, 원본에 없는 일부 문장을 삭제한 것을 제외하면 큰 차이가 없다. 따라서 현장의 번역은 상당 부분 구마라집에 빚지고 있는 것이다. 현장도 훌륭한 번역가이지만, 구마라집 역시 동아시아 불교에서 위대한 존재이다. 현장이 수많은 경전을 번역했으나, 그의 번역본 중 널리 독송되는 경전은 아마 『반야심경』이 유일할 것이다.

2) 『반야심경』에 나타난 관음신앙

『반야심경』의 성격을 어떻게 볼 것인가. 반야부 경전 중 비교적 이른 시기에 편찬된 『금강경』은 '공'이라는 한마디 말없이 공사상을 펼쳤다. 이후 수많은 반야부 경전이 결집되었고 비교적 후기에 『반야심

3 학담, 같은 책, 328~329쪽.

경』이 나타난 것으로 보고 있다. 그러다 보니 『반야심경』에는 대승불교의 핵심 내용들이 아주 밀도 있게 압축되어 있다. 보는 사람에 따라 다양한 관점에서 해석할 수 있는 것이다. 우선 교학적 입장에서 바라본 해석을 들어보자. 아마 우리나라에서 가장 일반적으로 통용되는 해석일 것이다.

> 『반야심경』은 부처의 근본교설인 오온·십이처·십팔계·사제·십이연기에 대한 실체론적 왜곡을 깨드리기 위해 '공'이라는 비판의 언어를 사용해 중도연기의 뜻을 새롭게 밝힌 경전이다.[4]

이에 대해 이의를 달 사람은 없을 것이다. 교학적 입장에서는 너무나 명백한 해석이다. 대승불교가 흥기하게 된 배경에는 재가자 집단의 부처님에 대한 신앙이 중요한 역할을 했다. 교학적 이해에 앞서 진리에 대한 믿음을 강조한 것이다. 이 부분은 『반야심경』에서도 나타난다. 한중일 3국에서는 현장 역의 소본 『반야심경』이 거의 전적으로 유통되었기 때문에 유통분에 들어 있는 내용을 볼 수 없는데, 대본 『반야심경』에는 말미에 "문불소설聞佛所說 개대환희皆大歡喜 신수봉행信受奉行"이라는 말이 나온다. 그 법회에 참석했던 모든 대중이 "부처님 말씀을 듣고, 모두 크게 기뻐하며, 믿고 받아 지니고서 받들어 행한다."는 것이다. 여기서는 '신'과 '행'이 중요하다. 진리에 대한 절대적 신뢰와 이의 실천이 중요한 것이다. '신'과 '행'은 같이 가는 것인데,

---

4 학담, 같은 책, 297쪽.

그래서 대승불교에서는 '신행'이라는 말을 사용한다. '신'은 진리에 대한 믿음, 그 진리는 '일체개공'이라는 가르침이다. '행'은 개인적 수행을 넘어선 자비의 실천이다. 즉 중생구제이다. '공'을 바탕으로 한 중생구제, 이것이 『반야심경』이 하고 싶은 말이며, 『금강경』에서 설한 "응무소주이생기심應無所住而生其心"인 것이다. 자비의 마음을 낼 때에는 어디에도 걸리적거리지 말고 그냥 내라는 것이다. '일체개공'이기에 '동체대비'일 수 있는 것이다.

그렇다면 『반야심경』에서 왜 설법의 주체가 관음보살인가라는 질문에 답할 수 있다. 처음에 필자는 반야, 즉 지혜를 강조한다면 부처님의 지혜를 상징하는 문수보살을 설법의 주체로 하지 왜 자비의 화신인 관음보살일까라는 의문을 가졌었다. 왜냐하면 『반야심경』 하면 곧 '공'이라는 생각만 하고 있었기 때문이다. 관음보살 하면 '자비'인데, 관음보살이 '공'을 설한다? 뭔가 좀 어울리지 않는 조합이라고 생각했던 것이다. 그러나 대본 『반야심경』을 보면서 이것이 짧은 생각이라는 것을 알게 되었다. 소본 『반야심경』에 나오는 관음보살의 사리자에 대한 설법은 부처님의 삼매 속에서 이루어지고 있는 행위이다. 부처님이 갖고 있는 무한한 권능 중 일부인 지혜를 관음보살의 입으로 설하고 있는 것이다. 왜 관음보살인가. 결국 지혜는 중생구제의 바다로 나아가야 하기 때문이다. 존재의 실상을 파악한 자비의 실천, 이것이 부처님이 하고 싶었던 말이다. 이 부분은 중요한데, 무턱대고 남을 도와주는 것이 자비의 실천은 아니라는 것이다. 진정한 자비의 실천은 지혜 속에서 나온다. 그 지혜는 나와 남에 대한 분별을 넘어서는 것, 곧 '공'이다. 그래서 『반야심경』의 설법 주체는 관음보살이 안성맞춤인 것이다. 그리고 이것이 관음신앙으로 나아갈 수 있는 기반이다. 관음보살이 구도자의 모습이든 절대자의 모습이든, 그 시작은 '공'인 것이다.

또 하나 언급할 부분은 『반야심경』의 주문이다. 앞부분에서 공의 논리를 설파한 이유는 결국 주문을 설하기 위해서다. 현장 역본에 따라 살펴보면 관음보살이 사리자에게 반야바라밀다를 설한 후, 이런 말을 한다. "보살은 반야바라밀다에 의지하기 때문에 마음에 걸림이 없고, 걸림이 없으므로 두려움이 없다. 거꾸로 된 망상을 멀리 떠나보내 구경열반을 이룬다. 삼세의 모든 부처들도 반야바라밀다에 의지하기 때문에 위없는 바른 깨달음을 얻었다. 그러므로 반야바라밀다는 대신주大神咒, 대명주大明咒, 무상주無上咒, 무등등주無等等咒임을 알라. 능히 모든 고통을 없앨 수 있고, 진실하며 헛되지 않기 때문에 반야바라밀다주를 설한다."[5] 앞부분에 설한 반야바라밀다의 내용을 압축하여 게송으로 정리한 것이 크게 신령스럽고, 밝고, 위없고, 견줄 수 없는 주문인 것이다. 이것을 통해 깨달음에 이를 수 있고, 모든 중생의 고통을 없앨 수 있다는 가르침이다. 그 주문은 "가테 가테 파라가테 파라삼가테 보디스바하." 일반적으로 우리에게는 "아제 아제 바라아제 바라승아제 모지사바하"라고 알려져 있는 주문이다. 그래서 『반야심경』을 처음 번역한 구마라집은 제목을 『마하반야바라밀대명주경』이라고 붙였던 것이다.

---

5 "菩提薩埵 依般若波羅蜜多故 心無罣礙 無罣礙故 無有恐怖 遠離顚倒夢想 究竟涅槃 三世諸佛 依般若波羅蜜多故 得阿耨多羅三藐三菩提 故知般若波羅蜜多 是大神咒 是大明咒 是無上咒 是無等等咒 能除一切苦 眞實不虛故 說般若波羅蜜多咒."

이러한 『반야심경』의 사상은 『천수대비심다라니경』에도 나온다. 『천수대비심다라니경』에서 대범천왕이 관음보살에게 다라니의 본질을 묻자, 관음보살은 다음과 같이 말한다. "이는 크게 자비로운 마음이며, 평등한 마음이고, 함이 없는 마음이며, 염착이 없는 마음이고, 공이라 관찰하는 마음이며, 공경하는 마음이고, 낮추는 마음이며, 어지럽지 않는 마음이고, 집착하지 않는 마음이며, 위없는 보리의 마음이니, 이를 마땅히 알지니라. 이와 같은 마음들이 곧 다라니의 본질이니라."[6]

그리고 『천수경』 '십악참회十惡懺悔'에서도 "죄라는 것은 본래 실체가 없는데 마음을 좇아 일어나는 것이므로 마음이 소멸되면 죄 또한 없어진다. 죄도 없어지고 마음도 없어져 둘 다 공해져 버릴 때 이를 일러 진실한 참회라 한다."[7]는 내용이 나온다. 『반야심경』에서 관음보살이 "오온이 모두 공하다."라고 설법한 내용과 연결된다.

3) 『반야심경』의 주요 간행본

『반야심경』은 260자의 짧은 경전이다. 주로 필사되거나 암송되며 전승되었을 것으로 보인다. 여기서는 고려와 조선시대에 실제 간행되었던 주요 판본들을 살펴보기로 한다. 간행본은 『반야심경』이 짧기 때문에 본문에 해설을 단 주석서가 주로 간행되었다. 간행된 책으로는 『대전화상주심경大顚和尙注心經』, 『반야바라밀다심경약소현정기般若波羅蜜多心經略疏顯正記』, 혜충 주석본 등을 들 수 있다.

---

6 불교신문사 편, 「천수경」, 『불교경전의 이해』, 불교시대사, 1997, 439쪽.

7 "罪無自性從心起 心若滅是罪亦亡 罪亡心滅兩俱空 是卽名爲眞懺悔."

(1) 『대전화상주심경』

이 책은 '대전선사大顚禪師 요통了通'이 『반야심경』에 대해 주석을 단 논서이다. 고려 말 원나라에서 간행된 이 『대전화상주심경』이 고려로 들어와 다시 간행되었다. 고려시대에 적어도 두 차례 간행된 것으로 보인다.[8] 그러다가 조선시대에 들어 모두 4차례 이상 간행되었다. 즉 1411년 간행된 이래 1551년, 1666년, 1883년에 간행된 것이다. 우선 이를 표로 정리하면 다음과 같다.

〈표〉 『대전화상주심경』 간행본

서명	판본	간행년	간행처
대전화상주심경	목판본	공민왕 9(1360)	
대전화상주심경	목판본	공민왕 9(1360)~태종 11(1411)	
대전화상주심경	목판본	태종 11(1411)	전라도 고창 문수사
대전화상주심경	목판본	명종 6(1551)	전라도 익산 상원사
대전화상주심경	목판본	현종 7(1666)	강원도 속초 신흥사
대전화상주심경	활자본(전사자)	고종 20(1883)	경기도 양주 감로사

대전선사 요통은 자신이 쓴 서문에서 다음과 같이 밝히고 있다. 『대반야경』 600권 중에 "가장 간결하면서도 핵심적인 것은 54구 267자인데, 그 문장이 너무 곧아서 도리어 깨치기가 어려웠다. 요통은 어리석고 미련함에도 불구하고 좁은 소견으로 부처와 조사의 말씀과 가르침을 인용하여 주해를 하였다."[9]

---

8 고려본에 대해서는 필자의 다음 논문을 참고할 수 있다. 김방울, 「고려본 『대전화상주심경』과 저자 문제」, 『서지학연구』 제77집, 한국서지학회, 2019.3.

이 서문처럼 요통은 부처와 조사의 말씀과 가르침을 인용하여 『반야심경』을 풀이하고 있다. 부처의 말씀으로는 『금강경』, 『법화경』 「법사공덕품」, 「비유품」, 『대반열반경』, 『대반야경』, 『열반경』, 『능엄경』, 『보살처태경菩薩處胎經』, 『화엄경』, 『유마경』 등을 인용하고 있고, 조사의 말씀으로는 승조(383~414), 달마(?~536), 혜가, 승찬, 육조혜능(638~713), 영가현각, 석두희천(700~790), 백장회해(720~814), 약산유엄(751~834), 협산선회(805~881), 동산양개(809~869), 설봉(822~908), 포대화상(?~916), 운문(864~949), 경청도부(867~937), 풍혈연소(896~973), 설두중현(980~1051), 단하자순(?~1119), 불안청원(1065~1120), 보봉유조(1084~1128) 등의 일화와 게송이 인용되고 있다. 심지어 『노자』, 『장자』, 『논어』까지 인용하고 있다.

대전화상 요통이 누구인가에 대해, 일반적으로 그는 당나라 때 유명한 선사인 대전보통大顚寶通(732~824)으로 인식되고 있었다. 그에 대한 『불광대사전』의 소개는 다음과 같다. "그의 법호는 보통, 스스로 대전화상이라 칭했다. 처음에 약산유엄과 함께 혜조惠照에게 사사받고 다시 남악회양과 석두희천에게 참알하고 조계의 종지를 깨달았다. 조주潮州에 영산선원靈山禪院을 창건하고 거기에 머무르며 가르침을 폈다. 한유가 조주에 유배 왔을 때 대전화상의 명성을 듣고 교유했다. 『반야바라밀다심경』과 『금강경』에 대한 석의釋義를 지었다. 일찍이 『금강경』 1500편, 『법화경』과 『유마경』 각각 30부를 서사했다고 한다."[10] 『반야심경』과 『금강경』을 연구하여 주석서를 짓고,

---

9 "最簡要者 五十四句 計二百六十七字 其文大直 反成難曉 了通不揆蒙陋 聊以管窺 輒引佛祖言教 以爲注解."

『법화경』과 『유마경』을 서사했다는 기록을 보면 공에 대한 이해와 함께 일승의 가르침에 대한 신앙도 깊었던 모양이다.

그런데 여기서 그냥 수긍하고 넘어가기엔 뭔가 미심쩍은 부분이 있다. '대전'이라는 호는 같은데, 이름은 '요통'과 '보통'으로 다르다. 그리고 더 결정적인 것은 이 책에 송나라 때 게송들이 인용되고 있다는 점이다. 대전화상이 당나라 때 인물이라면 그의 사후 살았던 선사들의 게송이 인용될 수는 없는 일이다.

이에 대해서는 세 가지 견해가 제시되어 있다. 첫째, 『대전화상주심경』은 후대의 위작이라는 설이다. 즉 이 책은 당나라 대전보통과는 상관없고 후대의 누군가가 그에게 가탁했다는 것이다. 둘째, 『대전화상주심경』의 저자가 당나라 대전보통이라는 설이다. 그가 충분히 이 책을 저술했을 수 있고, 다만 그보다 후대 선사들의 어록은 나중에 후인들에 의해 추가되었을 수 있다는 것이다. 셋째, 남송 초 대전통 선사라는 설이다. 시기적으로나 사상적으로 봤을 때 대전화상은 남송 초 인물이어야 하니 『가태보등록』에 나와 있는 보봉유조의 제자 대전통이 적당하다는 설이다.[11]

이 책은 원나라 간섭기에 누군가에 의해 고려로 수입되어 1360년 다시 간행된 것으로 보인다. 그리고 그 직후에 똑같은 형태로 다시 간행되었다. 이 책의 발문과 간기는 다음과 같다. "성상폐하께서 사해를 통치하심이 억년 만년 이어지고, 공주전하의 수제년과 왕후전하의 수무강, 전쟁이 종식되어 국민이 편안하고, 천하가 태평하여

10 慈怡 편저, 「불광대사전」 2, 북경도서관출판사, 2004, 906쪽.

11 김방울, 위 논문, 242~246쪽 참조.

법륜이 굴러가기를 바라며 이 구본舊本을 간행하여 널리 베푼다."[12] 그러면서 지정 20년(1360) 경자년 5월 일에 선사 계원戒元이 판각하고 있음을 밝히고 있다.

조선시대에는 가장 먼저 태종 11년(1411) 전라도 고창 문수사에서 목판으로 간행되었다. 그 간행 경위를 뒤에 발문으로 남기고 있는데, 이를 풀어보면 다음과 같다.

> 행원품, 금강경 천로해, 반야심경 대전해를 공선空禪이 다시 간행한다. 인정에 얽매이지 않고 인출하여 유통시키니, 번개가 치고 바람이 불 듯 외우고 설하고 쓰고 지녀서, 모든 나라가 저절로 맑아지고 삼계의 은혜로운 생명들이 나고 죽음이 없어지고, 온 세계가 평화롭고 원숭이 노래하고 새들 지저귀길 바란다. 영락 신묘년 한여름 고창현 문수사에 보관하다.[13]

「행원품」은 『화엄경』 「보현행원품」이고, 『금강경 천로해』는 야보 도천 선사가 주해한 『금강경』이다. 그리고 대전선사가 주해한 『반야심경』, 이 셋을 '공선'이라는 스님이 다시 간행한다는 얘기다. 다시 간행한다는 얘기는 이 책들을 어디선가 먼저 간행했었다는 뜻이다.

---

12 "伏爲聖上陛下 統臨四海 億載萬年 公主殿下壽齊年 王后殿下壽無疆 干戈息靜國民安 天下大平法輪轉 刊此舊本 廣施無窮者 至正二十年庚子五月日 刻手禪師戒元."

13 "行願品 金剛般若川老解 般若心經大顚解 空禪重刊 亦勿人情 印成流通 電轉風行 誦說書持 六國自淸 四恩三有 無滅無生 四海不波 猿啼鳥鳴 永樂辛卯朱夏藏高敞縣文殊寺."

아마 위에서 설명한 고려시대 간행본을 이르는 것으로 보인다.

다음으로 전라도 익산 상원사에서 간행한 책이 장흥 보림사 사천왕상에서 발견되었다. 이 책은 다른 곳에서는 전혀 발견되지 않은 유일한 판본으로 매우 귀중한 자료이다. 그리고 조선시대에 전북 익산지방에 상원사가 존재했었다는 사실을 알려주는 의미 있는 자료이기도 하다.

현종 7년(1666)에는 강원도 신흥사에서 체재가 다른 새로운 판본으로 간행되었다. 이때 판각된 책판은 현재 신흥사에 그대로 보관되어 있다.

그리고 1883년에는 경기도 양주 감로사에서 전사자全史字로 『대전화상심경해』를 인출했다. 마지막 면에 '신사信士 연방거사蓮舫居士가 재물을 내어 100본을 인간印刊하여 어머니 신녀信女 정축생 전주 이씨의 혜진행慧眞行을 축원하며 또 인경의 공덕으로 극락의 상품上品 연대蓮臺에 나기를 기원한다.'는 내용의 기문이 있다. 간행의 주체인 연방거사는 같은 해 같은 곳에서 『법해보벌法海寶筏』이라는 책도 간행했다. 이 책에는 김대현의 제자로 『술몽쇄언』의 발문을 쓴 보광거사葆光居士 유운劉雲이 서문을 썼는데, 연방도인이 선교일치의 관점에서 불조佛祖의 마음에 계합하기 위해 간행함을 밝히고 있다.

이 책을 간행하는 데 쓰인 전사자는 순조의 생모인 수빈 박씨의 오빠 박종경이 순조 16년(1816) 청나라 취진판 전사全史의 글자를 자본으로 주성한 인서체 동활자이다. 박종경이 개인적으로 만든 인서체 활자인 점에서 그의 호인 '돈암敦巖'을 따 '돈암인서체자'라고 부르기도 한다. 대원군 집정기에는 운현궁에 몰수되어 '운현궁활자'라는 별칭을 얻기도 했다. 대원군이 실각한 후에는 민간에서 필요한 책을 인출하는 데 사용되었다. 이후 구한말까지 주로 개인의 저서와 편찬서를 비롯하여 불교서, 도교서 등을 인출하는 데 사용되었다. 활자의 모양이 균정하고 크기가 적당하며 주조가 정교하여 민간에서 널리 애용되었다. 따라서 그 인본이 많이 전해지고 있다.[14]

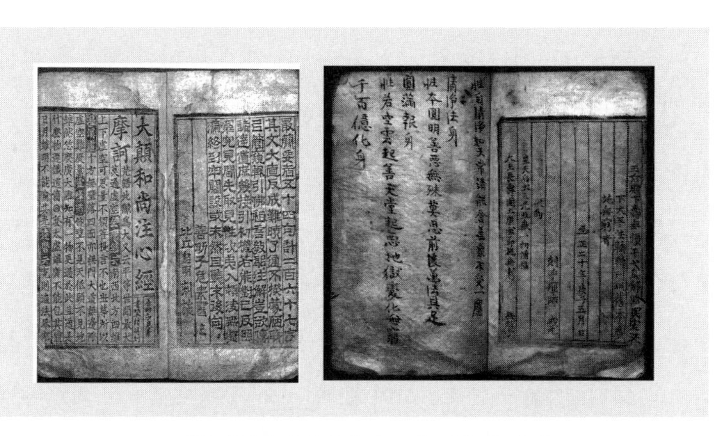

1360년본 『대전화상주심경』의 권수와 간기

(2) 『반야바라밀다심경약소현정기』

당의 현장법사가 한역한 『반야심경』에 법장이 약소를 달았고 다시 송의 중희仲希가 주해를 달아 만든 『반야심경약소현정기』를 언해한 책이다.

---

14 천혜봉, 『한국금속활자본』, 범우사, 2003, 157~158쪽 참조.

〈표〉 『반야바라밀다심경약소현정기』 간행본

서명	판본	간행(인출)년	간행처
반야바라밀다심경약소현정기	목판본(언해본)	세조 10(1464)	간경도감
반야바라밀다심경약소현정기	목판본(언해본)	연산군 1(1495)	
반야바라밀다심경약소현정기	목판본(언해본)	명종 8(1553)	황해도 황주 심원사
반야바라밀다심경약소현정기	목판본(언해본)	명종 20(1565)	전라도 순창 무량사

1464년 간경도감에서 처음 간행되었다. 한계희가 세조 10년(1464)에 쓴 발문이 있는데 여기서는 "임금이 효령대군과 계희 등에 명하여 법장의 『반야바라밀경약소』를 역해하게 하였는데 이때 송의 중희가 지은 『현정기』를 얻게 되었다. 그 해석이 극히 갖추어졌으나 다만 중희가 의거한 판본이 지금 통행되고 있는 판본과 다소 차이가 있었다. 이에 대군과 여러 고승들이 상세하게 교수하였고 이어 왕명으로 간행하게 되었다."고 밝히고 있다. 세조가 한글로 구결을 달고 효령대군과 한계희 등이 언해하여 간경도감에서 펴냈다. 한계희는 발문에서 간행동기를 다음과 같이 밝히고 있다. "이 경은 승려들이 평소에 늘 익히는 것이기에 주상께서 특별히 번역하게 하셨으니, 대저 아침저녁으로 승려들이 외우면서도 외워야 하는 까닭을 모름을 민망히 여겼기 때문이다. 이는 곧 석가여래께서 중생들이 종일토록 '상相'에 노닐면서도 그 '상'이 무슨 뜻인지 알지 못함을 애석히 여기심과 같은 것이다."

이후 연산군 1년(1495)에는 간경도감판을 다시 인출하였는데 여기에는 학조의 발문이 붙어 있다. 그리고 명종 8년(1553)에는 황해도 심원사에서, 그리고 명종 20년(1565)에는 전라도 순창 무량사에서 다시 간행되었다.

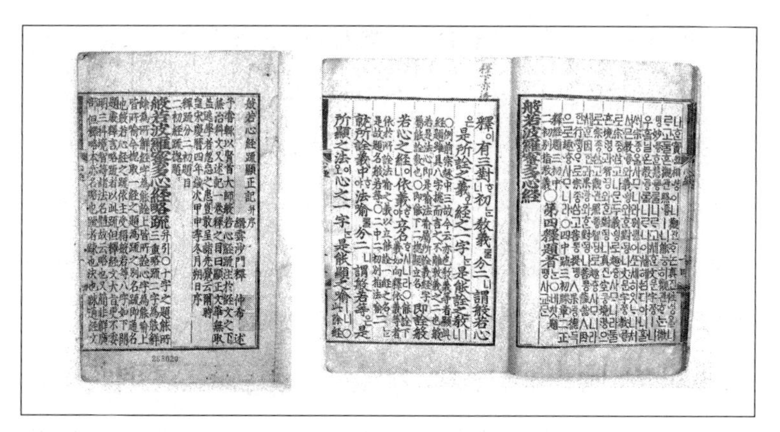

간경도감본 『반야바라밀다심경약소현정기』의 권수와 언해 부분

(3) 혜충 주석본

당나라 때 남양혜충이 주석한 『반야바라밀다심경주』를 1901년에 간행한 책이다. 혜충은 육조혜능의 제자이다. 그 말미에는 "대한광무 5년(1901) 10월 담연거사湛然居士 이정신李正信과 박윤태朴潤泰가 출자하여 판각하며, 동년 갑오생 윤씨가 20권을 인출하니 판각과 수지의 공덕으로 인해 깨달음을 얻고 나아가 인연 있는 자들과 더불어 무루지無漏地를 증득하기 바란다."는 내용의 기문이 있다. 그리고 1908년에는 이 판본을 동암거사 강재희姜在喜가 500권 인출하여 배포하고 있다.

〈표〉 『반야바라밀다심경』 혜충 주석 간행본

서명	판본	간행(인출)년	간행처
마하반야바라밀다심경	목판본	광무 5(1901)	경기도 양주(이정신)
마하반야바라밀다심경	목판본	융희 2(1908)	경기도 양주(강재희)

2. 『법화경』「관세음보살보문품」

1) 「관세음보살보문품」의 위상

중국 삼국시대 오나라 지겸이 처음 『법화경』을 번역하기 시작한 이래 6차례에 걸친 전문 번역과 수차례의 부분 번역이 있었다. 6차례의 전문 번역 중 현재 3종의 번역본이 남아 있다. 서진 축법호(231~308)가 286년에 번역한 『정법화경』, 구마라집(344~413)이 406년에 번역한 『묘법연화경』, 수대 사나굴다(523~600)와 달마급다가 601~2년에 번역한 『첨품법화경』이 그것이다. 구마라집 번역본이 가장 간략하고 그 다음이 『첨품법화경』이며 『정법화경』이 가장 상세한데, 모두 그 원본을 달리하고 있기 때문이다. 구마라집은 계빈국 왕궁 소장 육천게백첩범본六千偈白氎梵本에 의거했고, 사나굴다는 6천2백게 패엽사본貝葉寺本을 원본으로 삼았다. 그리고 축법호는 우전국 왕궁 소장 6천5백게 패엽범본을 원본으로 번역했다. 이들 중 한중일 동아시아 삼국에서는 구마라집 번역본이 거의 전적으로 유통되어 왔다.[15]

이러한 『법화경』은 별도로 유통되던 『관음경』을 받아들여 「관세음보살보문품」이라는 한 품으로 삼았다. 관음신앙의 근본 소의경전이 됨과 동시에 관음 응신의 교화방편을 획득하여 그 신앙성을 고조시켰다. 서진 무제 8년(287)에 축법호는 『보문품경』 1권을 별행본으로 번역했다. 그리고 양나라 승우가 건무建武 연간(494~496)에 찬술한 『출삼장기집』 제4에 『광세음경』 1권이라고 기록된 것으로 보아 별도

---

15 『법화경전관목록』, 동국대 불교문화연구소, 1967, 3쪽 참조.

의 단일 경전으로 유통되었음을 알 수 있다. 그러던 『관음경』이 축법호가 번역한 『정법화경』에는 제23품 「광세음보문품」으로, 구마라집이 번역한 『묘법연화경』에는 제25품 「관세음보살보문품」으로, 그리고 사나굴다와 달마급다가 번역한 『첨품법화경』에는 제24품 「관세음보살보문품」으로 편입되어 유통되었다.

참고로 보살 이름과 관련하여 초기에는 '광세음'이라고 불리다가 차츰 '관세음'으로 정착된 것으로 보인다. 위에서 설명한 바와 같이 축법호가 286년 번역한 『정법화경』에는 「광세음보문품」이 실려 있고, 구마라집이 406년에 번역한 『묘법연화경』 제25품은 「관세음보살보문품」이다. 이후로 점차 광세음에 대신하여 관세음이 보편적으로 사용되기 시작한 것으로 보인다. 한참 후인 7세기 중반에 현장법사가 번역하면서 관자재라는 명칭을 쓰기 시작한다. 현장이 번역한 『반야심경』 첫 구절이 바로 관자재보살로 시작하는 것이다. 이는 관세음의 원어인 'avalokitesvra'를 어떻게 해석하느냐의 차이에 기인한다.

「보문품」에는 법화의 난해한 교상이나 그 밖의 특별한 전문적 교설이 없으며, 단지 "오직 한마음으로 관세음보살을 부르면 관세음보살이 그 즉시 그 음성을 듣고 이 모든 고뇌에서 벗어나게 해준다."[16]는 관음 염불의 공덕을 제시하고 있을 뿐이다. 그리고 「보문품」이 수지, 독송, 서사, 공경, 공양, 예배 등의 공덕을 강조하고 있으므로, 『법화경』은 신앙적 차원에서 수지, 독송되고 민중 속으로 그 영향력을 넓힐 수 있었다. 「보문품」이 『법화경』의 한 품이기 때문에 천태 이론가

16 "聞是觀世音菩薩 一心稱名 觀世音菩薩 卽時 觀其音聲 皆得解脫."

들에 의해 관음신앙이 이론적으로 분석되었다. 수나라 천태대사 지의(538~597)는 『법화론』과는 별도로 『관음의소』와 『관음현의』를 지어 「보문품」의 이론과 관행觀行을 자세히 설명하고 있다. 그는 관음보살 보문시현의 신앙성을 강조하고 있는데, 이를 통해 완벽한 이타행의 화신으로 관음신앙은 꽃을 피우게 되었다.

「보문품」에 의한 관음신앙은 불교영험설화와 불화에 잘 나타나 있다. 위에서 살펴본 바와 같이 『법화영험전』과 『관세음지험기』, 그리고 『관세음보살지송영험전』에는 관음신앙의 위력이 잘 드러나 있다. 민중들이 일상생활 속에서 실천할 수 있는 염불수행이 보편화될 수 있는 계기가 되기도 했다. 그리고 예배의 대상인 불화 속에도 「보문품」의 내용을 모티브로 한 표현이 등장하고 있다. 동아시아 관음신앙은 이 「보문품」에서 시작했다고 볼 수 있다. 그러면 『법화경』 전체 속에서 「보문품」이 차지하는 위상과 역할을 살펴보자.

왜 「관세음보살보문품」이 별도로 간행되어 유포될 정도로 널리 중시되었느냐를 알기 위해서는 『법화경』의 전체 구조를 살펴볼 필요가 있다. 이에 대해서는 역대로 여러 학자들이 분석을 시도했는데, 어느 경전보다 『법화경』을 중시한 천태대사가 치밀한 분석을 해 놓고 있다. 먼저 이를 표로 도시하면 다음과 같다.[17]

---

17 아래의 내용은 정승석, 『왕초보 법화경 박사되다』, 민족사, 2009, 55~60쪽 참조.

〈표〉 『법화경』의 내용 구성

품명	법문의 요점	2부 구조	
제1 서품	법문의 개시를 예고	도입	전반부
제2 방편품	삼승은 중생을 구제하기 위한 방편일 뿐	정론편	
제3 비유품	부처들은 삼승을 방편으로 사용하여 진실인 일승으로 인도, 모든 사람들이 성불 가능		
제4 신해품			
제5 약초유품			
제6 수기품			
제7 화성유품			
제8 오백제자수기품			
제9 수학무학인기품			
제10 법사품	『법화경』을 유포하는 것은 매우 큰 공덕이 되므로 『법화경』을 열심히 홍보하라고 권유	응용편	
제11 견보탑품			
제12 제바달다품			
제13 권지품			
제14 안락행품			
제15 종지용출품	『법화경』을 설하신 석가모니불은 본래 무량한 수명을 가진 영원한 부처님	도입	후반부
제16 여래수량품		정론편	
제17 분별공덕품			
제18 수희공덕품	『법화경』을 수지 독송 해설 서사하는 사람에게는 큰 공덕이 있고 탁월한 능력을 갖추게 됨	응용편	
제19 법사공덕품			
제20 상불경보살품			
제21 여래신력품	『법화경』의 수지 독송 해설 서사 당부, 이처럼 『법화경』을 유포하는 법사를 수호하겠다는 보살들의 다짐		
제22 촉루품			
제23 약왕보살본사품			
제24 묘음보살품			
제25 관세음보살보문품			
제26 다라니품			

제27 묘장엄왕본사품			
제28 보현보살권발품			

천태대사는 『법화경』 28품을 크게 전반부와 후반부로 나누고 있다. 전반부는 1품에서 14품까지, 후반부는 15품부터 28품까지를 이른다. 전반부는 도입과 정론편, 응용편으로 나눌 수 있고, 후반부 역시 마찬가지다. 정론편은 『법화경』의 교리를 드러낸 부분이고, 응용편은 중생들이 이러한 『법화경』의 교리를 알기 위해서 『법화경』을 홍보하고 유포하도록 권장하는 부분이다. 전반부 정론편의 핵심은 제2 「방편품」이고, 후반부 정론편의 핵심은 제16 「여래수량품」이다. 즉 전반부 가르침의 핵심은 삼승은 방편이고 일승이 진실이라는 것이다. 그리고 후반부 가르침의 핵심은 부처님의 수명은 무량하다는 것이다. 삼승은 성문승, 연각승, 보살승을 가리키는데 일반적으로 소승, 대승을 다 아우르는 표현이다. 결국 이러한 구분은 방편일 뿐이고, 궁극적으로는 부처가 되기 위한 하나의 길이라는 것이다. 부처님이 그때그때 필요에 따라, 그리고 설법을 듣는 중생의 근기에 따라 이렇게 저렇게 설법한 것일 뿐이지, 그 각각에 근본적 차이가 없다는 것이다. 결국 모든 길은 성불을 향한 길로 수렴된다는 것이 전반부 가르침의 핵심이다.

후반부는 영원한 부처를 강조하고 있다. 석가모니 부처는 영원한 부처들 중 하나라는 것이다. 석가모니 부처의 탄생과 열반은 중생구제를 위한 하나의 방편일 뿐이다. 늘 곁에 있는 부처는 중생들이 부처로 인식하지 못한다. 그래서 부처의 가르침을 되새기게 하기 위해서

방편으로 나타났던 부처가 바로 석가모니 부처라는 것이다. 진리로서의 부처는 중생들의 필요에 따라서 얼마든지 다양한 모습으로 출현할 수 있다. 이를 화신, 응신이라고 하는데 진리로서의 부처는 법신불이 될 것이다. 이 화신불의 가르침이 응축된 것이 바로 「관세음보살보문품」이다. 중생들이 부르면 어디든지 달려가고, 필요에 따라 다양한 모습으로 나투어 중생들을 위로해 주고 구제해 주는 모습, 대승불교가 이상적인 구도자의 전형으로 추구했던 보살상이 관세음에 압축되어 있는 것이다.

응용편은 전반부, 후반부 모두 이렇게 뛰어난 가르침인 『법화경』을 널리 중생들에게 이해시키고 전파할 것을 말하고 있다. 이 역할을 담당할 자가 바로 법사이고 보살인 것이다. 영원한 진리로서의 부처, 중생구제를 위한 다양한 방편설법, 이것들은 모든 중생들을 깨달음의 길로 인도하기 위한 것이다. 그러기 위해서는 부처의 진리를 보존하고 유지하고 홍포하는 수많은 법사와 보살들이 필요하다. 그러한 보살들의 역할과 서원을 강조한 것이 후반부 응용편인데, 여기서는 관음보살, 보현보살, 아미타불처럼 대승불교의 다양한 불보살들이 등장하고 있다. 그리하여 『법화경』의 확산과 함께 이들이 대중들에게 친근한 신앙의 대상이 되었던 것이다.

2) 「관세음보살보문품」의 주요 간행본과 사경본

『법화경』은 조선시대 제일 많이 간행된 경전으로서 130차례 이상 간행된 것으로 보인다. 그리고 「보문품」은 『육경합부』에도 포함되어 간행되었다. 『육경합부』는 조선시대에 합편되어 간행된 판본으로

30차례 이상 간행되었다. 『육경합부』에 대해서는 아래 해당 항목에서 자세히 살펴보기로 한다. 여기서는 「보문품」이 별도로 간행된 경우만 살펴보자.

〈표〉 『법화경』 「관세음보살보문품」의 주요 간행본과 사경본

서명	판본	간행(인출)년	간행처	편저자(서사자)
묘법연화관세음보살보문품 妙法蓮華觀世音菩薩普門品	목판본	충렬왕 1(1275), 1960년대 후쇄	경상도 합천 해인사	구마라집 역
금강보문발원합부 金剛普門發願合部	사경본	공민왕 20(1371)		
묘법연화경관세음보살보문품삼현원찬과문妙法蓮華經觀世音菩薩普門品三玄圓贊科文	목판본	세조 7(1461)	간경도감	사효思孝 저
묘법연화경관세음보살보문품 妙法蓮華經觀世音菩薩普門品	목판본 (언해본)	숙종 23(1697)	황해도 해주 신광사	구마라집 역, 행오幸悟 등 편
관음경觀音經	사경본	1840년대	제주	김정희 서

(1) 1275년 목판본

첫 번째 판본은 고려 충렬왕 1년(1275)에 판각한 것으로, 이를 후쇄한 것이다. 이 책판은 현재 해인사 사간판전에 소장되어 있다. 1371년 사경본은 『금강경』, 「관세음보살보문품」, 『선종영가집禪宗永嘉集』의 발원문 등 세 경전으로 이루어진 사경이다. 변상도는 두 폭의 면에 오른쪽에는 여래삼존을, 왼쪽에는 수월관음을 그렸다. 공민왕 20년(1371) 묘지妙智와 묘수妙殊 두 비구니의 시주로 제작되었다. 수월관음은 물 위에 솟은 암좌에 앉아 있고 뒤로는 두 그루의 대나무가 있다. 물을 사이에 두고 선재동자가 수월관음을 우러러 쳐다보고

있다. 『금강경』은 금강경계청金剛經啓請, 정구업진언淨口業眞言, 청팔금강請八金剛으로 시작하고 있다.

(2) 『묘법연화경관세음보살보문품삼현원찬과문』

송나라의 사효가 『법화경』「관세음보살보문품」의 『삼현원찬三玄圓贊』을 과문科文으로 작성한 책이다. 고려시대 대각국사 의천이 교장을 만들 때 대흥왕사에서 판각한 것을 간경도감에서 다시 새긴 복각본이다. 이 책은 『묘법연화경』「관세음보살보문품」에 대해 주석을 달고 도표식으로 요약하여 과문을 나눈 것이다. 전체 4단~5단의 원표圓表로서 편집되어 있다. 권1만 남아 있는 1책으로서 현재 보물 204호로 지정되어 있다. 상하단변으로 계선과 어미가 없으며, 30행 22자로 구성되어 있다.

의천이 송과 요, 일본으로부터 구득한 주석서를 정리한 『신편제종교장총록』 권1 『법화경』부에는 『삼현원찬』 2권과 『원찬과圓讚科』 1권이 '사효 술述'로 되어 있다. 이 책을 대흥왕사에서 판각하여 유포시켰는데, 그 유통본이 희소하게 되어 세조 때 간경도감에서 다시 간행한 것이다. 권말에는 '수창오년(1099)기묘세고려국대흥왕사봉선조조壽昌五年己卯歲高麗國大興王寺奉宣雕造'라는 원래 간기만 있으나, '천순오년(1461)신사세조선국간경도감봉교중수天順五年辛巳歲朝鮮國刊經都監奉教重修'라는 간기가 있는 『금강반야경소개현초金剛般若經疏開玄鈔』 권제6과 판각 솜씨나 지질 등 인쇄조건이 같으므로 간경도감에서 다시 새긴 판본임을 알 수 있다. 권말에는 '해동전교사문의천교감海東傳教沙門義天校勘'라는 기록이 있어 대각국사 의천에 의해 교감되었음을 알 수 있다.

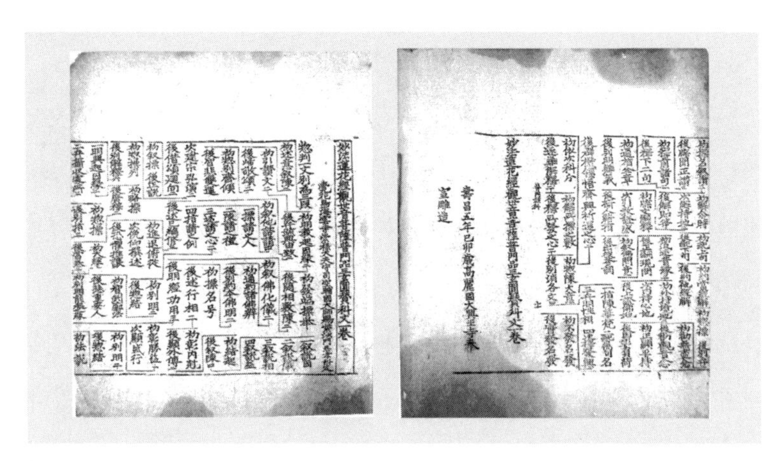
妙法蓮花經觀世音菩薩普門品三玄圓贊科文卷

壽昌五年己卯歲高麗國大興王寺奉
宣雕造

『묘법연화경관세음보살보문품삼현원찬과문』 권수와 간기

(3) 1697년 언해본

행오의 발문에 의하면 “도인 여급사呂岌師가 익현사益玄師의 협사篋笥에서 당본唐本 경화經畵 즉 『법화경』 변상도를 우연히 얻어 뛸 듯이 기뻐하였다. 침식을 잊을 정도로 열람하던 중 「보문품」을 통해 중생을 널리 구제하고자 하는 뜻을 내었다. 이에 뜻을 같이하는 사람들과 함께 이를 간행하고자 한 지 오래되었다. 그러던 중 을해년 가을 운조상인雲照上人을 만나 자신의 뜻을 말하고 변상도를 보여주었고, 그림과 글을 새겨 2년 뒤인 정축년 7월에 간행하였다.”고 한다. 동국대 소장 동일본에 ‘강희삼십육년정축(1697)칠월일康熙三十六年丁丑七月日 해주신광사개판海州神光寺開板’이라는 간기가 있어 숙종 23년인 1697년에 간행되었음을 알 수 있다. 체재는 먼저 원문을 한 대문씩 구결 없이 싣고 한글만으로 된 언해를 짝지어 실은 후 그 내용에 대한 변상도를 함께 보여주는 방식으로 되어 있다. 삽화본으로서 『법화경』으로는 보기 드문 자료이다.

「관세음보살보문품」은 1447년 간행된 『석보상절』 권21과 1459년 간행된 『월인석보』 권19, 그리고 간경도감에서 1463년 간행한 『법화경언해』 권7에서도 언해된 바 있다. 『월인석보』 총25권 중 권11부터 권19까지가 『법화경』을 언해한 부분이고 그중 마지막인 권19에 「관세음보살보문품」이 실려 있는 것이다. 『석보상절』 한문본이 먼저 만들어지고, 다음 이를 한글로 번역한 언해본 『석보상절』이 간행되었다. 세종이 이를 보고 1448년 경 『월인천강지곡』이라는 노래집을 간행했고, 세조가 즉위한 지 5년인 1459년 『석보상절』과 『월인천강지곡』을 합편하여 『월인석보』라는 책을 만들었다.

『법화경』은 삼국시대부터 한반도에 들어와 유통되었는데, 특히 고려시대 대각국사 의천이 『법화경』을 소의경전으로 하는 천태종을 창립하면서 더욱 성행했던 것으로 보인다. 고려 후기에는 구마라집 번역에 송나라 계환이 주석을 단 주해본이 간행되면서 이후 『법화경』 간행본의 주류를 이루게 된다. 『법화경』은 조선시대에도 제일 많이 간행된 경전으로 꼽힌다. 계통도 다양하여 간경도감계, 성달생서체계, 황진손서체계, 활자본계통 등이 존재한다. 이러한 『법화경』이 『석보상절』에 먼저 언해되었고, 이후 『월인석보』를 간행하면서는 중송重頌 부분은 제외하고 산문 부분만 실리게 된다. 그리고 이후 간경도감에서 『법화경언해』가 다시 간행되었다.[18]

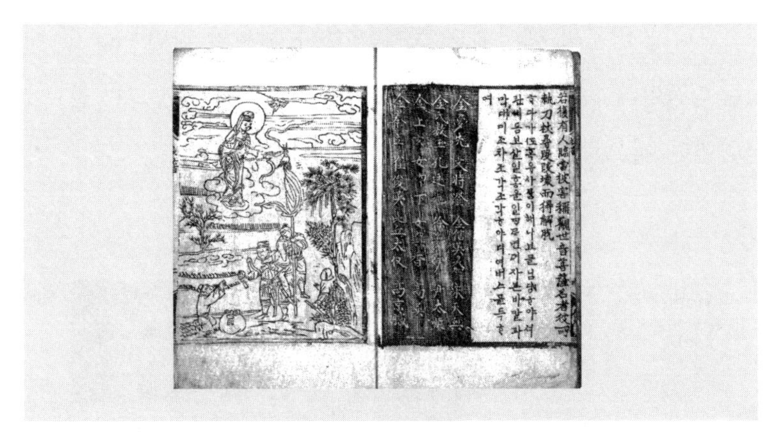

1697년 언해본

(4) 추사 서書 『관음경』

추사(1786~1856)가 제주도 귀양시절인 1840년대 썼을 것으로 추정되는 작품이다. 이 시기는 추사체가 완성되기 이전으로 추사체의 초기 모습을 알 수 있는 귀중한 사경첩이다. 몸에 지니고 다닐 수 있게 횡으로 길게 절첩한 수진본이다. 두 개의 첩으로 구성되어 있는데 하나는 표제가 '관음경觀音經'이라고 되어 있고, 다른 하나는 '팔중송八重頌'이라고 되어 있다. 이 사경첩은 종이로 만든 함에 들어 있으며, 겉표지는 채색 고급종이로 장황을 했다. 표지 제첨 밑에는 '이彛'라는 인장이 찍혀 있다. 그리고 본문의 처음과 끝 부분에 '이', '문자길양文字吉羊', '한와재漢瓦齋', '곡인穀人', '시감詩龕', '시언지詩言志' 등의 인장이 찍혀 있다. 이 사경첩의 글씨는 제주도 유배 초기 글씨로 생각된다. 글씨의 강약이 심하고, 구양순체와 안진경체의 영향이 함께 보이면서

18 강순애, 『장흥 보림사 초참본 월인석보 권25 연구』, 아세아문화사, 2005, 52쪽 참조.

도, 한나라 비문의 예서체도 풍기는 추사 해서의 진면목을 볼 수 있는 작품이다. 추사가 『반야심경』도 필서한 것으로 보면 그는 불교에 심취했던 것으로 보인다.[19]

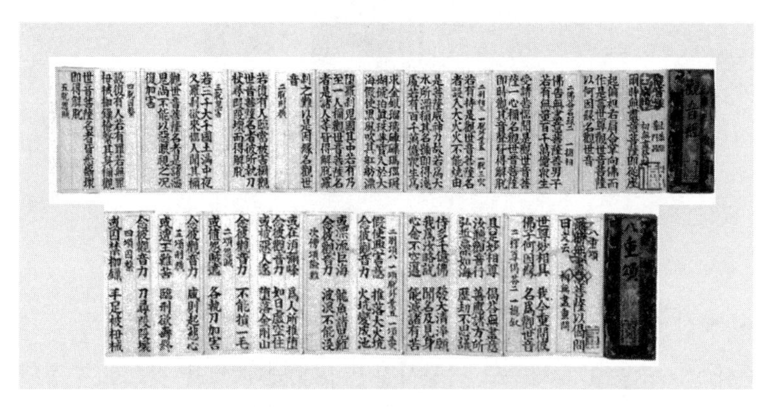

추사 서 『관음경』과 『팔중송』

3. 『화엄경』「입법계품」

1) 『화엄경』「입법계품」과 「보현행원품」

관음신앙의 소의경전으로서 『화엄경』의 위상을 어떻게 바라보아야 할 것인가. 『화엄경』은 방대한 경전이다. 내용도 화려하고 현란하다. 수많은 불보살들이 등장하면서 부처님이 깨달은 진리의 세계를 찬탄하고 설명한다. 이 속에서 관음신앙과의 연관성을 어떻게 파악할 것인가가 문제된다. 우선 분명한 것은 중국과 한반도에서 『화엄경』「입법계품」에 따라 관음성지가 만들어지고 수월관음도가 다수 제작

19 『김민영 소장 고서목록』, 동국대출판부, 2007 참조.

되었다는 것이다. 즉 다양한 관음신앙의 양상 중 중요한 한 위치를 점하고 있는 것이고, 이에는 『화엄경』의 번역과 유통이 큰 역할을 했다는 것이다. 그리고 40권본 『화엄경』의 마지막 권을 이루고 있는 「보현행원품」이 별도로 유통되면서 널리 독송되었는데 이 「보현행원품」이 관음신앙의 확산에 영향을 미친 것으로 보인다. 그렇다면 「보현행원품」이란 과연 무엇인지, 어떤 내용인지가 궁금해지는데, 이를 산스크리트본과 3종의 『화엄경』을 비교하며 살펴보고자 한다. 그러면 3종 『화엄경』 사이의 텍스트 구성상 차이점을 찾아낼 수 있을 것이다. 고려 후기부터 조선시대까지 널리 독송되고 간행되었던 「보현행원품」의 전거와 위상이 어느 정도 드러날 것이고, 이를 통해 관음신앙과의 연관성을 살펴볼 수 있다.

『화엄경』은 독자적인 여러 경들이 모여서 이루어진 것이다. 가장 이른 시기에 형성된 경으로 『십지경十地經』을 들고 있는데, 이는 『화엄경』에 「십지품」으로 편입되어 있다. 현재 산스크리트 원본이 전해지고 있는 것은 「십지품」과 「입법계품」뿐이다. 따라서 이 품들이 대승불교 초기에 별도의 경전으로 형성, 유통되었던 것으로 보인다. 그러다가 지금과 같은 형태로 집대성된 것은 4세기 경 우전국을 중심으로 한 중앙아시아 지역으로 보고 있다. 우전국은 현재 중국 신장위구르자치구의 호탄 지역이다. 천산산맥과 곤륜산맥 사이에 타클라마칸 사막이 펼쳐져 있는데 산맥 기슭을 따라서 오아시스 도시들이 늘어서 있다. 산맥에서 녹아 흐르는 물이 강을 이루고 오아시스를 형성하고 있는 것이다. 이 오아시스를 연결한 길이 바로 실크로드이다. 곤륜산맥 북쪽 기슭에도 오아시스 도시들이 자리잡고 있는데 그중 가장 번창했던 도시가 우전국, 즉 지금의 호탄이다. 원래 '곤륜옥'이라 하여 곤륜산은 양질의 옥이 생산되는 지역으로 유명했다. 호탄 지역에 곤륜산에서 흘러내리는 두 줄기 강이 있는데 여기가 바로 최고로 양질의 옥이 생산되는 지역이었던 것이다. 이를 바탕으로 동서무역의 거점도시가 되었고 상업이 발달하여 유라시아 대륙의 상인과 구도자들이 드나들었다. 불교가 중국으로 전해지면서 수많은 학승들과 구법승들이 거쳐 갔고, 그러다 보니 자연스럽게 불교가 신봉되어 다양한 불경 텍스트들이 수집, 편집, 필사되었다. 이 우전국이 바로 『화엄경』의 고향이라고 학자들은 보고 있는 것이다. 『화엄경』의 여러 품들이 남인도와 서북 인도에서 만들어져 확산되었고, 이것들이 파미르 고원 너머 동쪽 중앙아시아로 전해졌으며, 우전국에서 지금과 같은 형태로 집대성되었다고 보는 것이다. 이것은 다음과 같은 『화엄경』의 번역과정을 보면 능히 짐작할 수 있다.

『화엄경』에 대한 한역은 60권본, 80권본, 40권본이 있다. 먼저 각각의 번역과정과 특징을 살펴보기로 한다.[20]

60권본 『화엄경』

중국인 지법령支法領이 우전국에서 3만 6천 게송의 범본 『화엄경』을 입수하여 중국으로 돌아갔다. 그리고 399년경 법현과 함께 인도로 구법여행을 떠난 지엄智嚴은 계빈국에서 계율과 선법에 뛰어난 불타발타라를 알게 되었고, 그에게 중국에 가서 가르침을 펴 달라고 간청했

---

20 카마타 시게오, 장휘옥 역, 『화엄경이야기』, 장승, 1992, 21~32쪽 참조.

다. 불타발타라는 중국에 들어가 불법을 펼칠 것을 결심하고 실크로드가 아닌 바닷길을 이용하여 우여곡절 끝에 산동반도 등주에 도착했다. 그리하여 장안에 도착한 것이 406년 혹은 408년이다. 당시 구마라집은 401년 장안에 도착하여 명성을 떨치며 번역작업을 지휘하고 있었다. 구마라집은 왕실의 절대적 후원을 받으며 결혼까지 한 상태였다. 파계의 우를 범하고 있었던 것이다. 불타발타라는 계율에 철저했기에 왕실을 멀리하고 구마라집과 결별하여 여산 혜원에게로 갔다. 1년 정도 여산에 머문 후 413년 후에 남조 송나라 무제가 되는 유유劉裕의 간청에 따라 동진의 수도 건강으로 가 거기 도량사道場寺에 머물렀다. 이 소식을 들은 지법령은 자기가 우전국에서 구해온 범본 『화엄경』을 번역해 줄 적임자가 불타발타라라고 생각하고, 이를 가지고 건강으로 가 그에게 번역해 줄 것을 부탁했다. 이에 418년 3월 번역을 시작해 420년 6월 번역을 마친 것이 바로 60권본 『화엄경』이다.

80권본 『화엄경』

우전국은 이후에도 계속 번영을 누려 대승불교가 성행했다. 당나라 측천무후가 불교를 신봉하여 번역사업을 후원했다. 우전국에 완전한 『화엄경』의 범본이 있다는 소식을 듣고, 이 범본과 함께 번역할 사람을 구해 오라고 명령했다. 이때 그 범본을 가지고 장안으로 온 사람이 실차난타(652~710)였다. 695년 번역을 시작하여 699년에 마치니 이것이 80권본 『화엄경』이다. 60권본 『화엄경』은 7처 8회 34품인데 비해 80권본 『화엄경』은 7처 9회 39품으로 완전한 형태를 갖추고 있고, 문장도 훨씬 유려하다. 60 『화엄경』과 80 『화엄경』의 범본 모두 우전국에서 구한 것으로 보아 이들 『화엄경』은 우전국을 중심으로 한 중앙아시아 실크로드 도시들에서 형성된 것이 아닌가 보고 있는 것이다.

40권본 『화엄경』

40권본 『화엄경』은 795년 남인도 오다국烏茶國 사자왕師子王이 손수 베껴 쓴 『화엄경』 범본을 당나라 덕종에게 보낸 것을 798년 반야삼장이 번역한 것이다. 이는 60권본과 80권본 『화엄경』의 「입법계품」 부분만 번역한 것이다. 원래 이름은 『입부사의해탈경계보현행원품入不思議解脫境界普賢行願品』이다. '입부사의해탈경계'는 '입법계'를 푼 말인데, '법계' 즉 '부처님이 깨달은 진리의 세계'는 '불가사의한 해탈의 경계'라는 뜻이다. 이런 세계에 들어가기 위해서는 보현보살의 '행'과 '원'이 필요하다는 것을 제목이 암시하고 있다. 알다시피 「입법계품」은 보리심을 발한 선재동자가 53명 혹은 55명의 선지식을 찾아 떠나는 순례기이다. 이 여행에서 선재동자는 28번째로 남방 보타낙가(potalaka)산에 이르러서 관세음보살을 참례하고 '보살대비속질행해탈문菩薩大悲速疾行解脫門'의 법문을 듣는다.

『화엄경』에서 설하는 원융무진한 법계의 진실을 이해하기 위해서는 보살의 수행이 필요하다. 수행의 시작은 사심 없이 진리에 대한 순수한 믿음을 내는 것이다. 이를 바탕으로 중생 구제를 위한 보살의 서원을 발할 수 있다. "『화엄경』의 가르침을 듣고 그 가르침을 실행하기 위해서는 이 가르침을 믿지 않으면 안 된다. 큰 바다나 큰 불속에 있다고 하더라도 결코 의심하지 않고 믿는다면 반드시 이 경을 들을 수 있게 된다."[21] 선재동자의 진리를 향한 구도의 여정도 이러한 의심 없는 믿음이 있었기에 가능한 것이었다.

이러한 『화엄경』은 부처님이 깨달은 진리의 세계를 설명한 부분과 그 세계에 들어가기 위한 보살의 수행과정을 설명한 부분으로 크게 나눌 수 있다. 전자를 '법계' 또는 '부사의해탈경계'라 표현하고, 후자를 '입법계' 혹은 '입부사의해탈경계'라고 지칭한 것이다. 그러면 일반적으로 「보현행원품」이라고 하는 것은 무엇인가. 「입법계품」은 문수보살에서 시작해서 보현보살로 끝난다. 선재동자가 문수보살의 법석에 참여하여 그 법문을 듣고 보리심을 내게 된다. "보살행이란 무엇이고, 보살도는 어떻게 닦으면 되는가?"라는 단 하나의 질문을 갖고 문수보살의 지시에 따라 구도의 길을 떠나게 되는 것이다. 참방한 각 선지식들로부터 그들이 평생 수행하며 닦은 보살행을 듣고 선재동자는 그 가르침을 자기 것으로 익혀 나간다. 그러기를 52명, 다시 문수보살이 나타나 마지막으로 찾아가라는 선지식이 보현보살이다. 그 보현보살이 선재동자에게 설법하는 내용이 바로 「보현행원품」이다. 이 「보현행원품」에 해당하는 산스크리트본이 남아 있어 3종의 한역본과 비교해 보면 3종 사이에 차이점을 발견할 수 있고, 고려와 조선시대에 유통되었던 텍스트가 어떤 것이었는지 파악할 수 있다. 우선 산스크리트본과 3종 한역본 사이의 텍스트 구성을 비교해 보면 다음과 같은 표를 얻을 수 있다.[22]

---

21 『十地經論』 권2, 카마타 시게오, 같은 책, 46~47쪽에서 재인용.

22 다음 논문과 『대정신수대장경』을 참조하여 작성하였다. 任永泌(碧松), 「산스크리트本 「Samantabhadracary-apranidhanam」(「普賢行願品」)의 譯註 및 漢譯本

〈표〉 『보현행원품』의 텍스트 구성

<table>
<tr><th colspan="2">산스크리트본[23]</th><th>60권본(T. 9)</th><th>80권본(T. 10)</th><th colspan="2">40권본(T. 10)</th></tr>
<tr><td rowspan="2">서분
序分</td><td>① 선재동자가 일체 선지식을 친근 공양하고 그 공덕들을 설함</td><td rowspan="2">783下15~784上9
(60권)</td><td rowspan="2">439中23~
439下21
(80권)</td><td rowspan="2">838上20~
中28</td><td rowspan="6">38권</td></tr>
<tr><td>② 보현보살의 시현을 열망</td></tr>
<tr><td rowspan="10">정종분
正宗分</td><td>① 선재동자와 보현보살의 과거 선근의 상응으로 열 가지 상을 보현보살이 시현</td><td>784上9~15</td><td>439下21~440上1</td><td>838中28~
下10</td></tr>
<tr><td>② 보현보살의 시현으로 열 가지 광명들이 일체법계를 비춤</td><td>784上15~中2</td><td>440上1~18</td><td>838下10~
839上4</td></tr>
<tr><td>③ 광명 시현을 보고 보현보살의 견처見處 등을 성취</td><td>784中2~14</td><td>440上18~中3</td><td>839上4~24</td></tr>
<tr><td>④ 보현보살의 일체 모공들로부터 시현되는 자재신력自在神力을 봄</td><td>784中14~下18</td><td>440中3~下19</td><td>839上24~
下23</td></tr>
<tr><td>⑤ 보현보살의 신체 마디들과 대인상大人相으로부터 시방삼세 일체 세계 등을 보고 대보연화장사자좌大寶蓮花藏獅子坐에서 신통 시현을 하는 보현보살을 봄</td><td>784下18~785上4</td><td>440下19~
441上13</td><td>840上1~中5</td><td rowspan="5">39권</td></tr>
<tr><td>⑥ 선재동자는 열 가지 지혜바라밀다의 안주를 성취하고 보현보살이 선재동자의 정수리를 쓰다듬은 후 일체 삼매·지智·법法 등을 성취</td><td>785上4~25</td><td>441上13~中12</td><td>840中6~下8</td></tr>
<tr><td>⑦ 보현보살의 자재신력은 무량한 버림과 보시의 공덕임을 설함</td><td>785上25~下9</td><td>441中12~
442上16</td><td>840下9~841
中19</td></tr>
<tr><td>⑧ 선재동자는 보현보살의 청정한 몸에서 신통시현을 보고 보현행원을 시방삼세에서 실천함</td><td>785下9~786上4</td><td>442上16~中26</td><td>841中20~84
2上7</td></tr>
<tr><td>⑨ ×</td><td>게송</td><td>게송</td><td>게송</td></tr>
<tr><td>⑩ ×</td><td>×</td><td>×</td><td>보현10행원</td><td>40권</td></tr>
</table>

比較 硏究」, 中央僧伽大學校 석사학위논문, 2009.

				(844中20~846下29)	
	⑪ 62개의 게송으로 보현보살의 행원을 노래함	×	×	846下29~848中9	(보현행원품)
유통분 流通分	세존과 보현보살의 말씀에 선재동자와 일체 대중들은 환희함	×	×	848中10~23	

산스크리트본을 전통적인 방식인 서분, 정종분, 유통분으로 나눈 다음 세부내용을 단락으로 나누어 표시하였다. 각 단락에 해당하는 부분을 60권본, 80권본, 40권본 별로 각각 찾아보았다. 쪽수 표시는 『대정신수대장경』을 기준으로 하였다. 「보현행원품」은 60권본에서는 마지막 60권에, 그리고 80권본에서도 마지막 80권에 들어 있는데, 40권본에서는 38권부터 40권에 배치되어 있다. 40권본이 「입법계품」 부분만 다시 번역한 것이기 때문에 문장이 훨씬 상세하고 분량도 비교적 많다. 서분과 정종분 ⑧번까지는 문장의 첨삭이 있을 뿐 3종 사이에 큰 차이가 없다. 그런데 그 다음부터 텍스트 구성상 큰 차이를 보인다.

첫째, 정종분 ⑨번은 3종의 한역본에서는 게송 부분인데 이 게송에 해당하는 내용이 산스크리트본에는 없다. 그리고 60권본과 80권본은 이 게송으로 『화엄경』의 모든 텍스트를 마치고 있다. 즉 이 게송이

23 위 논문의 저자는 산스크리트본에 대해서 Dr. Daisetz Teitaro Suzuki와 Dr. Hokei Idzumi의 『The Gaṇḍavyūha sūtra』, 1949, Kyoto, 529~551쪽을 저본으로 하고 Dr. P. L. Vaidya의 『The GAṆḌAVYUHA SŪTRA』, 1960, The Mithila Institute, 420~436쪽을 참고사본으로 했다고 밝히고 있다.

「입법계품」을 총정리하는 역할을 하고 있는 것이다. 그런데 40권본은 여기서 끝나지 않는다. 마지막 40권에 해당하는 내용이 더 수록되어 있는 것이다.

둘째, 정종분 ⑩이라고 표시한 부분은 산스크리트본에도 없고 60권본과 80권본에도 없다. 유독 40권본에만 있는 부분인데, 이 부분이 유명한 보현보살의 10가지 행원을 서술한 내용이다.

셋째, 정종분 ⑪번은 산스크리트본에서 보현보살의 행원을 노래한 62개의 게송 부분인데, 60권본과 80권본에는 없고 40권본에는 거의 온전히 번역되어 있다.

넷째, 유통분은 산스크리트본 내용이 40권본에 번역되어 있다. 물론 60권본과 80권본에는 없다.

산스크리트본과 3종의 한역본을 비교해 보면 다음과 같은 특징을 도출해낼 수 있다. 60권본은 번역 연대는 가장 빠르나, 다른 본에 비해 산스크리트본과 가장 큰 차이를 보이고 있다. 80권본은 60권본보다 약 280년이나 늦게 번역이 이루어졌는데도 불구하고 산스크리트본과 비교하여 서분과 정종분이 많이 일치하고 있다. 40권본은 다른 번역본에 비해 문장이 훨씬 상세하나, 산스크리트본에 없는 보현 10행원 부분이 들어가 있다. 게송 부분은 그 수와 내용에 있어서 거의 일치하고 있다.[24]

그런데 고려와 조선시대에 일반적으로 통용되었던 「보현행원품」

24 임영필, 위 논문, 122쪽 참조.

은 40권본 마지막 40권에 들어 있는 내용이다. 즉 보현 10행원과 62게송, 그리고 유통분에 해당하는 것이다. 이는 60권본과 80권본에는 없는 내용이다. 실제 보현보살의 설법 내용은 정종분 ⑨번 게송에서 끝난다. 그렇다면 40권본의 마지막 제40권은 어떻게 보아야 하는가. 그리고 왜 유독 이 마지막 제40권만 「보현행원품」이라는 이름으로 사랑받았는가. 답은 보현보살의 열 가지 행원이 간절한 내용이면서 아름답다는 것이다. 그 내용을 살펴보기 전에 우선 「보현행원품」에 대한 혼동을 피하기 위해서 「보현행원품」을 다음과 같이 두 가지로 나누는 것이 좋지 않을까 한다.

① 광의의 「보현행원품」

「입법계품」에서 선재동자가 만난 마지막 선지식 보현보살이 설한 내용 전체를 이른다. 산스크리트본과 60권본, 80권본, 40권본 모두에 존재하는 부분이다. 이 부분에 대한 산스크리트본 제목이 「Samanta-bhadracaryāraṇridhāam」이다. 직역하면 'samantabhadra'는 '보현普賢', 'caryār'는 '행行', 'praṇaidhāam'는 '원願'으로 '보현행원普賢行願'이라는 뜻이다. 따라서 산스크리트본에서도 이 부분 전체를 '보현행원'이라 칭했음을 알 수 있다.

② 협의의 「보현행원품」

이는 고려와 조선시대에 일반적으로 통용되었던 40권본의 마지막 제40권에 해당하는 내용이다. 이 부분은 60권본과 80권본에는 없는 내용이다. 그리고 보현 10행원 부분은 산스크리트본에도 없는 내용이다. 사실 「보현행원품」이라는 이름으로 이 마지막 제40권이 별도로 크게 유행했던 것은 이 보현 10행원이 있었기 때문이다. 앞으로 특별한 언급이 없으면 「보현행원품」은 이 협의의 「보현행원품」을 지칭하는 것으로 한다.[25]

2) 40권본 『화엄경』과 「보현행원품」의 관음신앙성

(1) 40권본 『화엄경』의 관음신앙성

선재동자가 관음보살을 참방하는 장면은 60권본에서는 제51권에, 80권본에서는 제68권에, 그리고 40권본에서는 제16권에 나온다. 이들 3종 사이에는 내용 구성에 있어서 차이를 보인다. 60권본과 80권본은 대동소이하나, 40권본은 앞의 두 책에 없는 게송 부분이 추가되어

---

25 코리아나박물관 소장 『감지금니대방광불화엄경』 권15는 권자본으로서 고려 충숙왕 복위 3년(1334)에 제작된 사경이다. 여기 발문에 의하면 "『화엄경』 1부 81권과 『수능엄경』 1부 10권을 금자로 서사한다."고 기록하고 있다. '『화엄경』 81권'은 무엇인가? 실차난타 역의 신역 『화엄경』은 모두 80권이다. 이 사경은 그중 제15권을 서사한 것이다. 제81권은 이 신역 『화엄경』 80권에 반야 역 40권본 『화엄경』 중 마지막 제40권 「보현행원품」을 추가로 붙인 것이다. 이러한 경우는 호림박물관 소장 『감지금니대방광불화엄경입불사의해탈경계보현행원품』의 발문에서도 보인다. 이 역시 고려 충숙왕 복위 3년(1334)에 서사된 사경이다. "금으로 『화엄경』 1부 81권을 서사한다."고 기록하고 있는 것이다. 이 「보현행원품」은 그중 마지막 권인 제81권에 해당할 것이다. 그리고 영조 51년(1775) 安義 靈覺寺에서 간행된 『淸凉疏화엄경』에서도 이러한 체재를 따르고 있다. 이를 통해 40권본 『화엄경』의 마지막 제40권이 얼마나 특별한 취급을 받았는지 짐작할 수 있다.(장충식, 『한국사경 연구』, 동국대출판부, 2007, 169~173쪽, 174~177쪽 참조.)

있다. 40권본의 내용 구성을 먼저 살펴본 후, 이들 사이의 차이를 설명하고자 한다.

40권본 『화엄경』은 크게 산문과 게송으로 구성되어 있다. 산문의 내용을 의미단위 별로 정리해 보면 다음과 같다.

① 직전 선지식으로부터 증득한 내용
② 보타낙가산의 모습
③ 선재동자의 선지식에 대한 찬탄
④ 관음보살의 선재동자에 대한 칭찬
⑤ 선재동자의 물음
⑥ 관음보살의 대답

이어서 관음보살의 게송 40구가 나오고, 이에 대한 답가로 선재동자의 게송 30구가 나온다. 두 게송 사이에 산문으로 관음보살이 선재동자에게 하는 부탁이 끼어 있다. 내용은 "나는 대자비해탈문을 얻었을 뿐이고, 다른 보살들은 각각 보현보살의 서원과 행을 실천하고 있으니 그 부분은 내가 다 말할 수 없다."는 것이다. 이로써 선재동자가 관음보살을 참방하는 장면은 끝난다.

관음보살과 선재동자의 게송을 제외하고 3종 사이에 차이는 거의 없다. 산문의 내용 구성이나 순서가 일치한다. 즉 위 두 게송은 40권본에만 나타난다. 3종에 모두 들어 있는 산문의 내용은 보살행이란 무엇이며 보살도는 어떻게 닦는가라는 선재동자의 물음에 대한 관음보살의 대답, 즉 관음보살이 증득한 '대자비해탈문'에 대한 설명이다.

그 내용은 대자비로 중생을 교화하는데, 필요에 따라 몸을 나투고, 중생들의 두려움을 없애주어 보리심에서 물러나지 않게 한다는 것이다. 『법화경』「관세음보살보문품」에 나오는 '33응신', '시무외'의 내용과 일치한다. 『화엄경』의 이 부분이 『법화경』「보문품」의 내용보다 더 상세한 것으로 보아 『법화경』「보문품」의 내용을 바탕으로 관음보살의 대답 내용을 작성한 것이 아닌가 생각된다. 산문 부분은 관음보살이 선지식으로서 자기가 성취한 보살도를 구도자 선재동자에게 전달하는 내용이다. 이 부분만 가지고 『화엄경』의 관음신앙성을 논하기에는 뭔가 좀 부족한 감이 있다. 보타낙가산이라는 관음보살의 주처가 만들어지고 선재동자 구도행각을 대표하는 수월관음도의 성행에 비해서는 말이다. 그래서 40권본 『화엄경』에만 나오는 게송의 내용을 좀 더 살펴볼 필요가 있다.

40권본의 관음보살 게송은 모두 7언 40구로 구성되어 있는데, 특징적인 내용을 뽑아보면 다음 세 가지로 정리할 수 있다. 첫째, 『법화경』「관세음보살보문품」의 내용을 구체화한 게송이 나온다. 「보문품」 첫머리에 왜 관세음이라고 하는지에 대한 무진의보살의 질문에 부처님이 "중생이 관세음보살의 이름을 일심으로 부르면 관세음보살이 그 음성을 듣고 고통에서 벗어나게 해주기 때문"이라고 대답한다. 이 부분을 연상시키는 관음보살의 게송이 40권본에 나오는 것이다. 그 게송을 소개하면 다음과 같다.

무수한 고통과 액난 속에서
내가 항상 중생들을 구호하므로

마음으로 생각하고 예경하며 내 이름을 부르면
모든 고통에서 한꺼번에 벗어나리라.[26]

이 게송에 이어 여러 재난에 대한 사례를 제시하며 이에 대한 관음보살의 권능을 소개하는 게송이 이어진다. 그 사례들은 「보문품」에서 제시한 사례들과 비슷하다. 이 부분의 내용은 현세에서 발휘하는 관음보살의 위신과 권능을 보여준 것이라 하겠다.

둘째, 왕생정토에 관한 내용이다. 이 부분은 산문에서 언급되지 않은 부분인데 게송에서 노래하고 있다. 일반적으로 게송은 앞의 산문에서 설명한 내용을 운문으로 압축해서 노래하는 것인데, 이는 예외적인 경우이다. 그래서 게송의 내용을 더 주목할 필요가 있는 것이다. 여기에 40권본의 특징이 있다 하겠다. 우선 이에 해당하는 게송을 들어보자.

어떤 사람이 이 목숨 끝난 후에
삼도三塗와 팔난八難에서 몸 받지 않고
인간세와 천계에 늘 태어나서
항상 청정한 보살도를 행하려거나[27]

이 몸 버린 후에 정토에 태어나
여러 세계 부처님을 두루 뵈옵고

---

26 "我於無數衆苦厄 常能救護諸郡生 心念禮敬若稱名 一切應時皆解脫."
27 "若人願此命終後 不受三塗八難身 恒處人天善趣中 常行淸淸菩薩道."

시방세계 불국토를 두루 다니며
항상 청정한 보살행을 닦으려 하며[28]

널리 시방세계 모든 부처님을 뵈옵고
부처님들 설법음說法音을 들으려거든
지성으로 나의 이름 부를 수 있으면
모든 소원 원만하게 이루어지리.[29]

죽은 후에 정토에 태어나 모든 부처님을 뵙고 보살도를 닦으려면 관음보살을 지성으로 부르라, 그러면 소원이 이루어진다는 것이다. 이는 내세신앙적인 내용이며 정토삼부경에서 설하는 내용을 옮겨놓은 듯하다. 산문에서는 현세에서 발휘되는 관음보살의 대비행에 초점이 맞춰져 있는데, 게송에서는 사후세계에까지 그 권능이 미치고 있는 것이다. 관음보살에 대한 신앙이 더욱 강화되고 있다.

셋째, 일반적 정토를 넘어 관음보살이 관장하는 관음의 세계, 즉 관음정토를 제시하고 있다. 훨씬 적극적인 관음보살의 언급이라고 할 수 있다. 관음정토란 내세정토인 아미타 극락세계와는 달리 현세정토를 말한다. 60권본에서는 '광명산'으로, 80권본과 40권본에서는 '보타낙가산'으로 명명되어 있다. 여기에서 한중일 관음 주처도량이 만들어져 관음성지로 추앙받게 된 것이다. 우선 게송을 들어보자.

---

28 "有願捨身生淨土 普現一切諸佛前 普於十方佛刹中 常爲淸淨勝菩薩."

29 "普見十方一切佛 及聞諸佛說法音 若能至誠稱我名 一切所願皆圓滿."

그 사람이 나의 청정한 세계에 태어나
나와 함께 보살행을 닦으려 하면
나의 대자대비 자재하게 보는 힘으로
그대들의 모든 소원 이루어주리.[30]

청정한 마음으로 공양하거나
보배 일산 바치거나 향 사르거나
아름다운 꽃으로 내 몸에 뿌리는 이는
마땅히 나의 세계에 태어나 공양을 받게 되리.[31]

'나의 청정한 세계', '나의 세계'라고 관음보살이 주재하는 국토를 적극적으로 제시하고 있다. 관음보살과 함께 보살행을 닦으려 하거나 청정한 마음으로 관음보살에게 공양하면 관음정토에 태어나 공양을 받을 수 있다는 것이다. 이러한 관음정토의 제시는 다른 경전에서 찾아보기 어려운 내용으로, 중생들의 신앙심을 더욱 고양시킬 수 있다. 그리고 이러한 내용이 수월관음도에 나타나는 관음보살의 주처, 즉 화려하게 장엄된 세계로 표현된다고 보고 있다.

이상을 통해 보면 40권본 『화엄경』의 특징이 드러난다. 3종에 공통된 산문의 내용만으로도 관음보살에 대한 신앙이 가능하나, 40권본에만 있는 게송이 추가됨으로써 그 신앙성이 한층 고조되었다. 내세정토와 관음정토가 제시됨으로써 관음보살의 위신력이 더욱 강화된 것이

---

30 "彼當生我淨佛刹 與我同修菩薩行 由我大悲觀自在 令其一切皆成就."

31 "或淸淨心興供養 或獻寶蓋或燒香 或以妙華散我身 當生我刹爲應供."

다. 이러한 경향은 「보현행원품」에서도 보인다.

(2) 「보현행원품」의 관음신앙성

「보현행원품」의 사경 변상도에는 선재동자와 보현보살이 등장하는데 반해, 왜 불화에는 선재동자와 관음보살일까. 「입법계품」의 마무리는 「보현행원품」이다. 즉 「입법계품」 전체 내용은 선재동자가 보현보살을 찾아가 그의 설법을 듣는 장면으로 압축될 수 있다. 그래서 변상도에 선재동자와 보현보살이 등장하는 것은 자연스러운 일이다. 왜냐하면 변상도는 경의 내용을 한 폭의 그림으로 보여줘야 하기 때문이다. 그런데 신앙과 예배의 대상인 불화에서는 왜 보현이 아닌 관음일까. 보현신앙이 없다고는 할 수 없으나 관음신앙만큼 보편적이지 못한 것은 사실이다. 선재동자 구도여정의 상징이 어찌하여 선재와 관음의 만남에 모아졌느냐 하는 것이다. 우선 40권본의 마지막 제40권 「보현행원품」의 내용과 특징을 살펴보자.

「보현행원품」은 보현보살의 수행과 서원을 서술한 부분이다. 여래의 공덕을 성취하기 위해서 실천해야 할 행원 10가지를 보현보살이 선재와 여러 보살에서 설법한다. 그 10가지는 다음과 같다.

① 모든 부처에게 예경한다.
② 여래의 공덕을 칭찬한다.
③ 널리 부처에게 공양한다.
④ 스스로의 업장을 참회한다.
⑤ 남의 공덕을 따라서 기뻐한다.

⑥ 진리의 바퀴를 굴려주길 청한다.

⑦ 부처가 이 세상에 오래 머무르길 청한다.

⑧ 항상 부처를 따라 배운다.

⑨ 항상 중생들의 뜻을 따른다.

⑩ 공덕을 널리 돌려준다.

이 10가지 행원은 허공계가 다하고, 중생계가 다하고, 중생의 업과 번뇌가 다할 때까지 끝나지 않는다고 보현보살은 다짐한다. 끝이 있을 수 없는 영원한 서약인 것이다. 각 서원에 대한 보현보살의 설명이 이어지는데, 중요 부분만 소개하면 다음과 같다.

첫째, 널리 부처에게 공양한다는 행원과 관련하여 다음과 같이 설명한다. "아름다운 꽃, 좋은 음악, 좋은 일산, 좋은 옷, 좋은 향, 향기로운 촛불로 공양하는 것보다 법공양이 가장 높다. 법공양은 무엇인가. 가르침대로 수행하는 공양, 중생들을 이롭게 하는 공양, 중생들을 거두어들이는 공양, 중생들의 고통을 대신 받는 공양, 선근을 부지런히 닦는 공양, 보살이 할 일을 버리지 않는 공양, 보리심을 여의지 않는 공양을 말한다. 물질 공양은 진리 공양에 비하면 아무것도 아니다."[32] 일반적으로 부처에게 공양한다고 하면 꽃으로 장식하고 좋은 음식, 좋은 향을 바치는 것으로 생각하는데, 진정한 공양은 물질적 공양이 아니라 법대로 사는 것이다. 법대로 수행하고 이웃과 더불어 고통과 기쁨을 나누며 사는 삶, 그것이 진정 부처님을 공양하는 것이다.

---

32 번역은 다음을 참조했다. 법성 연의, 『화엄경 보현행원품』, 큰수레, 1993.

둘째, 스스로의 업장을 참회한다는 행원은 탐진치로 신구의身口意를 발동하여 지은 업이 헤아릴 수 없이 많으니 이를 참회하여 앞으로는 계행을 잘 지키겠다는 다짐이다. 이 부분에 해당하는 게송이 『천수경』에 인용되어 있다. 「신묘장구다라니」 다음에 참회게가 나오는데 바로 이 게송인 것이다. 현행 독송용 『천수경』이 편집되면서 「보현행원품」의 게송이 차용되었다.

이제까지 지어온 모든 악업
뿌리 없는 탐진치로 말미암아서
몸과 입, 그리고 뜻으로 지었사오니
그 모든 것 이제 참회하옵니다.[33]

셋째, 항상 중생들의 뜻을 따른다는 행원의 의미는 다음과 같이 설명되고 있다. 모든 생명은 나름의 가치를 지니면서 서로 어우러져 살고 있다. 부모, 스승, 여래를 섬기 듯 그들의 뜻에 따르겠다. 병든 이에게는 좋은 의사가 되어주고, 길 잃은 이에게는 길벗이 되어주고, 어두운 밤에는 등불이 되어주고, 가난한 이에게는 숨겨놓은 보물 얻게 해준다. 보살은 이처럼 평등하게 중생들을 이익되게 한다. 보살이 중생들의 뜻을 따라주면 이것은 여러 부처들을 따라 공양함이며, 중생들을 존중하고 받들어 섬기면 여래를 존중하고 받들어 섬김이며, 중생

33 "我昔所造諸惡業 皆有無始貪瞋癡 從身口意之所生 一切我今皆懺悔."(김호성, 「천수경에 나타난 한국불교의 전통성」, 『석림』 26집, 동국대 석림회, 1993.1, 219~220쪽.)

들을 기쁘게 하면 여래를 기쁘게 해드리는 것이다. 모든 부처는 중생으로 인해 자비심을 일으키고 자비심으로 인해 보리심을 내며 보리심으로 인해 깨달음을 이루기 때문이다. 중생이 없으면 깨달음도 없다.

넷째, 공덕을 널리 돌려준다는 행원은 위에서 닦은 9가지 공덕을 모든 중생들에게 돌려준다는 것이다. 중생이 늘 편안함과 즐거움을 얻어서 모든 병의 괴로움이 없기를 원하며, 중생이 나쁜 업을 행하려 하면 모두 다 이루어지지 않도록 하고, 지어가는 좋은 업은 모두 빨리 이루어지게 한다. 나쁜 길로 들어가는 문은 닫아버리고, 인간 천상의 열반으로 가는 길은 열어 보인다. 모든 중생이 나쁜 업을 쌓아 불러들이는 온갖 괴로움의 과보를 내가 대신 받아 그 중생이 모두 해탈을 이루고 위없는 깨달음을 이루도록 한다.

결국 보현행원의 핵심은 '나누는 삶'이다. 뭇 생명들과 더불어 기쁨과 고통을 나누는 삶, 이것이 보살행이고 보살도라는 것이다. 그러므로 보현보살의 이름으로 설해진 이 행원은 보현보살의 전유물이 아니다. 보살행의 완성이자 총결이다. 그 보살행의 주체는 어느 누구에게도 투사될 수 있다. 이 10가지 행원에 이어서 보현보살은 극락왕생에 대한 약속을 다짐한다. 즉 이러한 보현보살의 행원을 실천하면 죽을 때 "극락세계에 가서 태어나게 된다. 괴로움과 즐거움의 대립이 끊어진 참된 기쁨의 세계에 태어나게 되면 곧 영원한 생명의 부처인 아미타불과 문수보살, 보현보살, 관자재보살, 미륵보살 등을 뵙게 되는데 이 여러 보살들이 단정하고 위엄 있으며 공덕을 갖춘 모습으로 둘러싸고 있으므로 그 사람은 스스로 연꽃 가운데 태어났음을 보게 되고 부처의 수기授記를 받게 된다." 이 행원을 듣고 믿어서 수지, 독송,

서사하고 남들에게 설법하면 모든 행원이 이루어져 중생들을 구제하고 아미타불 극락세계에 왕생할 수 있다는 것이다.

위에서 설명한 관음보살 참방 장면과 마찬가지로 「보현행원품」에서도 현세의 중생구제와 극락왕생이 강조되고 있다. 이 두 부분은 물론 40권본에만 나오는 내용이다. 40권 전체를 분석해 보지는 못했지만 이 두 부분만 비교하면, 60권본이나 80권본에 비해 40권본이 훨씬 신앙성을 강조하고 있음을 알 수 있다. 특히 정토신앙에 대한 강조가 눈에 띈다. 이러한 부분들이 강조되어 수월관음도에 투영된 것이 아닌가 한다.[34] 선지식으로서의 관음, 구제자로서의 관음, 내세 인도자로서의 관음, 이러한 관음의 모습이 선재동자와 만나게 한 것은 아닐까.

4. 『불설관무량수불경』

1) 『불설관무량수불경』에 나타난 관음신앙

삼국시대 불교가 한반도로 전래되면서부터 정토사상의 맹아가 싹텄을 것으로 보이는데, 왜냐하면 당시 중국 남조와 북조 모두 정토사상이 성행하고 있었기 때문이다. 이후 한반도에서 전개된 정토사상의 특징을 꼽아보면, 첫째, 정토삼부경을 중심으로 연구하였고, 둘째, 『무량수경』에 나오는 법장보살의 서원인 48대원을 중시했으며, 셋째, 유심정토唯心淨土 중심의 염불선을 내세웠고, 넷째, 정토교학과 신앙이

34 미술사적으로 훨씬 디테일한 논의는 다음을 참조할 만하다. 황금순, 「고려 수월관음도에 보이는 40『화엄경』 영향」, 『미술사연구』 제17호.

유행했음에도 정토종이라는 종파가 형성되지 않았다는 점이다.[35] 정토삼부경에 대한 연구는 대부분 통일신라시대까지 이루어졌고 고려시대 이후로는 거의 주석 작업이 이루어지지 않았다. 통일신라 말기에 선종이 들어오면서 정토를 마음의 세계로 간주하는 유심정토 사상이 보편화된 것이 원인이 아닌가 추측하고 있다. 교학적으로는 그렇지만 신앙적으로는 정토왕생 신앙이 고려, 조선시대를 거치며 더욱 성행하여 민중의 마음속에 깊게 자리잡았다고 볼 수 있다. 수많은 아미타 관련 불상과 불화, 그리고 '나무아미타불'이라는 주문이 이를 증명한다.

정토삼부경은 252년 강승개가 번역한 『무량수경』 2권, 강량야사가 433년에 번역한 『관무량수경』 1권, 그리고 402년 구마라집이 번역한 『아미타경』 1권을 총칭하는 말이다. 이 중 『관무량수경』은 아미타불의 협시보살로서 관음보살을 상세히 설명하고 있어 대세지보살과 함께 아미타삼존의 구도를 제시하고 있다. 관음보살은 서방정토에서 아미타부처를 모시면서 극락세계를 주재하며, 장엄한 모습을 갖추고 있다. 이러한 정토사상이 관음신앙을 더욱 고조시켰는데, 특히 정토사상이 추구하는 왕생의 방편이 쉬운 방법인 '염불문'이기 때문이다. 누구나 '나무아미타불 관세음보살'을 열심히 외우면 극락왕생할 수 있다는 믿음이다. 이러한 정토사상에서 관음보살이 장엄을 갖추고 수기를 받아 불국토를 갖게 된 것은 관음보살이 신앙의 대상으로서 체계화되었다는 것을 말해 준다.

정토삼부경에 대해서는 신라와 통일신라시대에 자장, 원측, 원효,

35 한보광, 「한국정토사상의 특색」, 『정토학연구』 제13집, 2010.

의상, 법위法位, 경흥, 영인靈因, 현일玄一, 의적義寂, 둔륜, 태현 등에 의해 연구가 이루어졌으나 대부분 실전되어 아쉬움을 남긴다. 특히 『관무량수경』에 대해서 의적이 『관무량수경강요』 1권을, 경흥이 『관무량수경소』 2권을, 그리고 태현이 『관무량수경고적기』 3권을 저술했다고 하나 모두 전해지지 않는다. 이런 기록들을 통해 통일신라시대에 얼마나 정토사상이 성행했는가를 짐작할 수 있다. 아래에서는 정토삼부경 중 관음보살과 관련된 내용을 발췌하여 정토신앙 속에 어떻게 관음신앙이 자리매김하고 있는지 살펴보고자 한다.

우선 『무량수경』 하권에서 부처님은 중생이 극락세계에 왕생하게 되는 원인과 그 결과를 설법한다. 원인에는 염불의 방법, 선행의 방법 등이 있어, 이를 통해 어느 누구나 극락왕생할 수 있다. 그중 관세음보살과 대세지보살이 가장 먼저 극락왕생한 보살이라고 하면서 다음과 같이 설명한다.

> "아난아, 극락세계의 모든 성문들은 그 몸에서 발하는 광명이 한 길이며, 보살들의 광명은 일백 유순을 비추니라. 그런데 그 보살들 가운데 가장 존귀한 두 보살이 있는데 뛰어나고 불가사의한 광명은 널리 삼천대천세계를 비추신다." 아난이 부처님께 여쭙기를, "그 두 보살의 명호는 무엇이라 합니까." 부처님이 말씀하시기를, "한 분은 관세음보살이라 하고, 또 한 분은 대세지보살이라 한다. 이 두 보살은 이 사바세계에서 보살행을 닦다가 목숨을 마치고 저 극락세계에 태어났느니라."

여기서 처음으로 아미타불과 함께 관세음과 대세지보살이 같이 언급되고 있다. 이를 통해 아미타삼존의 싹을 확인할 수 있다. 이 구도는 다음 『관무량수경』에서 더욱 상세히 전개된다.

『관무량수경』은 『십육관경十六觀經』 혹은 『관경觀經』이라고 칭해지는데, 내용을 이해하기 위해서는 우선 이 경을 설하게 된 인연을 알 필요가 있다. 부처님이 만년에 기사굴산에 있을 때 왕사성에서 큰 비극이 일어났다. 아사세 태자가 왕위를 찬탈하기 위해 아버지 빔비사라 왕을 옥에 가두고 심지어 아버지를 옹호하던 어머니 위제희 부인까지 감옥에 넣어 버렸던 것이다. 위제희 부인이 이 일을 너무 슬퍼하여 부처님의 왕림을 기원하였다. 부처님이 신통력으로 이를 알고 부인에게 나타났다. 부처님은 자신의 광명 속에서 시방세계 수많은 정토를 부인에게 보여주었고, 부인은 그중에서 괴로움이 없고 안락함이 충만한 극락세계를 원하였다. 부인이 거기에 왕생할 수 있는 방법을 물었더니, 부처님은 16가지 관법 수행을 제시하였다. 이것이 곧 정토장엄과 부처님을 관하는 16관법이다. 그 내용은 일상관日想觀, 수상관水想觀, 지상관地想觀, 보수관寶樹觀, 보지관寶池觀, 보루관寶樓觀, 화좌관華座觀, 상상관像想觀, 진신관眞身觀, 관음관觀音觀, 세지관勢至觀, 보관普觀, 잡상관雜想觀, 상배관上輩觀, 중배관中輩觀, 하배관下輩觀 등 모두 16가지이다. 저녁노을을 바라보면서, 물의 투명함을 바라보면서, 유리로 된 땅을 생각하면서 정신을 집중하여 극락세계를 관조해 나가는 방법이다. 마지막 3가지 관은 범부의 마음을 9품으로 나눠 설하고 있는데, 하배관의 경우 악법을 만나는 범부도 정토에 왕생할 수 있는 방법이 있다고 설명한다. 그러면서 부처님은 아미타불 염불을 찬탄하면서 오로지 '나무아미타불'이라는 부처님 명호를 일심으로 부르는 것이 극락왕생의 가장 뛰어난 방법이라고 설한다. 아난이 이 경의 제목을 무엇으로 하면 좋겠냐고 질문하자 부처님은 '관극락국토무량수불관세음보살대세지보살觀極樂國土無量壽佛觀世音菩薩大勢至菩薩'이 좋겠다고 한다. 즉 '극락세계의 아미타불과 관세음보살, 대세지보살을 관조하라.'는 정도의 의미일 것이다.

위 16관 중 관음보살이 본격적으로 등장하는 관은 '제7 화좌관'부터 '제11 세지관'까지이다. 이들 내용을 좀 더 부연하면 다음과 같다. 제7 화좌관은 정토의 중심인물인 아미타불이 앉아 있는 연화 좌대를 생각하여 관하는 방법이다. 석가모니 부처가 제6 보루관을 설하고 나서 아난과 위제희 부인을 위해 고뇌를 제거하는 방법을 설하는데, 이때 아미타불이 공중에 나타나고 관세음과 대세지 두 보살이 함께 서 있다. 이에 석가모니는 다음과 같이 설한다.

정토에 칠보로 된 대지에 큰 연꽃이 있는데 그 연꽃의 화려함은 백 가지 보배색으로 빛나고 있다. 또 팔만 사천의 빛줄기, 팔만 사천의 광명이 있다. 그 연꽃이 아무리 작은 것이라도 크기가 이백오십 유순이나 된다. 또 이 연꽃에 팔만 사천의 잎이 있고, 팔만 사천의 마니보주가 천 가지의 광명을 발하며 장식하고 있다. 더욱이 이 꽃의 좌대 위에 높이 백천만억의 수미산과 같은 높이로 된 네 개의 보배 깃발이 세워져 있고, 깃발 위에는 야마천의 궁중에 있는 것 같은 휘장이 쳐지고, 오백억의 미묘한 보배 구슬에는 팔만 사천의 광명이 있어 정토를 비추며, 또 금강대와 진주 그물과 여러 가지 꽃구름으로 되어 있고, 또 시방세계에서 여러 가지 불사를 이룬다. 아난아, 이와 같은 묘한 꽃은 법장비구의 본원으로 이루어진 것이다. 그러니 아미타불을 생각하고자 하면 저 연화대를 생각하라. 이 생각을 한결같이 하면 오만 겁 생사의 죄를 면하여 극락세계에 태어날 것이다.[36]

제8 상상관은 불상을 생각하여 관하는 방법이다. 이것은 정토에 있는 진짜 부처를 생각하고 관하기에 앞서 준비단계로 불상을 생각하여 관하는 것이다. 여기에는 나무 아래 앉아 있는 세 불보살이 등장한다.

우선 하나의 칠보로 빛나는 불상이 앞의 연화대 위에 앉아 있는 모습을 생각하여 관한다. 이어서 보배 땅, 보배 연못, 보배 나무가 있고 보배 휘장과 보배 그물이 공중에 쳐져 있는 것을 생각하여 관한다. 이 불상의 좌우에 연꽃이 있는 것을 생각한다. 왼쪽 연꽃 위에 관세음보살이, 오른쪽 연꽃 위에 대세지보살이 앉아 있음을 생각하여 관한다. 이 생각이 충만하면 이 불상과 보살들이 광명을 발해 정토의 보배 나무들을 비춘다. 하나하나의 보배 나무 밑에 각각 하나의 부처와 두 보살의 좌상이 있는데 이 불상들이 정토세계를 두루 비추고 있다. 이 모습을 투철히 관찰하면 수행자는 정토세계의 흐르는 물과 빛나는 광명이 모두 묘한 진리의 소리임을 알 수 있다. 그것이 곧 극락세계의 모습이다. 이러한 관법을 성취한

---

36 坪井俊映(쓰보이 순에이) 저, 李太元 역, 『淨土三部經槪說』, 운주사, 1995, 364, 443~447쪽 참조.

자는 무량억겁 생사의 죄를 벗어나 현재의 몸으로 염불삼매를 얻을 것이다.[37]

제10 관음관은 관음보살의 장엄한 모습을 관하는 방법이다. 불상과 불화에서 보이는 관음보살의 모습이 여기서 구체적으로 소개된다. 그 내용을 살펴보자.

관세음보살의 키는 팔천만억 나유타 유순이나 되며 몸은 자금색으로 빛난다. 머리에는 육계가 있다. 뒤에는 백천 유순 크기의 둥근 광명이 있고 이 속에 오백의 화신불이 있다. 각각의 화신불은 또한 오백의 화신 보살과 무수한 천인天人들을 시자로 데리고 있다. 관세음보살은 여의보주로 만든 천관天冠을 쓰고 있고 그 속에 이십오 유순이나 되는 한 명의 화신불이 서 있다. 관세음보살의 얼굴은 자금색으로 빛나고 있다. 눈썹 사이 백호는 칠보로 빛나고 팔만 사천 가지의 광명을 발하고 있다. 이 광명 속에 무량무수한 화신불과 화신 보살이 나타나 있다. 관세음보살은 팔십억 가지 광명으로 빛나는 영락을 차고 있다. 손바닥에는 오백억의 다양한 연꽃이 빛을 내고 있고 손바닥 끝에는 팔만 사천 가지 그림이 그려져 있다. 이 그림에는 팔만 사천 가지 빛깔이 있고 하나하나의 색에는 팔만 사천 가지 광명이 있어 일체중생을 비춘다. 관세음보살의 발바닥에는 천폭千輻의 바퀴 모양이 있어 발을 옮길 때마다 걸음걸음 금강보주의 꽃이 핀다. 그 꽃들이 곳곳마다

---

37 坪井俊映(쓰보이 순에이) 저, 李太元 역, 위의 책, 365, 447~450쪽 참조.

휘날려 정토세계를 가득 채운다. 이 관음관을 성취한 사람은 모든 재앙을 만나지 않고 그동안 쌓인 죄업의 장애를 제거하여 생사의 죄를 면할 수 있다. 관세음보살의 이름을 듣는 것만으로도 무량한 복덕을 얻을 수 있는데 더구나 분명하게 관세음보살을 관하여 생각한다면 더 큰 복덕을 얻을 수 있을 것이다.[38]

제11 세지관은 관세음보살 오른쪽에 있는 대세지보살을 관하는 방법이다.

위없는 힘으로써 지옥, 아귀, 축생 등의 고통을 제거하여 그 속에 있는 중생들을 정토에 왕생하게 하기 때문에 대세지라 이름한다. 또한 대세지보살의 한 개 털구멍에서 나오는 광명이 시방세계 수많은 부처의 청정 광명과 같기 때문에 무변광보살이라고도 한다. 대세지보살이 걸음을 옮길 때마다 시방세계는 진동하고 곳곳마다 오백억 가지 보배꽃이 피어난다. 대세지보살이 걸음을 멈추고 앉으면 칠보로 된 모든 국토가 일시에 움직인다. 시방세계에 있는 무량한 국토마다 무수한 아미타불과 관세음, 대세지보살의 분신들이 있는데, 이들이 모두 극락세계에 모여 연화좌에 앉아 고통과 고뇌 속 중생들에게 설법하고 그들을 구제한다.[39]

『아미타경』은 『무량수경』과 『관무량수경』의 핵심을 요약한 경전

---

38 坪井俊映(쓰보이 순에이) 저, 李太元 역, 위의 책, 366, 454~457쪽 참조.

39 坪井俊映(쓰보이 순에이) 저, 李太元 역, 위의 책, 366~367, 457~460쪽 참조.

으로 극락세계의 장엄한 모습과 거기에 왕생할 수 있는 방법을 설명한 경전이다. 염불이 가장 뛰어난 방법임을 강조하고 있다. 이 경전에서는 관음보살이 구체적으로 거론되지는 않는다. 『아미타경』은 뒤에서 설명하게 될 육경합부의 한 편을 이룬다.

2) 『불설관무량수불경』의 주요 간행본

먼저 『불설관무량수불경』의 간행 상황을 표로 제시하면 다음과 같다.

〈표〉 『불설관무량수불경』의 주요 간행본

서명	판본	간행(인출)년	간행처
불설관무량수불경	목판본	문종 1(1451)	미상
불설관무량수불경	목판본	성종 16(1485)	미상
불설관무량수불경	목판본	명종 13(1558)	황해도 토산 석두사
불설관무량수불경	목판본	명종 13(1558)	황해도 학봉산 건봉사
불설관무량수불경	목판본	선조 7(1574)	황해도 황주 송방사
불설관무량수불경	목판본	광해군 3(1611)	전라도 부안 실상사
불설관무량수불경	목판본	숙종 37(1711)	전라도 순창 신광사
불설관무량수불경	목판본	철종 4(1853)	서울 삼각산 내원암
불설관무량수불경	목판본(언해본)	조선 후기	미상

(1) 7행 16자본(학조발문본)

16관의 도상이 각각 먼저 배치되고 그 밑에 그림을 설명하는 게송이 나온다. 그 다음에 본문이 배치되는 판화집의 형태이다. 이 경전은 정토를 관하는 방법과 뒤에 상품상생에서 하품하생에 이르기까지 9품으로 나누어 정토에 왕생하는 방법을 설법한 것이다. 이 판본은 성종 16년(1485), 명종 13년(1558) 황해도 토산 석두사, 광해군 3년(1611) 전라도 부안 실상사, 숙종 37년(1711) 전라도 순창 신광사 등지에서 간행되었다.

1611년 실상사본

(2) 1853년본(10행 20자본)

철종 4년(1853)에 철종과 왕비의 축수를 위해 삼각산 내원암에서 간행한 판본이다. 원 판본은 명의 인종이 즉위하여 그의 선황제 태종의 명복을 빌기 위하여 마련한 판본을 1451년 도부道孚가 간행한 것이다. 처음에는 인종이 1425년에 쓴 어제의 서문이 나온다. 이어서 영산중회도와 16관도가 차례로 나온다. 한문으로 된 본문이 끝난 다음에는 황제의 무량수를 축원하여 간행한다는 만수사萬壽寺 승려 도부의 서문이 나오고, 앞의 16관도에 대한 간단한 해설이 있다. 그리고 왕과 왕비 및 대비들의 장수를 바라고 조만영趙萬永, 조병구趙秉龜의 영가에 드리는 내기內記가 실려 있다. 끝에는 오민수吳旻秀가 글씨를 쓰고 김승수金昇秀가 연판鍊板했다는 기록과 간기가 나온다. 이로 보아 왕의 외척인 풍양 조씨의 후손들이 시주해서 간행했음을 알 수 있다.

1853년 내원암본

(3) 언해본[40]

『월인석보』 제8권에 『관무량수경』이 언해되어 실려 있다. 『관무량수경』에 해당하는 내용인 『월인천강지곡』 212~219곡과 『석보상절』의 언해 부분을 『월인석보』 제8권에 수록하고 있는 것이다. 이 언해본은 『월인석보』 제8권에 수록되어 있는 『관무량수경』 부분을 복각한 것이다. 내용은 동일하나 간행 시기의 차이에 따라 한자음 표기, 방점 표시 등에 있어서는 상당한 차이를 드러내고 있다. 49장 앞면 본문이 끝나고 "언해재석보중諺解在釋譜中 수관주어본문지하隨觀注於本文之下 견지물의見之勿疑"라는 기록이 있다. "언해는 『석보상절』

---

40 宋敏, 「觀無量壽經과 月印釋譜 卷八의 比較」, 『성심어문논집』 Vol.2, 1968.

중에 있는데 (한문) 본문 아래에 『관무량수경』에 따라서 주석을 다니 보면서 의심하지 말라."는 뜻이다.

이 책의 구성은 서분, 『월인천강지곡』, 『석보상절』, 결분의 순으로 되어 있는데, 『석보상절』 부분은 1관부터 16관까지 한문경문과 언해 부분이 번갈아 나온다. 서분과 결분에 대해서는 언해되어 있지 않고 한문경문만 나타나 있다. 왜냐하면 『월인석보』 제8권에는 서분과 결분을 뺀 나머지 본론 부분만 언해되어 실려 있기 때문이다. 이와 유사한 사례로 1791년 송광사에서 간행된 『지장보살본원경地藏菩薩本願經』이 있다. 『지장경언해』라고 부르는데, 『월인석보』 제21권에 수록된 『지장경』 부분을 1791년 단행본으로 중간한 것이다.

5. 『대불정여래밀인수증요의제보살만행수능엄경』

1) 『수능엄경』에 나타난 관음신앙

『수능엄경』은 대승불교에서 중요한 가르침의 하나인 집중 즉 삼매에 대하여 상세한 가르침을 전개하고 있다. 초기불교에서는 이 삼매가 선정이라는 이름으로 강조되었지만 그것을 일상적으로 실천하기가 어려워 출가 수행자에게만 적합한 것으로 보였다. 그러나 대승불교에 와서는 염불과 관불 등의 쉬운 방편을 갖게 되어 누구나 그 삼매의 수행을 할 수 있게 되었다. 대승경전 가운데 삼매에 관하여 다루고 있는 경전이 『수능엄경』이다. 그에 따르면, 불보살의 깨달음의 경지를 뜻하는 25원통圓通 가운데 25번째 원통인 관음원통이 가장 수승하고 쉬운 방편적 진리이다. 또한 관음은 부처님과 같이 14무외의 공덕을 지니고 있다. 관음원통장은 관세음보살의 지혜 증득과 자비 실천 외에도 삼매의 원통을 설함으로써 보다 발전된 관음사상을 보여준다.[41]

『수능엄경』은 불교경전이 기본적으로 갖춰야 하는 사실정보인 누가, 언제, 어디서 번역했는가에 대해 논란이 많은 경전이다. 산스크리트 원본이 존재하지 않고, 사실정보에 대한 중국측 기록이 일관되지 못하기 때문이다. 그리고 내용적으로도 대승불교의 주요 이론과 밀교적 요소까지 모두 담고 있어서 인도에서 찬술된 것이 아닌 중국에서 찬술된 것이 아닌가 생각되고 있다. 하지만 이 경전은 중국과 한반도에서 역대로 중요시되어 왔다. 대승불교의 주요 이론인 중관, 유식, 여래장 등의 사상을 기본적으로 깔고 있다는 점, 보살수행의 중요성을 강조하고 있다는 점, 계율과 선정을 강조하고 있다는 점, 강력한 주문인 능엄주를 설하고 있다는 점, 그리고 이런 내용들을 논리적이고 체계적으로 서술하고 있다는 점 등이 주요 이유이다. 한마디로 8세기 초 중국에서 찬술된 대승불교의 종합선물세트라는 것이다.

이러한 장점에도 불구하고 너무 다양한 이론을 담고 있고, 논리가 번쇄하며, 문장이 난해하다는 점 때문에 이해하기 어려운 경전으로 꼽혀온 것도 사실이다. 분량도 10권이나 되어 만만치 않다. 그리고 대표적 대승경전인 『화엄경』이나 『법화경』처럼 품 별로 구성되어 있지 않아서 전체 구조를 파악하기가 쉽지 않다. 그래서 『수능엄경』에 주석을 단 연구자들이 그들 나름대로의 안목과 기준으로 몇 가지

---

41 전재성, 『천수다라니와 붓다의 가르침』, 한국빠알리성전협회, 2003, 15~16쪽.

과목科目이 제출되어 있는 상황이다. 송나라 장수자선長水子璿이 1030년 주석한 『수능엄경의소주경首楞嚴經義疏注經』 20권이 후대 『수능엄경』 주석의 모범으로 숭상되고 있다. 장수자선은 화엄의 입장에서 『수능엄경』에 주석을 달았다. 그리고 1127년 온릉계환溫陵戒環이 이통현의 신화엄 입장에서 장수자선의 주석서를 비판한 『수능엄경요해首楞嚴經要解』 20권을 내었는데, 이 책이 고려 후기에 수입되어 조선시대에 성행하였다. 명대에는 교광진감交光眞鑑이 1597년 『수능엄경정맥소首楞嚴經正脉疏』 10권을 펴냈다. 이는 화엄의 입장에서 주석한 것으로 후대에 큰 영향을 미쳤다. 이 외에도 중국에서는 청대까지 80여 종의 주석서가 씌어졌다. 고려 후기에는 한암보환閑庵普幻이 계환의 『요해』를 송나라 오흥인악吳興仁岳이 천태의 입장에서 주해한 『수능엄경집해首楞嚴經集解』의 입장에서 산보刪補한 『수능엄경환해산보기首楞嚴經環解刪補記』 1권을 펴냈다. 그리고 조선시대에는 연담유일蓮潭有一이 『수능엄경사기首楞嚴經私記』 1권, 인악의소仁岳義沼가 『수능엄경사기』 1권을 저술했다.

『수능엄경』의 핵심을 어떻게 파악하느냐는 논자들에 따라 다를 것이다. 우선 핵심을 논하기 전에 『수능엄경』의 전체 구조를 파악해 볼 필요가 있다. 이에 대해서는 위에서 설명한 바와 같이 여러 가지 과목들이 제출되어 있으나 조선시대에 성행한 계환의 『요해』 입장에 따라 정리해 보면 다음과 같다.

〈표〉 계환의 『요해』 과목에 따른 분류[42]

<table>
<tr><td>서분</td><td colspan="4">아난이 마등가녀의 유혹에 빠졌던 일화를 먼저 소개하고, 부처님 앞에 끌려온 아난이 여래께서 깨달음을 이루었던 3가지 수행의 올바른 방법을 간절히 청한다는 내용이다.</td><td rowspan="2">1권</td></tr>
<tr><td rowspan="16">정종분</td><td rowspan="3">견도분
見道分</td><td colspan="3">참되고 거짓됨을 가려서 수행의 기초로 삼게 하다.(칠처징심七處徵心)</td></tr>
<tr><td colspan="3">깨달음의 성품을 드러내어 수행자들에게 바로 나아가게 하다.</td><td>2, 3권</td></tr>
<tr><td colspan="3">만법의 근원을 깊이 궁구하여 모든 의심을 풀어 주다.</td><td rowspan="3">4권</td></tr>
<tr><td rowspan="10">수도분
修道分</td><td rowspan="2">수행의 기본자세를 밝히다.</td><td colspan="2">후학들에게 수행으로서의 인심因心과 깨달음으로서의 과각果覺을 알게 하다.</td></tr>
<tr><td colspan="2">번뇌의 근본을 살피게 하여 이를 통해 수행의 참다운 터전을 삼게 하다.</td></tr>
<tr><td rowspan="6">수행의 참다운 요체를 밝히다.</td><td colspan="2">육근六根의 매듭을 푸는 데 있어서 그 방법과 차례에 대하여 설명하다.</td><td rowspan="5">5권</td></tr>
<tr><td rowspan="5">25원통을 설명하다.</td><td>육진六塵 원통</td></tr>
<tr><td>육근六根 원통</td></tr>
<tr><td>육식六識 원통</td></tr>
<tr><td>칠대七大 원통</td></tr>
<tr><td>이근耳根 원통</td><td rowspan="2">6권</td></tr>
<tr><td rowspan="2">몸과 마음을 다잡는 수행의 법칙을 설하다.</td><td colspan="2">음살도망淫殺盜妄 네 가지 큰 죄를 경계할 것을 권하다.</td></tr>
<tr><td colspan="2">능엄주를 설하고 이를 항상 지니고 외우기를 권하다.</td><td rowspan="2">7권</td></tr>
<tr><td rowspan="2">증과분
證果分</td><td colspan="3">전도顚倒의 원인으로서 중생전도인衆生顚倒因과 세계전도인世界顚倒因을 들고, 이로 말미암은 12가지 윤회 양태를 설명하다.</td></tr>
<tr><td colspan="3">삼점차三漸次와 성인聖人의 제위諸位를 밝히다.</td><td rowspan="2">8권</td></tr>
<tr><td>결경분</td><td colspan="3">이 경의 수승함을 결론지어 드러내다.</td></tr>
</table>

---

42 一歸 역주, 如天無比 감수, 『역주 수능엄경』, 불일출판사, 1999, 9~26쪽; 이운허 역주, 『능엄경 주해』, 동국역경원, 1995, 참조.

<table>
<tr><td rowspan="15"></td><td>結經分</td><td colspan="3"></td><td rowspan="7"></td></tr>
<tr><td rowspan="14">조도분
助道分</td><td rowspan="9">칠취七趣의 세계가 오직 하나의 마음에서 일어난 것임을 밝혀 마음을 잘 단속하게 하다.</td><td colspan="2">지옥</td></tr>
<tr><td colspan="2">아귀</td></tr>
<tr><td colspan="2">축생</td></tr>
<tr><td colspan="2">인취人趣</td></tr>
<tr><td colspan="2">선취仙趣</td></tr>
<tr><td rowspan="3">천취天趣</td><td>욕계</td></tr>
<tr><td>색계</td><td rowspan="6">9권</td></tr>
<tr><td>무색계</td></tr>
<tr><td colspan="2">아수라</td></tr>
<tr><td rowspan="5">50마구니의 일을 밝혀 수행자가 사특한 길에 떨어지지 않게 하다.</td><td colspan="2">색음色陰의 마魔</td></tr>
<tr><td colspan="2">수음受陰의 마</td></tr>
<tr><td colspan="2">상음想陰의 마</td></tr>
<tr><td colspan="2">행음行陰의 마</td><td rowspan="3">10권</td></tr>
<tr><td colspan="2">식음識陰의 마</td></tr>
<tr><td>유통분</td><td colspan="4">대중이 이 경을 듣고 모두 기뻐하다.</td></tr>
</table>

『수능엄경』의 전체 구성은 대부분의 다른 경전과 마찬가지로 문답 형식이다. 아난이 주로 질문하면 부처님이 이에 대해 자세히 대답하는 형식인 것이다. 문수보살은 상수上首 보살로서 이 문답의 과정을 옆에서 증명하고 있다. 전체 구성을 좀 더 상술하면 다음과 같다.

(1) 서분

아난이 파사익왕 부왕父王의 재일에 걸식 나갔다가 마등가족 여인의 유혹에 빠져 계를 범할 지경에 이르렀다. 이때 부처님이 아난이 유혹에 빠진 상황을 아시고 파사익왕이 제공한 공양을 마치자마자 바로 정사로 돌아왔다.

> 그때 세존께서는 정수리로부터 백가지 보배의 모든 두려움을 없애주는 광명을 놓으시니 광명 가운데 천 개의 연꽃이 피어나고, 꽃잎마다 그 속에 부처님의 화신이 결가부좌하고 앉으시어 신비한 주문을 설하시었다. 그리고 부처님이 문수사리보살에게 '이 주문을 가지고 가서 아난을 구해 오라'고 명령하시니 이리하여 나쁜 주문이 소멸하고, 문수보살은 아난과 마등가녀를 데리고 부처님 앞으로 돌아왔다.[43]

여기서 신비한 주문은 『수능엄경』 7권에 나오는 능엄주를 이르는 것이고, 나쁜 주문은 마등가녀가 아난을 유혹하기 위해 외웠던 주문을 말한다. 서분은 설법의 인연을 설명하기 마련인데, 이를 통해 보면 『수능엄경』은 수행자를 유혹하는 나쁜 마구니를 경계하는 능엄주를 중심으로 내용이 전개될 것이라는 걸 알 수 있다.[44] 그 앞의 여러 가지 교설들은 결국 능엄주를 설하기 위한 서설인 것이다. 그러므로 능엄주의 내용과 성격을 파악하는 것이 중요하다고 생각하고, 이에 대해서는 아래에서 상술한다. 결국 아난은 부처님을 만나 자신의 처지를 한탄하며, 부처님이 깨달음을 이루었던 3가지 수행방법인 사마타, 삼마, 선나에 대해 묻는다. 이에 대한 부처님의 설법이 정종분

---

43 번역은 一歸 번역본을 따랐다. 일귀 역본 38쪽 참조.

44 그래서인지 『대정신수대장경』에서는 『수능엄경』이 밀교부 제19권에 배치되어 있다.

의 내용을 이루게 된다.

(2) 정종분

① 견도분

참됨과 거짓됨을 가려서 참마음의 실체를 밝힌 부분이다. 3가지 수행방법 중 첫 번째인 사마타에 대한 대답이다.

② 수도분

견도분에서 깨닫고 이해한 참마음을 어떻게 현실에서 실천해 나갈 것인지를 설명한 부분이다. 수행자가 가져야 할 기본자세를 먼저 설명하고, 번뇌의 원인과 그 고리를 푸는 핵심을 밝힌 후 원통의 깨달음에 들어가는 25가지 요체를 들고 있다. 구체적 수행 방법으로 안으로는 계율을 지키고 밖으로는 능엄주를 지니는 것을 강조하고 있다. 아난이 서분에서 질문한 3가지 수행방법 중 두 번째 삼마에 대한 대답이다.

③ 증과분

본래 생멸이 없는데 허망한 마음으로 인하여 생멸이 있게 되니, 그 원인으로서 중생전도인과 세계전도인을 들고 그 원인을 알아야 한다고 강조한다. 이러한 생멸 윤회의 유형을 12가지로 나누어 설명하고 있다. 이러한 허망한 마음을 제거하기 위하여 그 근본 원인을 세 가지로 제시하고 그에 대한 수행방법을 설명하고 있다. 그러한 수행의 결과로서 건혜지乾慧地로부터 십신十信, 십주十住, 십행十行, 십회향

十回向, 사가행四加行, 십지十地, 등각等覺, 묘각妙覺 등 55위를 보여주고 있다. 이것은 아난이 서분에서 질문한 3가지 수행방법 중 세 번째 선나에 대한 대답이다.

④ 결경분

이 경의 이름으로 5가지를 제시하고, 이 경의 뛰어남을 드러내고 있다.

⑤ 조도분

수행을 해나가는 과정에서 나타나는 마구니의 세계를 오음五陰에 따른 50가지로 제시하여 수행자들에게 이를 경계하도록 권면하고 있다.

(3) 유통분

대중이 이 경을 듣고 모두 기뻐하면서 물러갔다는 내용이다.

정종분의 내용은 크게 이론 부분과 실천 부분으로 나눌 수 있다. 먼저 견도분에서 진리가 무엇인지, 참마음이란 무엇인지, 어찌하여 중생들은 참마음을 갖고 있으면서도 현상에 따라 그때그때 생멸하는 마음에 이끌려 살아가는지를 설명하고 있다. 여기서는 대승의 주요 이론을 모두 동원하고 있는데, 첫째 「칠처징심」장에서는 중관사상을, 둘째 「진심」장에서는 유식사상을, 셋째 「비인연비자연非因緣非自然」장에서는 여래장사상을 표명하고 있다.[45] 기본적으로 인간의 번뇌는 무엇의 실체가 존재한다는 생각에서 비롯된다고 보기 때문에, 이를 논파하기 위해서는 부정의 논리로 무장한 공사상이 우선 필요하다. 제법무아이고 제행무상인 것이다. 모든 것이 인연 따라 모였다 사라지는 가합물假合物이다. 하지만 인간은 그 가합물이 휘두르는 현실적 힘에 압도되어 천년만년 갈 것인 양 그것에 집착하게 된다. 따라서 부처님은 부정의 논리를 동원하여 마음조차도 실체화하는 것을 막고 있는 것이다.

다음으로 참마음이란 무엇인지를 설명하고 있다. 우리는 일반적으로 인간의 의식을 마음이라고 생각하고 있으나, 이는 제6식인 '의식意識'에 해당하는 것으로, 인간의 감각기관이 대상을 인식하는 '전오식前五識'이 만들어내는 거짓 마음이라는 것이다. 즉 상황과 대상에 따라 나타났다 사라지기를 반복하는 생멸심生滅心이다. 그렇다면 참마음은 어디에 있는가. 유식에서는 '식소변설識所變說'에 따라 제8식 아뢰야식을 마음의 바탕으로 본다. 이 8식이 변하여 인간의 대상인식을 만들어낸다는 것이다. 중관은 마음조차도 실체화하는 것을 부정했지만, 유식은 세상의 변화를 만들어내는 근본 마음의 존재를 긍정한다. 이에 대한 통합의 이론으로 여래장사상이 등장한다. 여래장은 부정과 긍정의 대립을 넘어선 대긍정의 논리다. 오음, 육입, 십이처, 십팔계, 칠대만법이 다 여래장 묘진여성妙眞如性이라는 것이다. 이 세계 모든 만물이 여래의 성품을 감추고 있다는 주장이다. 진리는 어디에 있는가, 깨달음이란 무엇인가. 그것은 생멸하는 이 세계 속에 있고, 이

---

45 조용헌, 「능엄경 수행법의 한국적 수용(耳根圓通과 性命雙修를 중심으로)」, 원광대 불교학과 박사학위논문, 2002, 21쪽.

변화하는 세계를 떠나 변치 않는 진여의 세계가 따로 있는 것이 아니라는 것이다.

이러한 견도분의 설법을 바탕으로 수도분의 내용을 전개하고 있다. 『수능엄경』은 이론적 주장을 위한 경전이 아니라 현실적 수행을 위한 경전이다. 따라서 수도분의 내용이 『수능엄경』의 핵심이라고 볼 수 있다. 수도분에는 크게 두 가지 내용이 들어 있는데, 바로 25원통과 능엄주이다. 견도분에서 설명한 참마음은 드러나 있지 않고 감춰져 있다. 왜 감춰져 있느냐, 그러면 어떻게 찾을 것이냐. 이를 위해서는 구체적 수행이 필요하다는 것이고, 수행의 과정에서 범할 수 있는 잘못을 물리치기 위해서는 수행의 방편이 필요한데 그것이 능엄주라는 것이다. 25원통 중에서는 관음보살이 수행한 이근원통이 가장 뛰어난 방법임을 부처님이 인정하면서, 능엄주에 대한 효과도 경전에서 설명하고 있다. 이에 대해서는 아래에서 좀 더 자세히 서술하기로 한다.

증과분에서는 거짓 마음의 원인을 설명하고, 이를 제거하기 위한 수행방법을 설명한 후, 수행의 결과로써 얻을 수 있는 깨달음의 지위를 55가지로 설명하고 있다. 그리고 결경분에서는 이 경의 이름을 무엇으로 하면 좋겠느냐는 문수보살의 질문에 따라 부처님이 경의 이름을 5가지 제시하고 있다. 일반적인 경전이라면 여기서 정종분이 끝나고 다음 유통분으로 가서 경을 마무리 짓게 된다. 그런데 『수능엄경』에서는 결경분과 유통분 사이에 조도분이라는 내용이 상당 부분 들어가 있다. 수행자들이 마구니의 유혹에 빠지지 않도록 도움을 주기 위한 부분이라고 볼 수 있는데, 이 부분은 『수능엄경』이 찬술될 당시의 시대적 상황을 반영한 것이 아닌가 생각되고 있다. 즉 수당대에 이르러 여러 종파가 형성되고 심지어 교학보다 선정을 강조하는 선불교까지 성행하게 된다. 그리고 진리와의 합일을 추구하는 밀교까지 유입되었는데, 이러한 교단적 상황을 반영이라도 하듯 강렬한 어투로 잘못된 수행자 및 이론들을 꾸짖고 철저한 계율행을 강조하고 있으며, 말법의 위기인식을 크게 표명하고 있다는 것이다.[46] 그래서 조도분과 그 이전 부분을 분리하여 '『수능엄경』 정종분의 이중구조'라고 하기도 한다. 즉 조도분은 수행자들에게 도움을 주기 위해 부가적인 설명을 추가한 부분으로 볼 수 있다. 『수능엄경』은 너무 많은 말을 하고 싶어 한다. 그렇다면 더욱 명백해지는 사실은 『수능엄경』의 핵심은 25원통 그중에서도 이근원통과 능엄주에 있다는 것이다.

2) 25원통과 이근원통

위에서 표로 제시한 『수능엄경』의 전체 구조를 보면 분권分卷에 있어서 특이한 점을 볼 수 있다. 일반적으로 품 별로 혹은 내용이 끝나는 장 별로 권을 나누는데, 『수능엄경』은 꼬리에 꼬리를 물듯이 권과 권 사이에 내용이 맞물려 있다는 것이다. 25원통 역시 제5권에 들어 있는데 유독 마지막 25번째 원통인 이근원통만 제6권에 밀려 있다. 대부분의 분권이 이런 식으로 되어 있다. 왜 그랬는지는 앞으로 고민해 볼 부분이다.

이근원통이 무엇인지를 알기 위해서는 우선 25원통이 어떻게 구성

46 김진열, 『능엄경 연구』, 동국대 대학원 박사학위논문, 1991, 50~51쪽.

되어 있는지를 살펴볼 필요가 있다. 이를 표로 제시하면 다음과 같다.

〈표〉 25원통의 구성

1	육진원통	성진聲塵원통	교진녀 등 5비구	녹야원 최초 설법 시 부처님의 음성을 듣고 사성제를 깨달음
2		색진色塵원통	우파니샤타	육신의 부정不淨한 모습을 관찰하다가 색의 본성을 깨달음
3		향진香塵원통	향엄동자	향나무 태우는 냄새를 맡고 향기의 본성을 깨달음
4		미진味塵원통	약왕藥王과 약상藥上 두 법왕자法王子	의사로서 세상의 초목금석을 맛보아 맛의 본성을 깨달음
5		촉진觸塵원통	발타바라와 도반 16인	대중과 함께 목욕하다가 물의 감촉을 통해 깨달음을 얻음
6		법진法塵원통	마하가섭과 자금광紫金光 비구니	육진의 무상함을 관찰하여 깨달음을 얻음
7	육근원통	안근眼根원통	아나율타	아나율타가 비록 눈은 멀었지만 정견精見으로 시방세계를 볼 수 있게 됨
8		비근鼻根원통	주리반특가	호흡을 관찰하여 세상 만물이 찰나임을 깨달음
9		설근舌根원통	교범바제	혀가 맛을 아는 것이 몸에서 생기는 것도 아니고 대상에서 생기는 것도 아님을 깨달음
10		신근身根원통	필릉가바차	가시에 찔렸을 때의 통증을 느끼는 주체는 감각인가 심체心體인가를 고민하다 양자를 뛰어넘음
11		의근意根원통	수보리	모든 만물이 공임을 깨달아 시비를 떠남
12	육식원통	안식眼識원통	사리불	심견心見이 청정하여 세상의 모든 변화를 한 번 보고 바로 깨달음
13		이식耳識원통	보현보살	마음으로 듣는 것에 통달하여 중생들의 생각을 다 분별할 수 있게 됨

14		비식鼻識원통	손타라난타	코끝으로 드나드는 공기를 관찰하여 모든 번뇌가 사라짐
15		설식舌識원통	부루나	말솜씨가 뛰어나 대중들에게 부처님의 가르침을 전함
16		신식身識원통	우파리	몸과 마음을 청정하게 단속하여 몸과 마음이 자유로워짐
17		의식意識원통	대목건련	흐린 물을 가라앉혀 깨끗한 물을 얻는 것처럼 마음을 가라앉혀 지혜광명을 드러내는 것이 최고의 수행
18	칠대원통	화대火大원통	오추슬마	음욕의 불을 다스려 지혜의 불로 전환시킴
19		지개地大원통	지지持地보살	수레와 말이 통행하기 편하도록 땅을 평탄하게 하고 남의 일을 도와주고 소의 고통을 덜어줌으로써 마음의 평등을 얻음
20		수대水大원통	월광동자	물의 성품을 관하여 평등하고 차별이 없음을 깨달음
21		풍대風大원통	유리광보살	바람의 힘이 의지하는 곳이 없는 것처럼 세계와 중생의 허망한 인연도 의지할 데가 없음을 깨달음
22		공대空大원통	허공장보살	사대四大가 의지할 곳이 없고 망상으로 생멸하는 것이어서 허공과 다름없음을 깨달음
23		식대識大원통	미륵보살	모든 것이 오직 마음이라는 선정을 닦아 원명圓明한 본래 마음을 이룸
24		근대根大원통	대세지법왕자	염불삼매를 통해 육근을 단속하고 청정한 마음이 서로 이어지게 하여 깨달음에 이름
25		이근耳根원통	관세음보살	소리 들음을 넘어 듣는 성품에 집중함으로써 깨달음을 얻음

25원통은 6진원통, 6근원통, 6식원통, 그리고 7대원통, 이렇게 해서 모두 25가지 원통이다. 원통이란 원만하게 두루 통한다는 뜻으로 일부에 국한되지 않는 보편적 깨달음을 의미한다. 그러한 깨달음을 얻는 데 25가지 방편을 제시한 것이다. 이근원통은 원래 6근원통

중 하나이다. 그래서 6근원통에 들어 있어야 하는데 그 뛰어남을 강조하기 위하여 맨 마지막에 배치한 것이다. 6진, 6근, 6식, 그리고 7대, 가지 수는 25개이나 그것은 한 인간이 인식할 수 있는 온 세계이며, 그 세계를 구성하는 7가지 요소이다. 따라서 이 25가지는 이 우주에 존재하는 만물이며, 그에 대한 인간 인식의 전부인 것이다. 우주 만물에 여래의 성품이 깃들어 있으므로, 그 어느 것을 통해서라도 존재의 본질에 들어갈 수 있다는 의미를 담고 있다. 부처님은 25가지 방편 사이에 우열이 없다고 강조한다. 다만 사람의 근기에 따라 적합한 방법이 따로 있는데, 말법의 중생들에게는 관음보살의 이근원통 수행이 가장 적합하다는 문수보살의 생각을 부처님은 인허한다.

그렇다면 관음보살의 이근원통은 무엇인가. 귀로 소리를 듣는 것에 집중하여 깨달음을 얻는다는 것이다. 깨달음이란 나와 너, 주체와 대상의 분별심을 넘어서는 일이다. 먼저 관음보살의 얘기를 들어보자.

> 처음 소리를 듣는 가운데 그 흐름에 들어가 대상을 잊어버리고, 대상과 그에 대한 몰입이 이미 고요해져서 움직임과 고요함이 모두 분명하게 생기지 않게 되었습니다. 이런 과정이 점차 증대되어 듣는 주체와 대상이 모두 다하고, 다한 주체조차에도 머무르지 않으니, 깨달을 주체와 대상이 모두 공空합니다. 공한 주체가 지극히 원만하고, 공한 대상이 텅 비어 적멸하니, 생멸이 이미 없어져 해탈의 경지가 눈앞에 드러났습니다.[47]

---

47 "初於聞中 入流亡所 所入旣寂 動靜二相 了然不生 如是漸增 聞所聞盡 盡聞不住

내가 소리를 듣는다. 그 소리와 하나가 되어 나와 소리의 경계를 잊는다. 이런 상호작용이 반복되다 보니 나도 공해지고 소리도 공해진다. 실체가 없는 존재끼리 만나 나와 너의 구분조차 무의미해진다. 이런 경지는 나고 죽음이 없는 그렇고 그런 세계다. 이러한 깨달음의 경지에서 관음보살은 부처님과 동일한 자비의 힘을 얻어 시방 육도중생과 슬픔을 같이할 수 있게 되었다. 이러한 자비의 실현으로 32가지로 몸을 나툴 수 있게 되었으며, 14가지의 무외공덕을 얻을 수 있었고, 4가지 헤아릴 수 없는 묘덕妙德을 얻을 수 있었다. 이 부분은 『법화경』 「관세음보살보문품」과 『화엄경』 「입법계품」의 내용을 좀 더 상세히 부연한 것이다. 특히 32응신 부분은 「관세음보살보문품」과 함께 불교 회화에 자주 표현되는 주제가 되었다.

이런 생각을 해본다. 앞에서 언급한 바와 같이 관음보살의 원래 이름은 '아발로키테스바라'다. 이는 광세음, 관세음, 관자재, 관세자재 등으로 번역되었다. 구역을 대표하는 구마라집은 관세음으로, 신역을 탄생시킨 현장은 관자재로 번역했다. 둘 사이는 200여 년의 차이가 있다. 이견은 있으나 원의에 가까운 번역은 현장 번역의 관자재라고 한다. 관세음은 '세상의 소리를 관한다.'는 뜻이고, 관자재는 '관이 자유자재하다.'는 뜻이다. 관자재에 소리의 의미는 없다. 보는 것이 더 강조되고 있다. 물론 여기서 '봄'은 '견'이 아니라 '관'이다. 만약 구마라집이 『묘법연화경』을 번역하면서 관음보살을 '관세음'이 아닌 '관자재' 혹은 그와 유사한 다른 이름으로 번역했다면 관음보살의

覺所覺空 空覺極圓 空所空滅 生滅旣滅 寂滅現前."

운명은 어떻게 달라졌을까. 『수능엄경』 이근원통장은 탄생할 수 있었을까. 물론 이근원통장은 탄생하지 못했을 것이고, 설령 탄생했다 하더라고 그 주인공은 관음보살이 아닌 다른 누군가였을 것이다. 소리 없는 관세음은 있을 수 없고, 그렇다면 이근원통의 주인공이 될 수 없는 것은 당연지사다. 구마라집의 실수인가, 아니면 구마라집의 의도인가.

부처님이 문수보살에게 25가지 방편 중 아난과 불멸 후 중생들에게 가장 적합한 수행방법이 무엇이겠냐고 묻자, 문수보살은 다음과 같이 대답한다.

> "부처님께서 사바세계에 오시어 이곳에서 설하신 진실한 가르침의 실체는 청정하게 소리를 듣는 것입니다. … 눈은 담장 밖의 것을 보지 못하고, 입과 코도 그러하며, 몸은 접촉하는 대상과 합해야 앎이 생기고, 마음과 생각은 어지러워 단서가 없는 것이지만, 이근은 담장에 막혀도 소리를 듣고, 멀거나 가깝거나 모두 들을 수 있으니, 앞의 오근과는 같지 않습니다. 소리의 성품은 움직이기도 하고 고요하기도 해서 듣는 가운데 있기도 하고 없기도 합니다. 소리가 없을 때 들음이 없다고 말하나 참으로 듣는 성품이 없는 것이 아니요, 소리가 없더라도 그 성품은 없어진 것이 아니며, 소리가 있다고 다시 생기는 것이 아닙니다." … "아난아! 내가 소리를 듣는 것이 아니라, 돌이켜 듣는 나의 성품을 듣는다면 그 성품은 최상의 도를 이루게 될 것이다. 이것이 원통의 진실이다."

마지막 부분인 '돌이켜 듣는 나의 성품을 듣는다.'라는 문장은 '반문문자성反聞聞自性'을 번역한 것인데, 이 문장이 이근원통 수행의 핵심적 문구로 자리잡게 되었다. 즉 반문문성反聞聞性! 이에 대해서는 보조지눌(1159~1210)의 『수심결修心訣』에 다음과 같은 문답이 나온다.

"진리에 들어가는 문이 많으나 너에게 한 문을 가리켜서 너로 하여금 근원에 돌아가게 하겠다.
그대는 저 까마귀 우는 소리와 까치 지저귀는 소리를 듣는가?"
"예, 듣습니다."
"그대는 듣는 성품을 돌이켜 들어라.[48] 얼마나 많은 소리가 있는가?"
"거기에 이르러서는 일체의 소리와 일체의 분별을 얻을 수 없습니다."
"기특하고 기특하다. 이것이 바로 관세음보살이 진리에 들어간 문이다."[49]

결론적으로 『수능엄경』의 이근원통장과 문수의 게송은 '제2의 「관세음보살보문품」'이라고 할 수 있다.

3) 능엄주

능엄주는 현재 우리나라 선가에서 조석으로 지송된다 하고, 수행자들

---

48 "汝反聞汝聞性."

49 심재열 강설, 『보조법어』, 보성문화사, 1986, 187~188쪽.

이 수행하는 과정에서 즐겨 독송하는 다라니라고 한다. 그렇다면 능엄주는 수행만의 방편인가. 하지만 이는 능엄주가 갖고 있는 여러 가지 기능 중 그 일부에 해당한다. 위에서 설명한 바와 같이 『수능엄경』 전체는 능엄주를 설하기 위한 구조로 되어 있다. 『수능엄경』이 대승의 종합선물세트이듯이 능엄주 역시 다양한 공덕을 간직하고 있다. 능엄주가 갖는 여러 공덕을 살펴보기에 앞서 능엄주에 대한 기본적인 내용을 우선 알 필요가 있다.

『수능엄경』에서 부처님은 수행을 위해서는 음행, 살생, 투도, 망어 등 네 가지 잘못을 경계해야 한다고 하면서, 숙세의 습기習氣가 있어 지키기 어려우면 일심으로 '불정광명마하실달다반달라무상신주佛頂光明摩訶悉怛多般怛囉無上神呪'를 외우라고 권한다. 그러면 애욕의 마음에서 벗어날 수 있다는 것이다. 여기서 '마하실달다반달라摩訶悉怛多般怛囉'는 '대백산개大白傘蓋'라는 뜻으로 '백산개'란 '흰 비단으로 덮개를 만든 천개天蓋'를 의미한다. 이는 부처님 지혜의 공덕이 뛰어남을 상징한다. 그래서 능엄주를 일명 '대백산개다라니'라고도 한다.

능엄주에는 몇 가지 이본이 있다. 일반적으로 유통되어 온 427구본은 송본과 원본을 가지고 대교對校한 명본이다. 439구본은 고려대장경본으로서 427구본과는 구수句數의 차이만 있을 뿐 내용의 차이는 거의 없다. 고려 보환普幻이 저술한 『환해산보기環解刪補記』에는 427구나 439구가 아닌 구의 구분도 없는 상당히 다른 주문이 실려 있다. 정작 계환이 1127년에 지은 『환해』에는 427구의 주문이 수록되어 있는데 말이다. 그리고 불공이 역출했다는 『대불정여래방광실달라다라니大佛頂如來放光悉怛羅陀羅尼』가 있는데 능엄주와 일치한다. 그래서 능엄주가 불공 역이라는 견해도 있으나, 이것은 시기적으로 맞지 않다. 불공삼장은 스승 금강지를 따라 번역을 도왔으나 불공 자신이 번역을 시작한 것은 금강지가 입적한 741년 이후이기 때문이다. 『수능엄경』은 730년에 저술된 『개원석교록』에 기록이 보이기 때문에 적어도 730년 이전에 번역되어 있어야 한다. 현재로서는 누가 번역했는지 알 수 없다.[50] 『장수소』뿐만 아니라 역대의 모든 주석들도 427구본을 따랐다. 그리고 조선시대에 간행된 『수능엄경』 언해본에도 427구본이 실려 있다.

이 주문은 427구로 앞의 418구까지는 다만 여러 부처와 보살, 그리고 성현 등에게 귀명歸命하는 것과 주문의 공력으로 모든 악과 마구니와 병고를 여의는 가피를 서술하였다. 419구의 '다질타跢姪他'는 번역하면 '즉설주왈卽說呪曰'이며, 420구의 '옴唵'부터가 바로 비밀심주이다. 육시六時로 도를 행하며 주문을 지송하되 한 때에 108편을 외워야 한다고 『수능엄경』에서 설하고 있는데, 바로 이 심주만을 108번 외우라는 뜻이다.[51] 이 심주는 다른 진언과 함께 낱장 다라니에 인쇄되어 널리 유통되었다. 419구 이하를 우리말로 옮겨보면 다음과 같다.

> 그러므로 이와 같이 염송하라. 원컨대 광명이요 광취光聚이신 용감한 금강저로써 다른 나쁜 주문들을 묶어 주시옵소서! 금강의 주문이고, 거룩히 존경하옵는 이 주문으로 저 다른 나쁜 주문들을

50 김진열, 위 논문, 83쪽.

51 장운숙, 「능엄경 이근원통 연구」, 동국대 불교학과 석사학위논문, 2009, 92쪽.

소멸시켜 주시옵소서![52]

능엄주의 핵심은 삼보 및 보살의 가피력으로써 다른 모든 주문들과 액, 재앙, 질병 등을 물리치고 불제자들을 보호하겠다는 것이다.[53] 이러한 내용은 힌두이즘의 영향 아래 베다의 주문과 상통하는 부분이 있어 불교가 유신론적 힌두이즘을 수용한 증거로 볼 수 있다.[54] 이 능엄주 때문에 『능엄경』은 예부터 선문에서 즐겨 읽혀지고 선학 입문자들에게 귀감이 되어 왔다. 그 한 예는 「칙수백장청규勅修百丈清規」에 '능엄회'가 있는데 선문에서 아침저녁으로 능엄주를 외우고 경을 독송하였던 것으로 보인다. 예부터 『천수경』과 함께 수도도량에서 지송되어 왔던 것이다. 특히 우리나라에서는 모든 사원에서 거행되는 재의식에서 반드시 독송되는 것이 『천수경』이지만, 유독 선문도량에서는 능엄주를 더욱 애송하고 있다.[55]

이러한 능엄주를 중생이 몸에 지니거나 지송하면 얻는 이익에 대하여 『계환해』에서는 열 가지로, 『정맥소』에서는 열한 가지로 말하고 있다.[56]

① 나쁜 주문이나 독이 해치지 못한다.

---

52 일귀 역, 같은 책, 501쪽.

53 김진열, 위 논문, 296쪽.

54 김진열, 위 논문, 299쪽.

55 김진열, 위 논문, 314~315쪽.

56 장운숙, 위 논문, 97~98쪽.

② 금강중金剛衆이 옹호하며 모든 지혜가 생긴다.

③ 태어날 때마다 악취에 떨어지지 않으며, 가난하거나 천한 곳에 태어나지 않는다.

④ 항상 부처님 계신 곳에 태어나며 끝없는 공덕이 쌓인다.

⑤ 계율이 청정해지고 지혜를 얻게 되는 등 모든 수행을 성취한다.

⑥ 능엄주를 지송하기 전에 지은 모든 죄가 없어진다.

⑦ 무량겁에 지은 숙세의 장애가 소멸하고 무생법인을 얻는다.

⑧ 구하는 바가 있으면 원하는 대로 이루어진다.

⑨ 나라와 집안의 모든 재액과 고난이 소멸한다.

⑩ 세상이 풍요롭고 백성들이 안락하며 재앙이 일어나지 않는다.

⑪ 하늘의 나쁜 별이 일으키는 재앙이 소멸한다.

나쁜 주문을 물리치고 지혜를 얻게 하며 계행이 청정해지는 등 수행의 과정에 도움이 되는 공덕도 있지만, 대부분은 일반 중생이 현실 삶에서 당하는 고난이나 바라는 삶의 모습에 관한 것이다. 다른 다라니들처럼 능엄주 역시 구체적 삶의 현장에 미치는 공덕이 크다. 모든 죄업이 소멸되어 좋은 세상에 태어나기를 바라고, 소원이 이루어지기를 바라며, 자연재해와 인간재난이 사라져 나라와 집안이 풍요롭고 평화롭기를 바라는 간절한 마음, 그러한 마음을 실현시켜 줄 수 있는 주문이 능엄주이다. 이러한 능엄주의 공덕을 『수능엄경』에서는 어떻게 설명하고 있는지 몇 가지 예를 들어 설명하고자 한다.

지옥의 괴로움과 아귀의 괴로움과 축생의 괴로움과 눈멀고 귀먹고 말 못하는 괴로움과 원수와 만나는 괴로움과 사랑하는 사람과 이별하는 괴로움과 구하는데도 얻을 수 없는 괴로움과 오음이 활활 타는 괴로움과 크고 작은 횡액을 동시에 해탈하게 하며, 도적의 재난과 전쟁의 재난과 왕의 재난과 옥에 갇히는 재난, 물과 불과 바람의 재난, 목마르고 배고픈 가난의 재난을 바로 소멸시킨다.[57]

내가 멸도한 후에 말세의 중생들이 스스로 외우거나 다른 이를 시켜 외우게 하면 이와 같이 지송하는 중생은 불이 능히 태우지 못하고, 물이 능히 빠뜨리지 못하며, 대독大毒과 소독小毒이 해치지 못하고 더 나아가 용, 천, 귀신, 혼령, 도깨비들의 나쁜 주문이 건드리지 못하고, 마음에 삼매를 얻었기 때문에 일체의 주문과 저주, 독약, 초목충사草木蟲蛇 등 만물의 독기가 사람의 입에 들어가면 감로의 맛을 이룰 것이며, 일체의 나쁜 별과 귀신, 나쁜 마음으로 사람을 헤치려는 것들이 이 사람을 헤치지 못하며, 빈나와 야차와 악귀의 왕과 그 권속들이 깊은 은혜를 받았으므로 항상 수호하게 되는 것이다.[58]

어떤 여인이 아기를 낳지 못해 아기 낳기를 구하고자 하여 지극한 마음으로 이 주문을 외우거나 몸에 지니면 복덕 있고 지혜 있는 아기를 낳을 것이다. 만약 오래 살기를 구하는 자는 장수하게

57 일귀 역, 같은 책, 504쪽.

58 일귀 역, 같은 책, 506~507쪽.

되며, 과보果報가 빨리 원만하기를 구하면 빨리 원만해지고, 죽은 뒤에는 소원대로 시방국토에 왕생하며, 결정코 변방이나 천한 곳에 태어나지 않을 것이다.[59]

이 내용들은 이근원통장에서 관음보살이 획득한 14종 무외공덕을 연상시킨다. 즉 14종 무외공덕은 관음보살이 이근원통 수행을 통해서 얻은 공덕으로 중생들의 두려움을 없애주는 14가지를 말한다. 이를 열거하면 다음과 같다.

① 그 음성을 관하게 하여 해탈을 얻게 하였다.
② 큰불에 들어가게 되더라도 그 불이 태우지 못하게 하였다.
③ 큰물에 떠내려가게 되더라도 그 물이 빠뜨리지 못하게 하였다.
④ 귀신의 세계에 들어가게 되더라도 그 귀신이 해칠 수 없게 하였다.
⑤ 상해를 입게 되었을 때 칼이 조각조각 부러지고 무기가 물을 베는 듯하여 본성에는 전혀 동요가 없게 하였다.
⑥ 야차, 나찰, 구반다귀, 비사차, 부단나 등이 근처에 있더라도 그들의 눈을 볼 수 없게 만들었다.
⑦ 밧줄로 묶고 쇠고랑을 채우더라도 능히 묶을 수 없게 하였다.
⑧ 험한 길을 가더라도 도적이 겁탈할 수 없게 하였다.
⑨ 탐욕을 여의도록 하였다.
⑩ 성냄을 여의도록 하였다.

59 일귀 역, 같은 책, 511쪽.

⑪ 어리석음을 여의도록 하였다.

⑫ 아들을 구하는 자에게 복덕 있고 지혜 많은 아들이 태어나도록 하였다.

⑬ 딸을 구하는 자에게 단정하고 복덕 있고 유순한 딸이 태어나도록 하였다.

⑭ 관세음보살의 명호만 지니더라도 다른 모든 보살의 명호를 지닌 만큼 효과가 있다.

이 내용들은 앞에서도 언급했지만 『법화경』「관세음보살보문품」이나 『화엄경』「입법계품」에 나오는 것이다. 관음보살의 권능을 드러내는 대표적 사례들인 것이다. 그런데 이 내용이 능엄주의 공덕에 대부분 반영되어 있다. 능엄주는 부처님이 아난과 대중들에게 설하는 신비로운 주문으로 되어 있다. 말세의 중생들이 계율을 지키고 보리심에서 물러나지 않기 위한 방편으로서 아난의 요구에 따라 이 능엄주를 설하는 것이다. 하지만 능엄주는 위의 과목 분류에서 보았듯이 25원통 수행에 이어서 설해지고 있다. 그리고 25원통 수행은 관음보살의 이근원통 수행으로 집중된다. 그런 다음 음행, 살해, 도둑질, 거짓말이라는 네 가지 중죄를 경계하며 능엄주를 설하게 된다. 따라서 이 능엄주의 공덕에는 관음보살의 공덕이 자연스럽게 반영되어 있다. 이것이 수행자들뿐만 아니라 일반 민중들이 능엄주를 지송하게 된 원인이 아닌가 한다.

그리고 또 하나 주목할 점은 이근원통장에서 관음보살의 14종 무외공덕 다음에 4가지 '부사의무작묘덕不思議無作妙德'이 나온다.

'불가사의하면서도 작위가 없는 신묘한 덕'이라는 의미이다. 이 중 첫째로, 관음보살은 이근원통 수행을 통해 깨달음을 얻었기 때문에 여러 가지 묘한 용모를 나타내고 한없는 '비밀신주'를 설할 수 있다고 설명하고 있다. 그리고 이어서 두 번째로, 여러 가지 형상을 나타내고 여러 가지 주문을 외울 수 있는데, 그 형상과 주문이 중생들의 두려움을 없애주므로 관음보살을 '시무외자施無畏者', 즉 '두려움을 없애주는 자'로 부른다라고도 한다. 이는 관음보살이 다양한 모습으로 나투는 응신의 능력과 신묘하고 비밀스런 주문을 설할 수 있는 능력을 동시에 보이고 있는 것이다. 물론 여기에서 '비밀신주'가 무엇인지에 대해서 구체적으로 제시하고 있지는 않으나 다분히 능엄주를 염두에 둔 포석이 아닌가 한다. 물론 『수능엄경』에서 능엄주의 설법주는 여래로 되어 있지만 말이다. 그리고 두 번째 묘덕에서 머리를 수백, 수천, 팔만 사천 개로 나타낼 수 있고, 팔 역시 수백, 수천, 팔만 사천 개로 나타낼 수 있으며, 눈도 수백, 수천, 팔만 사천 개로 나타낼 수 있는데, 이는 중생을 구호하는 데 자유자재함을 얻은 것이다라는 설명이 있다. 이는 관음보살의 변신능력을 강조한 말로 밀교에서 변화관음의 탄생을 염두에 둔 것으로 보인다. 이는 밀교의 다양한 관음도상으로 연결되는데, 대표적으로 천수천안관음을 들 수 있다. 현교와 밀교를 연결하는 가교 역할을 이 『수능엄경』이 하고 있다 할 것이다.

6.『육경합부』

1)『육경합부』의 구성과 출전

『육경합부六經合部』는 6개의 경전을 합편한 것이다. 1424년 신현信玄의 부탁으로 성달생이 서사하고 합편하여 전라도 고산 안심사에서 간행했는데, 조선시대에만 30차례 이상 간행된 것으로 보인다. 6개의 경전은『금강경』,『화엄경』「보현행원품」,「능엄주」,『관세음보살예문(이하 관음예문)』,『법화경』「관세음보살보문품」,『아미타경』을 말한다. 이『육경합부』에 대한 판본 연구[60]는 자세히 이루어졌으나, 간행 배경이나 신앙성에 대한 고찰은 그다지 깊이 있게 이루어지지 않았다. 남아 있는 판본에 비해 그 이면을 알 수 있는 기록이 부족하기 때문이다. 우선『육경합부』의 구성과 그 출전을 알아본 후, 일부 판본에 수록되어 있는 발문을 분석하여『육경합부』간행의 배경과 그 신앙성을 살펴보고자 한다.『육경합부』의 구성과 출전을 표로 정리하면 다음과 같다.

〈표〉『육경합부』의 내용 구성과 출전

번호	경전	내용	출전
1	『금강경』	금강경계청	『양조부대사송금강경 梁朝傅大士頌金剛經』
		정구업진언	
		청팔금강	

60 김유리,「육경합부의 판본 연구」, 중앙대 문헌정보학과 석사학위논문, 2013.

		청사보살	
		발원문	
		운하범	
		『금강경』 본문	
		반야무진장진언	
		금강심진언	
		보궐진언	『북두칠성호마법北斗七星護摩法』 (일행 찬)
		권말 발원문	
2	「대방광불화엄경입불사의해탈경계보현행원품」	「보현행원품」 본문	40권본 『화엄경』의 제40권
		속질만보현타라니	『보현보살행원찬普賢菩薩行願讚』 (불공 역)
		보현보살멸죄주	『다라니집경陀羅尼集經』(아지구다 역)
		보현보살옹호수지진언	『보현보살설증명경普賢菩薩說證明經』
3	「대불정수능엄신주」	게송	『수능엄경』 권3 말미 게송
		삼귀의(불·법·승)	
		사귀의(석가모니불·불정수능엄·관세음보살·금강장보살)	
		「능엄주」	『수능엄경』 제7권
4	『관세음보살예문』	『관음예문』 본문	
5	『법화경』 「관세음보살보문품」	「보문품」 본문	『법화경』 제7권 25품
6	『불설아미타경』	『아미타경』 본문	
		무량수불설왕생정토주	『아미타경』 말미
		결정왕생정토진언	『별행別行』(관조寬助 찬)
		상품상생진언	
		아미타불심주	
		아미타불심중심주	

		무량수여래심주	
		무량수여래근본인과 다라니	
		다라니 공덕	

표를 보면 우선 단순히 6개의 경전을 합편해 놓은 것이 아니라, 『관음예문』과 『법화경』「보문품」을 빼고는 본문 앞뒤로 다라니나 진언, 게송, 발원문 등이 붙어 있는 것을 알 수 있다. 물론 이것들은 본래 경전에는 없는 것이고 어디선가 발췌하여 수록해 놓은 것이다. 왜 그랬을까. 이러한 방식의 판본은 어디서 유래한 것일까. 다음으로 왜 하필 이 6가지 경전일까. 이 경전들이 갖고 있는 특징들은 무엇인가. 이런 질문들이 해명될 필요가 있다. 후자의 질문은 다음 항 편찬 배경과 신앙성을 다룰 때 살펴보고자 한다.

왜 다라니나 진언 등을 첨가했을까. 이것은 이 텍스트가 학습보다는 독송을 위한 목적이라는 것을 암시한다. 이러한 주문들은 늘 몸에 지녀 암송하면서 신앙의 대상이 되기도 하고 거기에 정신을 집중하기도 하는 것이다. 따라서 경전의 본문만이 아닌 앞뒤로 다라니나 진언을 붙였다는 것은 이 텍스트가 독송 또는 암송을 위한 성격이 강하다는 것을 말한다. 이 다라니나 진언의 출처는 밝힐 수 있는 대로 밝혀 놓았다. 대부분 본문과 관련 있는 것들을 발췌한 것으로 보인다. 이하에서 6개 경전의 내용과 출전을 좀 더 자세히 살펴보자.

(1) 『금강경』

『금강경』 본문 앞뒤로 여러 진언과 발원문이 붙어 있다. 『금강경』

본문은 구마라집 번역본에 양나라 소명태자가 32분으로 분과한 체재를 따르고 있다. 그럼 나머지 진언이나 발원문은 어디서 온 것인가. 우선 본문 앞부분은 『양조부대사송금강경』에 처음 나오는 형식으로 보인다. 이 책은 양나라 부대사(497~569)[61]가 『금강경』에 가송歌頌을 붙인 것이다. 이 부대사의 가송은 조선시대 함허당 특통이 설의한 『금강경오가해』에 실려 있기도 하다. 『금강경』 본문 중간 중간에 해당 내용을 설명하는 부대사의 노래를 삽입해 놓은 것이다. 이 『양조부대사송금강경』은 9세기와 10세기에 필사된 사본이 돈황에서 여러 종 발굴되었는데, 거기 본문 앞에 서문과 위의 진언·발원문이 갖춰져 있는 것이다. 이러한 『양조부대사송금강경』은 부대사가 노래한 가송을 바탕으로 후대에 진언과 발원문을 첨가하여 독송하기 좋게 새로 편집한 것으로 보인다. 우선 서문을 통해 부대사가 『금강경』 가송을 짓게 된 인연을 알아보자.

> 『금강경』 가송은 양나라 부대사가 지은 것이다. 무제 초기 지공志公에게 『금강경』 강의를 청했는데, 지공은 다음과 같이 대답했다.

---

61 傅大士(497~569)의 성은 傅, 이름은 翕, 號는 玄風이다. 建武 4년(497) 5월 8일에 태어나 16세에 결혼하여 두 아들을 낳았다. 24세에 강에서 낚시를 하다가 인도 승려인 嵩頭陀를 만나 발심하고 수행의 길로 들어섰다. 달마가 중국에 도착하여 520년 양무제를 만났다면, 부대사가 출가한 521년과 비슷한 시기라고 볼 수 있다. 그는 雙林寺에 은둔하며, 근처 백성들로부터 존숭을 받았다고 한다. 돈황본 『梁朝傅大士頌金剛經』에는 『금강경』 법회에서 誌公和尙이 傅大士를 소개하는 장면이 기록되어 있다. 『경덕전등록』 27권 「부대사전」에서도 부대사가 49頌을 설했다고 기록하고 있다.

"부대사라는 사람이 있는데 이해가 높아서 강의를 잘합니다." 무제가 물었다. "이 사람은 지금 어디 있는가." 지공이 대답했다. "지금 물고기를 잡고 있을 겁니다." 곧 대사를 대궐로 불러들였다. 무제가 부대사에게 물었다. "대사에게 『금강경』 강의를 청하고자 하는데, 높은 자리가 필요하십니까." 대사가 대답했다. "높은 자리는 필요 없고 다만 박자를 맞추는 널판 하나 필요합니다." 이에 대사는 널판 하나를 얻어 『금강경』 49송을 노래한 후 곧 떠났다. 지공이 무제에게 물었다. "이 사람을 아시겠습니까." 무제가 모르겠다고 대답했다. 지공이 무제에게 말했다. "이 사람은 미륵보살의 분신입니다. (도솔천에서) 내려와서 황제를 위해 교화를 편 것입니다." 무제가 사정을 듣고 깜짝 놀랐다. 더욱 깊이 숭앙하여 이 가송을 기록했다.[62]

부대사는 출가자가 아니고 결혼해서 두 아들을 둔 재가거사였다. 하지만 수행의 길에 들어 용맹정진하여, 어느 누구보다 『금강경』에 있어 높은 경지에 이르렀다. 그 명성이 자자하여 당대 최고의 고승이었던 지공의 귀에 들어갔던 것이다. 당시 양무제는 불교를 숭신한 군주로 불사를 일으키고 승려들을 후원하여 불교행사를 많이 열었다. 그중

---

62 "金剛經歌者 梁朝時傅大士之所作也 武帝初請志公講經 志公對曰 自有傅大士善解講之 帝問 此人今在何處 志公對曰 見在魚行 于時卽照大士入內 帝問 欲請大士講金剛經 要何高坐 大士對曰 不用高坐 只須一具拍板 大士得板 卽唱經歌四十九頌 終而便去 志公問武帝曰 識此人不 帝言不識 志公告帝曰 此是彌勒菩薩分身下來助帝揚化 武帝忽聞情大驚訝 深加珍仰 因題此頌."

하나가 강경법회였는데, 마침 『금강경』 법회를 열고자 했던 것이다. 그래서 당시 최고의 승려인 지공을 초청했는데, 지공은 사양하며 부대사를 추천했다. 그래서 이 인연이 만들어진 것이다. 이 고사는 하나의 화두로 만들어져 『벽암록』 제67칙에 '부대사강경傅大士講經'이라는 제목으로 실려 있다. 그런데 내용이 위 서문과는 많이 다르다. 어떻게 각색되었는지 한번 살펴보자.

> 양무제가 부대사를 초청해서 『금강경』을 강설하게 했다. 부대사는 법상에 올라가 경상을 한 번 치고 그냥 내려왔다. 이를 본 무제는 깜짝 놀랐다. 그러자 지공誌公 화상이 물었다. "폐하께서는 알아들었습니까?" "나는 모르겠소." "부대사는 이미 『금강경』 강설을 끝냈습니다."[63]

이것이 전부다. 역시 선은 압축적이고 드라마틱하다. 이런 인연으로 설해진 『양조부대사송금강경』의 체재를 따르는 『금강경』이 고려와 조선시대 사경에도 보인다. 이들 목록을 표로 제시하면 다음과 같다.

〈표〉 『금강경』 사경 목록

서명	판본	간행(인출)년	편저자	소장처	형태사항
금강반야바라밀경	사경	충정왕 3(1351)	구마라집 역	일본 아이치현 태평사	절첩, 감지금니
금강반야바라밀경	사경	공민왕 16(1367)	구마라집 역	일본 사가현립박물관	절첩, 백지금자
금강반야바라밀경	사경	세종 32(1450)	구마라집 역	중박	절첩, 백지금니

---

63 조오현 역해, 『벽암록』, 불교시대사, 2000, 230~231쪽.

① 1351년 사경은 일본 아이치현 태평사 소장본이다. 변상도는 우측 연화좌 위의 석가모니 주변에 권속들이 둘러서 있고 석가모니 앞에서 수보리가 법을 청하는 모습이다. 한 단 낮은 곳에는 무기를 든 수많은 신장들이 모여 있다. 하늘에는 꽃비가 내리고 비천飛天 2구가 하늘을 비상하고 있다. 앞부분은 금강경계청, 정구업진언으로 시작하고 있고, 끝부분은 금강심진언과 보궐진언으로 마무리하고 있다.

② 1367년 사경은 일본 사가현립박물관 소장본이다. 금강경계청, 정구업진언, 청팔금강, 청사보살, 발원문, 운하범, 『금강경』 본문의 순으로 구성되어 있다.

③ 1450년 사경은 국립중앙박물관 소장본으로 안평대군의 필적으로 전해지고 있다. 변상은 없고 권말에 동진童眞보살 1구를 금선으로 묘사하고 있다. 동진보살은 불경을 수호하는 서원을 지니고 있으므로 흔히 불경의 앞에 나타나지만 여기서는 뒤에 배치하고 있다. 동진보살에 이어 발문이 있고, 이어 묵서로 안평대군에 대한 기록을 남기고 있다. 마무리를 금강심진언, 보궐진언으로 하고 있다. 『금강경』 본문 뒷부분은 반야무진장진언, 금강심진언, 보궐진언으로 구성되어 있는데, 보궐진언을 제외한 나머지 두 진언의 출처는 좀 더 탐색이 필요하다.

(2) 「보현행원품」

「보현행원품」 본문에 이어 세 개의 다라니가 나온다. 이 세 개의 다라니는 보현보살과 관련된 것으로, 여러 경전에서 발췌한 것이다. 「보현행원품」에 대해서는 위에서 설명했다.

(3) 「대불정수능엄주」

세 번째 「대불정수능엄신주」의 경우 「능엄주」 앞에 『수능엄경』 제3권 말미에 나오는 게송과 삼귀의, 사귀의를 수록해 놓았다. 삼귀의는 불법승에 대한 귀의를 표명한 것이고, 사귀의는 석가모니불, 불정수능엄, 관세음보살, 금강장보살에 대한 귀의를 표현한 것이다. 왜 이 네 가지를 귀의의 대상으로 든 것일까. 석가모니불은 『수능엄경』의 설법주이고 '불정수능엄'은 『수능엄경』 본래 이름의 일부이다. '불정'은 위없이 가장 높다는 뜻이고, '수능엄'은 'Śūramgama'의 음역으로 '수능'은 구경究竟을 뜻하고 '엄'은 견고함을 가리킨다. 그리고 관음보살과 금강장보살은 다음 대목에서 추출한 것으로 보인다. 부처님이 「능엄주」를 설하기에 앞서 준비작업으로 어떻게 도량을 설치할지 그 규칙을 설명한 부분이 나온다. "사방 밖에는 깃발과 꽃을 달고, 단壇을 둔 방안 네 벽에는 시방의 여러 여래와 보살의 형상을 거는데, 정면 남쪽에는 노사나불, 석가불, 미륵불, 아촉불, 아미타불을 모시고, 그 좌우에는 여러 변화관음의 형상과 금강장보살을 모신다." 여기서 관음보살에 주목할 필요가 있다. 「능엄주」와 관련된 귀의의 대상으로 4가지를 선정했을 것이고, 거기에 관음보살이 들어가 있는 것이다.

(4) 『관음예문』, 「보문품」, 『아미타경』

네 번째 『관음예문』과 다섯 번째 「보문품」은 다른 진언 없이 본문만 수록해 놓았다. 그리고 여섯 번째 『아미타경』은 본문 다음에 아미타불과 관련된 8가지 주문을 첨부해 놓았다. 이들의 출처에 대해서는 좀 더 추적이 필요하다. 『관음예문』은 이에 대한 주해서인 『백의해』와 함께 별도의 항에서 자세히 살펴보기로 한다. 「보문품」은 위에서 이미 살펴보았다. 『아미타경』은 『무량수경』, 『관무량수경』과 함께 정토삼부경 중 하나로 다른 두 경전의 내용을 압축해 놓은 것이다. 그래서 비교적 내용이 짧아 독송용으로 적합한 경전이다.

2) 『육경합부』의 편찬 배경과 관음신앙성

왜 하필 이 6가지 경전인가. 처음 이 책을 간행한 성달생의 발문에 의하면 신현이 찾아와 서사해 줄 것을 부탁한 것은 『금강경』 하나였는데, 성달생이 여기에다 나머지 5가지 경전을 같이 서사하여 합편했다는 것이다. 그 이유는 이 경전들이 초학자들에게 도움이 되고 당시 사람들에게 숭상된다는 것이다. 그 이상 다른 설명이 없어 더 깊은 속내는 알 수가 없다. 그렇다면 각 경전들의 내용과 특성을 파악해 볼 수밖에 없다. 이를 통해 이 경전들이 모인 이유를 유추해 보는 것이다. 필자는 위에서 「보문품」, 「보현행원품」, 「능엄주」에 대해 관음신앙이라는 관점에서 분석해 보았다. 그리고 『아미타경』에는 관음보살이 출현하지는 않지만 이미 『무량수경』과 『관무량수경』에서 아미타불의 뒤를 이을 보처불로 인정받고 아미타삼존의 구도를 형성한다는 내용도 이미 언급했다. 아미타신앙에서 관음보살은 빠질 수 없는 존재인 것이다. 『아미타경』은 『무량수경』과 『관무량수경』의 핵심을 모아놓은 경전이다. 그렇다면 『아미타경』 역시 관음신앙과의 관련 하에서 고려해 볼 수 있다. 『아미타경』이 채택된 이유는 내용도 내용이지만 적절한 분량에 있다고 본다. 다른 경전들도 공히 내용성과 대중성, 그리고 독송이나 암송을 위한 적절한 분량을 동시에 고려했음을 짐작할 수 있다. 그리고 『관음예문』은 관음보살에 대한 예참문이므로 관음신앙과는 불가분의 관계다.

그렇다면 『금강경』은 어떠한가. 『금강경』은 '공'이란 말없이 '공'을 설한 경전이다. 『반야심경』에서 '오온개공'을 천명한 것과는 다르다. 그래서 『금강경』은 반야부 경전 중에서도 초기에 형성된 경전으로 간주되며, 『반야심경』은 반야부 경전의 핵심을 압축적으로 260자에 담은 경전으로 비교적 후대에 성립된 것으로 생각된다. 이러한 『금강경』이 『육경합부』에서는 어떠한 마음을 담고 있는지 『금강경』 본문 앞뒤에 수록된 발원문의 내용을 살펴볼 필요가 있다. 본문 앞부분에 실린 발원문의 내용은 다음과 같다.

> 삼계의 세존에게 머리 숙이고 시방의 부처에게 귀명합니다. 나는 지금 큰 서원을 발하고 이 『금강경』을 받아 지녀, 위로는 네 가지 큰 은혜에 보답하고 아래로는 삼도의 고통을 구제하려 합니다. 만약 보고 듣는 사람이 있다면 모두 보리심을 발하고 이 한 몸 다하여 극락왕생합시다.[64]

---

64 "稽首三界尊 歸命十方佛 我今發弘願 持此金剛經 上報四重恩 下濟三塗苦 若有見聞者 悉發菩提心 盡此一報身 同生極樂國."

그리고 권말 발원문의 내용은 다음과 같다.

원컨대 나는 이 경전들을 판각한 공덕으로 시방세계, 육도윤회의 모든 중생들과 함께 정토에 돌아가 아미타불을 만나고 청정법을 듣고 중생을 교화시킬 수 있길 바랍니다.[65]

이 발원문은 당시 사람들이 『금강경』에 투영시킨 마음을 말해준다. 핵심 내용은 두 가지, 중생구제와 극락왕생이다. 어느 경전에서나 으레 하는 발원이 아닌가 생각할 수도 있다. 설령 그렇다 하더라도 분명 이 발원문에서 『금강경』을 분명히 언급하고 있기 때문에 『금강경』과의 관련 하에서 살펴볼 수 있는 것이다. 『반야심경』에 나오는 '공'이라는 건 단순히 철학적 개념이 아니다. 보살도로 나아가기 위한 기초이다. 보살도란 무엇인가. '상구보리上求菩提 하화중생下化衆生', 진리를 바탕으로 중생을 구제하는 것이다.

이 대목에서 『금강경』과 관음신앙과의 관계를 유추해 볼 수 있는 자료를 하나 소개한다. 폴 펠리오가 돈황에서 수집한 두루마리 사본[66]으로 본문에 들어가기 전에 삽화가 그려져 있다. 11면 관음보살과 8금강이 그려져 있는 것이다. 8금강은 『양조부대사송금강경』을 필두로 『육경합부』에 수록된 『금강경』 서두에도 이름이 제시되어 있는 8종의 금강역사상이다. 『금강경』에 금강역사상이 들어가 있는 것은

65 "願我以諸經 刻板功德 十方世界 死生六道 一切衆生 同歸淨土 同見彌陀 同聞淨法 同化衆生."

66 펠리오 돈황 2265, 26.8 × 553.3 cm.

자연스런 일이다. 그렇다면 11면 관음보살은 어떻게 설명할 것인가. 이 자료는 현재 프랑스 국립도서관에 소장되어 있다.

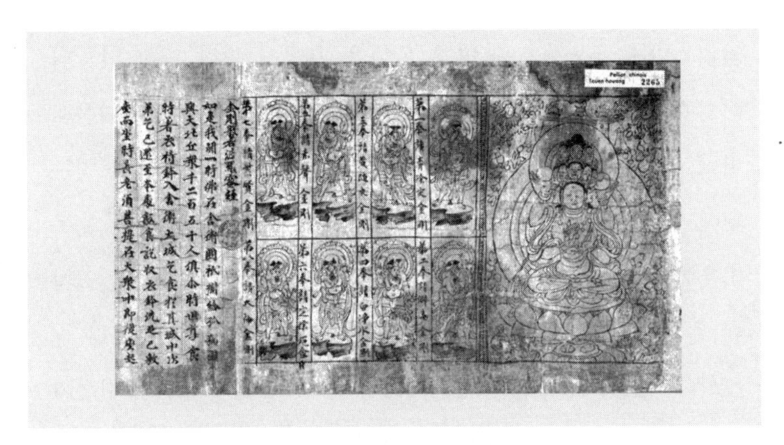

폴 펠리오 돈황유서 『금강반야바라밀경』

다음으로 일부 판본에 수록되어 있는 발문을 분석해 볼 필요가 있다. 우선 1424년 최초로 간행된 안심사본에 실려 있는 성달생의 발문을 보자. 처음 간행될 때의 상황을 알 수 있는 중요한 발문이다.

> 도인 신현은 나와는 친구 사이인데 하루는 나를 찾아와 말했다. "『금강경』은 대승의 첩경인데, 경에 이르기를 대승의 마음을 낸 사람을 위하여 설하고 최상승의 마음을 낸 사람을 위하여 설한다고 하였다. 그리고 부처의 지견知見에 들어가려는 자는 이 경전으로부터 나아가지 않음이 없으니 세상 사람들이 더욱 믿고 우러르고 초학자들 또한 반드시 먼저 독송한다. 예전에 사인舍人 최사립崔斯立이 쓴 판본이 있는데 세월이 오래되어 글자가 마모되니 공부하는

자들이 안타까워하고 있다. 지금 자네가 다행히 한가하니 어찌 한 본本을 써서 배우는 자들에게 주지 않겠는가."

내가 대답했다. "글쓰기가 능숙하지 못하고 붓을 놓은 지도 오래되었다. 비록 무심無心을 얻지 못했을 뿐더러 필력 또한 없으니 어쩌겠는가." 신현이 진실로 청하기를 그치지 않으니 내가 다음과 같이 생각했다. '도를 구하는 요체는 다만 글로 인하여 뜻을 찾는 것에 있으니 어찌 글자의 능숙함과 졸렬함에 얽매이겠는가.' 문득 비루함과 졸렬함을 잊고 그의 요청에 힘써 따르기로 하였다. 글자에 속됨이 많으니 식자들의 꾸짖음을 면키 어려울 것이다.

그러나 뜻에 손해가 없고 조금이나마 초학자들에게 도움이 되고자 아울러 지금 사람들이 숭상하는 『아미타경』, 「보현행원품」, 「관세음보살보문품」, 「대불정수능엄신주」, 「관세음보살예문」을 합하여 1부를 만드니 열람하기에 편의를 도모하고자 하는 뜻이다.

바라건대 간행하여 널리 배포하니 선근善根이 원만했으면 한다.

우선 우리 주상전하 오래 사시고, 태종대왕 부처님 지혜를 깨달으시길. 다음으로 돌아가신 우리 부모님 깨달음의 언덕에 오르소서.

수지 독송하는 사람들, 보고 듣고 따라 기뻐하는 사람들, 모두 깨달음을 얻으시길.

영락 갑진 6월 일 전자헌대부평안도도관찰출척사겸감창안집전수권농관학사제조형옥병마공사평양부윤 성달생 쓰다.[67]

---

67 "道人信玄 與余有舊 一日來告余曰 金剛經者 大乘捷徑也 經云 爲發大乘者說 爲發最上乘者說 凡入佛知見者 莫不由此而進 故世之人尤爲崇信 而在初學亦必先誦 昔崔舍人斯立所書板本 歲久字刓 學者病焉 今幸閑暇 盍書一本 以貽學者乎

이 발문에서 중요한 정보를 몇 가지 얻을 수 있다. 신현이 성달생에게 『금강경』 서사를 부탁했는데, 성달생은 여기에다 『아미타경』, 「보현행원품」, 「관세음보살보문품」, 「대불정수능엄신주」, 『관세음보살예문』을 더불어 서사했다는 점, 이 경전들을 선택한 것은 초학자에게 도움이 되고 당시 사람들이 숭신하기 때문이라는 점, 목적은 열람에 편의를 도모하기 위한 것이라는 점 등이다. 여기서 열람은 눈으로 하는 열람보다는 발문에 나와 있듯이 독송을 위한 열람으로 보는 것이 타당하다. 이는 위에서 설명한 『육경합부』의 구성과도 부합한다. 성달생이 『금강경』 외에 나머지 5가지 경전을 선택한 것은 초학자들이 필요로 했고, 동시에 당시 사람들이 이 경전들을 '숭신崇信'하고 있었기 때문이다. 단순히 학습용 교재를 위한 것이 아니라 신앙생활을 위한 것이다. 이 경전들이 담고 있는 공통된 신앙성에 대해서는 위에서 충분히 설명했다.

1445년 군자사본에 실려 있는 영곡靈谷의 발문에는 다음과 같은 내용이 나온다. "이 6권 경은 성불의 첩경이요 초학의 급선무다. 그러므로 부처의 지견에 들어가고자 하는 자는 이로 말미암아 나아가지 않음이 없다. 그런 까닭에 고금의 사람들이 더욱 숭신하는 것이다.

余辭曰 作字未工 放筆亦久 雖不得無心 其無筆力 何 玄師固請不已 余惟求道之要 只在緣文尋意 豈拘於字之工拙 輒忘鄙拙 勉從其請 字多俗作 當未免識者之誚 然亦無害於義 而小有補於初學 竝書今人所崇 阿彌陀經 普賢行願品 觀世音菩薩普門品 大佛頂首楞嚴神呪 觀世音菩薩禮文 合爲一部 以便觀覽 庶幾刊行廣布 善根圓滿 願我主上殿下壽萬歲 太宗大王證佛智 次願先考先妣兩仙駕超登覺岸 又諸受持讀誦者 見聞隨喜者 咸證菩提云 永樂甲辰六月日 前資憲大夫平安道都觀察黜陟士兼感倉安集轉輪勸農管學事提調刑獄兵馬公事平壤府尹 成達生跋."

접때 평양부윤 성군(성달생)이 부처의 길을 신봉하여 손수 6권을 써서 간행하였다. 세상에 유통되니 이익이 무궁하다. 지금 지리산 군자사의 도인 홍선弘禪이 이 경을 읽고 신심이 견고해지고 행원이 원만해지니 다시 판각하여 널리 유포시킨다."[68] 이 경전들이 숭신의 대상이고, 이 경전들을 통해 신심이 더욱 깊어졌다는 것이다.

1449년 금사사본에 극경克敬이 쓴 발문에는 "예전에 상국 성공(성달생)이 『금강경』, 『미타경』 등 6권을 써서 합부하니 도인 신현이 사람을 모으고 비용을 준비하여 전라도 화암사에서 간행하였다. 인출을 너무 많이 해서 목판이 이미 닳아버렸다. 지금 선사 정심이 한 선본을 얻어 혜돈에게 작업을 부탁하니 주머닛돈을 털어 친히 판각하였다."[69] 라고 밝히고 있다. 여기서는 신현이 『육경합부』를 최초로 간행한 사찰이 전라도 화암사라고 밝히고 있는데, 이는 인근에 있는 안심사에서 1424년 최초로 간행한 사실을 착각한 것으로 보인다. 혹은 1425년부터 1440년까지 성달생의 시주로 화암사 중창이 이루어졌기 때문에 당시에 성달생에 의한 최초 간행을 화암사에서 이루어진 것으로 착각

---

68 "此六卷經者 成佛之捷徑 初學之先務也 故凡入佛知見者 莫不由斯而進 是以古今世人 尤爲崇信也 向平壤府尹成君 信奉斯道 手書六卷 俾鋟于梓 流傳於世 利澤無窮 今智異山君子寺 道人弘禪 於此經中 信心堅固 行願圓滿 倩互重刻印施流通."

69 "昔相國成公 書此金剛彌陀等經 六卷合部 道人信玄 募工備費 鋟梓于全羅道花巖寺 印者衆故 板已刓矣 今禪師正心 得一善本 囑緣化惠頓 且出囊貯以充費 而親刻焉 其用心之勤 法施之廣 又有倍於曩時者矣 伏願聖壽與天長 文武各安寧 時正統十四年 己巳正月日 比丘克敬 謹跋 同願 惠頓 孝寧大君 幹善道人 省隣正心."

했을 수도 있다. 그리고 이 발문을 통해서는 『육경합부』가 이미 너무 많이 인출해서 다시 복각하고 있다는 사실도 알 수 있다. 여기에는 효령대군이 발원자로 참여하고 있다.

성종 3년(1472)에 쓴 김수온의 발문에 따르면, 인수대비가 세조, 예종, 의경왕, 인성대군이 정토세계에 태어나고, 아버지 한확韓確과 어머니 홍씨가 피안에 오르길 바라는 마음에서 다음과 같이 대대적인 인출작업을 벌이고 있다. 『법화경』 60건, 『능엄경』 60건, 『원각경』 20건, 『주화엄경』 5건, 『유마경』 30건, 『참경懺經』 40건, 『심경』 300건, 『육경합부』 500건, 『범망경』 2000건, 『지장경』 40건, 『약사경』 20건, 『은중경』 10건, 『법어』 200건, 『영가집』 200건, 『대장일람』 40건, 『남명증도가』 200건, 『금강천로해』 200건, 『능엄의해楞嚴義海』 60건, 『진실주집』 200건, 『중례문』 200건, 『지반문』 100건, 『결수문』 100건, 『자기문』 50건, 『법화삼매참』 20건, 『불조역대통재』 30건, 『선문염송』 10건, 『경덕전등록』 10건, 『용감수감』 50건, 『육도보설』 30건 등 모두 29질 수천 건이다. 여기서는 인출의 목적이 학습용이나 독송용 등 실용적 목적이라기보다는 종교적 발원 차원에서 이루어진 하나의 불사행위가 아닌가 한다. 이러한 목적이 『육경합부』가 불복장에서 많이 출토되는 원인이 된 것으로 보인다.

보물 제959-4-9호로 지정된 경주 기림사 소조비로자나불 복장전적 중에 『묘법연화경』 권5~7이 있는데, 여기에 김수온이 1474년에 쓴 발문이 수록되어 있다. 그 내용은 당시 정5품의 "상의尙儀로 있던 조씨가 돌아가신 부모의 명복을 빌기 위해 『법화경』 10건과 『참경』 5건, 『지장경』 5건, 『육경합부』 10건, 『수심결』·『삼법어』 각 20건,

『결수문』·『중례문』 3건을 찍어냈다."[70]는 것이다. 여기서도 알 수 있는 것은 돌아가신 부모의 명복을 빌기 위해 『육경합부』를 인출하고 있다는 사실이다.

1482년에 인출한 『묘법연화경』 권6~7에는 강희맹의 발문이 붙어 있다. 이 책은 세조비인 정희대왕대비가 세종, 예종, 의경왕의 명목을 빌기 위해 성종 1년(1470) 목판에 새겼으며, 덕종비인 인수대비가 외동딸 명숙공주의 천도를 위해 성종 13년(1482)에 찍어낸 것이다. 발문에 따르면 "『법화경』, 『대미타참』, 『원각경』, 『참경』, 『지장경』, 『육경합부』 각 14건을 인출하고, 영산회도, 약사회도, 서방회도, 천불도, 팔난관음도, 십육나한도, 명부시왕도를 그리게 했다."[71]고 한다. 여기서도 인수대비가 외동딸 명숙공주의 천도를 위해 『육경합부』 등을 찍어내고 있다.

그리고 1495년에 인출한 『선종영가집』 언해본에 인경목활자로 찍어낸 학조의 발문이 수록되어 있다. 이 책은 상하 2권인데 상권은 세조 10년(1464)에 인출한 것이고, 하권은 연산군 1년(1495)에 정현대비가 성종의 명복을 빌기 위해 원각사에서 대대적으로 찍어낸 불서 가운데 하나로 간경도감 후쇄본이다. 현재 보물 제774호로 지정되어 있다. 발문에 따르면 "1494년 성종이 죽자 왕대비인 인수대비가 그의 명복을 빌고자 다음과 같은 불경들을 인출한다. 『법화경』과 『능엄경』

---

70 "尙儀曺氏伏爲五殿莊嚴壽福 兼及先亡父母超登覺路之願 印成法華經十件 懺經五件 地藏經五件 六經合部十件 修心訣 三法語 各二十件 結手中禮文三件."

71 "印法華經 大彌施懺 圓覺經 懺經 地藏經 六經合部等經 各十四件 繪成 靈山會啚 藥師會啚 西方會啚 千佛啚 八難觀音啚 十六羅漢啚 冥府十王啚."

각 50건, 『금강경육조해』, 『반야심경』, 『영가집』 각 60건, 『석보상절』 20건, 한자 『금강경오가해』 50건, 『육경합부』 300건"[72] 등이 그것이다. 이 경우에도 역시 성종의 명복을 빌기 위해 『육경합부』 등을 인출하고 있다.

위의 발문들을 분석해 보면 분명히 처음에는 학습용 또는 독송용으로 『육경합부』를 간행한 것으로 보인다. 그만큼 이 경전들이 널리 숭신되어 수요가 많았던 것이다. 그런데 성종 3년(1472)에 쓴 김수온의 발문과 그 이후의 발문에 따르면, 인수대비 등 왕실 여성들의 발원에 의해 죽은 자들의 명복을 빌기 위한 목적으로 이 『육경합부』를 인출하고 있다는 사실이다. 물론 이 인출본들이 학습용이나 독송용으로 사용되지 말라는 법은 없다. 그러나 죽은 자의 명복을 빌기 위해서라는 목적에 비춰본다면 사찰에 봉안했거나 부처님 배 속에 넣었을 가능성이 높아 보인다.

3) 『육경합부』의 주요 간행본

필자가 정리한 바에 따르면 『육경합부』는 조선시대에 37차례 간행 또는 인출되었다. 아마 새로운 자료가 발굴됨에 따라 이 숫자는 더 늘어날 가능성이 있다. 그 현황을 정리하면 다음과 같다.

---

72 "弘治甲寅 我成宗大王 方降至治之時 奄棄 臣民一國遑遑如喪考妣 我王大妃殿下號攀躃踊五內摧裂 凡所以追遠薦福者 無所不用其極 於是擇經律論中 開人眼目者 印出飜譯 法華經 楞嚴經 各五十件 金剛經六祖解 心經 永嘉集 各六十件 釋譜詳節 二十件 又印漢字金剛經五家解五 十件 六經合部三百件 以資冥釐 弘治八年秋八月下澣 黃岳山人學祖敬跋."

세종대에 7차례 간행되었다.

① 세종 6년(1424) 전라도 고산 안심사 간행

② 세종 13년(1431) 간행, 불갑사 복장본

③ 세종 20년(1438) 강원도 울진 정림사 간행

④ 세종 22년(1440) 경기도 가평 영제암 간행

⑤ 세종 27년(1445) 경기도 안성 청원사 간행

⑥ 세종 28년(1446) 경상도 함양 군자사(영정사) 간행

⑦ 세종 31년(1449) 황해도 몽금포 금사사 간행

세조대에 14차례 간행되었다.

① 세조 1년(1455)경 전라도 고산 화암사 간행

② 세조 3년(1457) 전라도 완주 원암사 간행

③ 세조 5년(1459) 간행지 미상

④ 세조 6년(1460) 선종(흥천사) 간행

⑤ 세조 6년(1460) 전라도 진안 중대사 간행

⑥ 세조 8년(1462) 경상도 진주 견불암 간행

⑦ 세조 8년(1462) 황해도 서흥 자비령사 간행

⑧ 세조 8년(1462) 전라도 고산 화암사 간행

⑨ 세조 10년(1464) 경상도 경주 천룡사 간행

⑩ 세조 11년(1465) 동학사 소장본

⑪ 세조 11년(1465) 원각사 간행

⑫ 세조 11년(1465) 교서관 간행

⑬ 세조 12년(1466) 경상도 경주 천룡사 간행

⑭ 세조 13년(1467) 충청도 보령 금장암 간행

예종대에 1차례 간행되었다.

① 예종 1년(1469) 경기도 안성 청룡사 간행

성종대에 6차례 간행되었다.

① 성종 3년(1472) 1440년 경기도 가평 화악산 영제암판 후쇄

② 성종 14년(1483) 한양 정인사 전독경轉讀經

③ 성종 19년(1488) 전라도 고산 화암사

④ 성종 20년(1489) 전라도 광주 증심사

⑤ 성종 22년(1491) 경상도 상주 용담사

⑥ 성종 22년(1491) 전라도 낙안 징광사

연산군대에 1차례 인출되었다.

① 연산군 1년(1495) 원각사 인출

명종대에 3차례 인출 또는 간행되었다.

① 명종 7년(1552) 용수사 인출

② 명종 10년(1555) 황해도 심원사 간행

③ 명종 13년(1558) 충청도 천안 광덕사 간행

인조대 이후의 간행 상황은 다음과 같다.

① 인조 24년(1646) 전라도 해남 대흥사 간행

② 현종 1년(1660) 전라도 낙안 징광사 간행

③ 숙종 20년(1694) 전라도 금구 금산사 간행

④ 영조 22년(1746) 전라도 고산 운문사 간행

⑤ 정조 21(1797) 경기도 양주 불암사 간행

이 판본들은 모두 1424년 안심사에서 간행된 8행 17자 체재를 따르고 있다. 세조 11년(1465) 교서관에서 간행된 금속활자 을유자본을 제외하고는 모두 목판본이다. 일부 판본에서 어미의 차이만 보일 뿐 나머지 판식도 거의 동일하다. 우선 이 두 판본의 서지사항을 표로 정리하면 아래와 같다.

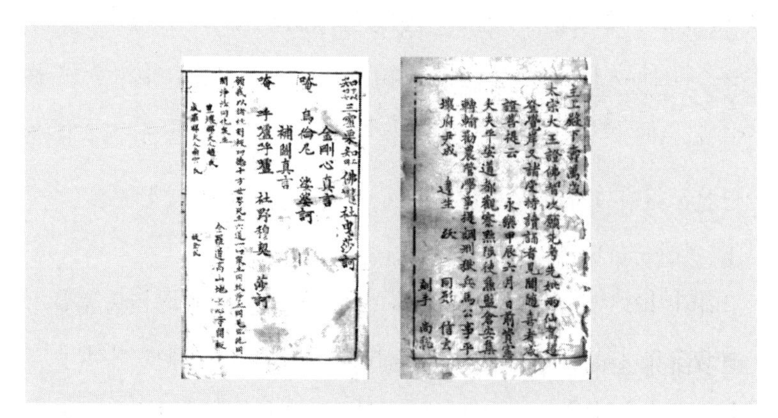

1424년 안심사본

〈표〉『육경합부』 서지사항

서명	판본	간행(인출)년	간행처	편저자
육경합부	목판본	세종 6(1424)	전라도 고산 안심사	성달생 서
육경합부	을유자본	세조 11(1465)	교서관	

① 1455년경 화암사본

성달생 서의 판본을 저본으로 한계미韓繼美(1421~1471)가 서원군西院君에 봉해지고 한계희韓繼禧가 중추원 부사로 재직하고 있을 무렵 복각된 것이므로 세조 초년으로 추정된다. 아버지는 한혜韓惠, 어머니는 성달생의 딸로서, 이들은 성달생의 외손자들인 셈이다. 『금강경』, 「보현행원품」, 「보문품」, 「능엄신주」, 『아미타경』 등 5경이 수록되어 있고 그 외에 다른 판인 불정존승다라니계청이 권말에 첨부되어 있다.[73]

② 1462년 화암사본

한계미의 주도로 간행되었다. 한계미, 한계희, 한계순은 모두 형제들로 간행 참여자 명단에 기재되어 있다. 한계미의 부인은 세조비 정희왕후의 언니이다.

③ 1465년 을유자본

을유자는 1465년 정난종의 글씨를 바탕으로 주성한 금속활자로서 대중소자와 구결을 달기 위한 한글 활자로 구성되어 있다. 1465년 원각사 준공을 기념해 『대방광원각수다라요의경』을 인출하기 위해 조성한 활자이다. 인출한 책으로는 『원각경』, 『벽암록』, 『육경합부』, 『병장설兵將說』, 『당서』, 『문한유선대성文翰類選大成』 등이 전하는데, 다른 활자에 비해 전해지는 간본이 드문 편이다. 그 이유는 글자체가 부정하다 하여 사용하기를 꺼리다가 1484년 갑진자를 주조할

73 『금강반야바라밀경전관목록』, 동국대 불교문화연구소, 1968, 30쪽.

때 녹여 사용했기 때문이다. 을유자본 『육경합부』는 다른 관판본에 비해서 지질과 먹색이 좀 떨어지는 편이다. 8행 17자이나 『관음예문』은 14행 17자이다.[74]

④ 1472년 인출본

김수온 발문에 따르면 1440년 영제암본을 인수대비가 500건 인출하도록 했다. 『육경합부』 외에도 다른 경전들을 대대적으로 인출했다. 김수온 발문은 갑인소자로 인출하여 이들 경전에 수록했다.

⑤ 1483년 정인사본

권말에 있는 학조의 발문에 따르면 성종 14년(1483) 3월 30일 인혜안순왕대비가 정희대왕대비를 위해 사재를 들여 『법화경』, 『참경』, 『약사경』, 『육경합부』 각 30부를 인출했고 6~7일 동안 정인사에서 독경회를 열었다고 한다. 원각사 소장본은 「능엄신주」일부와 『관세음보살예문』, 그리고 학조 발문만 남아 있다. 고려대 소장본은 변상도와 「보현행원품」, 『불설아미타경』, 『관세음보살예문』 등으로 구성되어 있다. 동국대 소장본은 「보현행원품」, 『아미타경』 2부만 남아 있다.[75]

---

74 천혜봉, 『한국금속활자본』, 범우사, 2003, 92~94쪽 참조; 『조선 전기불서전관목록』, 32쪽.

75 『이조전기불서전관목록』, 36쪽.

V. 관음신앙 밀교 경전들

1. 『천수경』[1]

1) 밀교 경전과 『천수경』류

『수능엄경』「이근원통장」에서 관음보살의 4가지 '부사의무작묘덕不思議無作妙德'을 제시하고 있다. 이 4가지 중 다음 2가지 공덕을 주목해 볼 필요가 있다. 첫째, 관음보살은 이근원통 수행을 통해 깨달음을

---

1 『천수경』의 명칭과 관련하여 본 논문에서는 '원본 『천수경』'과 '현행 『천수경』'으로 나누어 부르고자 한다. 그리고 원본 『천수경』을 집합적으로 지칭할 때는 '『천수경』류'라는 명칭을 사용하고자 한다. 김호성은 『천수경』을 '원본 『천수경』'과 '독송용 『천수경』'으로 나누고 있다.(김호성, 『천수경과 관음신앙』, 동국대학교출판부, 2012, 63~74쪽 참조.) 정각은 그의 저서에서 『천수경』을 다음과 같이 정의하고 있다. "천수경이란 천수천안관세음보살과 관련된 신앙의궤 및 다라니를 담고 있는 경전의 총칭을 의미한다."(정각, 『천수경연구』, 운주사, 2001, 59쪽.) 그래서 그는 이러한 경전들을 총칭할 때 '『천수경』류 경전'이라는 용어를 사용하고 있다.

얻었기 때문에 여러 가지 묘한 용모를 나타내고 한없는 '비밀신주'를 설할 수 있다. 둘째, 여러 가지 형상을 나타내고 여러 가지 주문을 외울 수 있다. 이는 관음보살이 다양한 모습으로 나투는 응신의 능력과 신묘하고 비밀스런 주문을 설할 수 있는 능력을 동시에 보이고 있는 것이다. 특히 두 번째 묘덕에서 머리와 팔과 눈을 수백, 수천, 팔만 사천 개로 나타내어 중생을 구제할 수 있다고 설명하고 있다. 이는 다양한 변화관음의 탄생을 예고하고 있는 것이다. 가장 대표적인 변화관음이 천수천안관음이며, 이 외에도 다양한 관음보살이 출현하고 있다. 그리고 이 관음보살들은 상황에 따라 다양한 주문을 설하고 있다.

밀교 경전은 지혜와 자비를 근본으로 하되 단지 명호를 외우는데 그치는 것이 아니라 다라니와 만다라 등을 이용하고 또한 복잡한 도상과 결합하여 의례적인 불교를 보여준다. 그래서 밀교 경전은 신화적이고 상징적이며 그 변화신變化身은 무궁무진하다. 음성을 관하는 관음보살도 밀교에 와서 다양한 진언과 다라니를 갖게 된다. 따라서 밀교에서의 관음신앙은 관음의 분화 즉 변화관음으로 인하여 매우 다양하고 복잡해진다. 처음으로 관음은 5세기 초에 6관음으로 분화되었다. 6관음이란 관음보살이 6도로 순회하면서 중생을 교화한다고 하여, 6종을 세워 6관음으로 제시한 것이다. 성관음聖觀音·천수관음·마두馬頭관음·십일면관음·준제准提관음·여의륜如意輪관음을 이르는데, 혹은 준제관음을 제외하고 불공견삭不空羂索관음을 더하기도 한다.[2] 그 후 8관자재, 25관음, 32관음, 42관음 등이 나타났다. 양류관음, 용두관음 등 32관음은 당송대 이후 밀교의 영향으로 생겨난 중국적인 전개이다. 이러한 밀교 경전 가운데 대표적인 것이 『천수경』이다.[3] 『천수경』은 천수대비심다라니, 일명 신묘장구대다라니를 중심으로 전개되는데, 이에는 82구본과 113구본 등 8종이 있다.

천수대비심다라니의 내용은 관음여래가 관음보살이라는 자비 충만한 절대자로 화현하여 중생을 모든 재난에서 구제한다는 것이다. 천수대비심다라니에는 인도 고대 힌두교의 절대신들이 관음보살의 화현으로 등장한다. 이들은 우주적인 성스러운 소리 '옴-' 속에 종합된다. 이 '옴-' 소리가 바로 관음보살이며, 힌두교에서 숭배하는 창조신 브라흐마, 유지신 비슈누, 파괴신 시바가 그 성스러운 우주적인 진동음 속에 삼박자를 이루고 있다. 만약 이 다라니가 성립될 당시 기독교가 알려졌었다면 관세음은 성부, 성자, 성모라는 우주적인 진동음으로 규정되었을지도 모른다.[4] 천수대비심다라니는 힌두교의 여러 신화를 차용하여 불교의 자비사상을 표현한 것이다.

이 다라니만 열심히 독송하고 수지하면 어떤 어려운 상황에서도 관음보살이 출현하여 그 어려움을 구해 준다는 것이다. 천수경의 핵심인 이 천수대비심다라니를 설하고 있는 경전이나 의궤는 한두 가지가 아니다. 『대정신수대장경』에서 살펴볼 때 이 다라니를 설하고 있는 경전과 의궤는 주요한 것만 추려도 18종에 이른다. 모두 천수관음의 영험과 공덕을 찬양하고 있는 것들이다. 우선 이 18종의 경전과 의궤를 살펴보면 다음과 같다.[5]

---

2 운허, 『불교사전』, 동국역경원.

3 전재성, 같은 책, 16~17쪽.

4 전재성, 같은 책, 24쪽.

(1) 경전

① 『천안천비관세음보살다라니신주경千眼千臂觀世音菩薩陀羅尼神呪經』(지통 역): 627~649년

② 『천안천비관세음보살다라니신주경별본千眼千臂觀世音菩薩陀羅尼神呪經別本』(지통 역): 명본明本

③ 『천수천안관세음보살광대원만무애대비심다라니경千手千眼觀世音菩薩廣大圓滿無礙大悲心陀羅尼經』(가범달마 역): 658년경

④ 『천수천안관세음보살모다라니신경千手千眼觀世音菩薩姥陀羅尼身經』(보리류지 역): 695년경

⑤ 『천수천안관자재보살광대원만무애대비심다라니주본千手千眼觀自在菩薩廣大圓滿無礙大悲心陀羅尼呪本』(금강지 역): 730~741년

⑥ 『천수천안관세음보살대신주본千手千眼觀世音菩薩大身呪本』(『대비경大悲經』 중권)(금강지 역): 730~741년

⑦ 『천수천안관세음보살대비심다라니千手千眼觀世音菩薩大悲心陀羅尼』(불공 역): 730~744년

⑧ 『청경관자재보살심다라니경青頸觀自在菩薩心陀羅尼經』(불공 주석의注釋義): 730~744년

⑨ 『대자대비구고관세음자재왕보살광대원만무애자재청경대비심다라니大慈大悲救苦觀世音自在王菩薩廣大圓滿無礙自在青頸大悲心陀羅尼』(불공 역): 730~744년

⑩ 『관자재보살광대원만무애대비심대다라니觀自在菩薩廣大圓滿

5 김호성, 『천수경과 관음신앙』, 동국대학교출판부, 2012, 63~74쪽 참조.

無碍大悲心大陀羅尼』(지공 교): 1330년경

(2) 의궤

① 『천수천안관세음보살치병합약경千手千眼觀世音菩薩治病合藥經』(가범달마 역): 658년경

② 『금강정유가천수천안관자재보살수행의궤경金剛頂瑜伽千手千眼觀自在菩薩修行儀軌經』(불공 역): 730～744년

③ 『천광안관자재보살비밀법경千光眼觀自在菩薩祕密法經』(삼매소부라 역): 760년경

④ 『대비심다라니수행염송약의大悲心陀羅尼修行念誦略儀』(불공 역): 730～744년

⑤ 『섭무애대비심대다라니경계일법중출무량의남방만원보타락해회오부제존등홍서력방위급위의형색집지삼마야표치만다라의궤攝無礙大悲心大陀羅尼經計一法中出無量義南方滿願補陀落海會五部諸尊等弘誓力方位及威儀形色執持三摩耶幖幟曼荼羅儀軌』(불공 역): 730～744년

⑥ 『천수관음조차제법의궤千手觀音造次第法儀軌』(선무외 역)

⑦ 『금강정유가청경대비왕관자재염송의궤金剛頂瑜伽青頸大悲王觀自在念誦儀軌』(금강지 역, 일행 필수筆受): 730～744년

⑧ 『천수안대비심주행법千手眼大悲心呪行法』(지례 집): 송 960～1028년

주로 이들 경전과 의궤들이 당대에 번역되고 있음을 알 수 있다. 7세기를 전후하여 인도에서 체계화된 밀교가 히말라야를 넘어 티벳과

중국으로 전파되는데, 이 시기에 중국에 들어온 역경승들에 의해 밀교 경전들이 집중적으로 번역되고 있는 것이다. 대표적인 밀교 역경승인 선무외, 금강지, 불공을 비롯하여 지통, 가범달마, 보리류지 등에 의해 이들 밀교 경전들이 번역되고 있다.

다음으로 고려 재조대장경에 실려 있는 『천수경』류 경전들을 뽑아 보면 다음과 같다.

① 『금강정유가천수천안관자재보살수행의궤경金剛頂瑜伽千手千眼觀自在菩薩修行儀軌經』(불공 역)

② 『천안천비관세음보살다라니신주경千眼千臂觀世音菩薩陀羅尼神呪經』(지통 역)

③ 『천수천안관세음보살모다라니신경千手千眼觀世音菩薩姥陀羅尼身經』(보리류지 역)

④ 『천수천안관세음보살광대원만무애대비심다라니경千手千眼觀世音菩薩廣大圓滿無礙大悲心陀羅尼經』(가범달마 역)

⑤ 『천수천안관자재보살광대원만무애대비심다라니주본千手千眼觀自在菩薩廣大圓滿無礙大悲心陀羅尼呪本』(금강지 역)

⑥ 『천수천안관세음보살대신주본千手千眼觀世音菩薩大身呪本』(금강지 역)

불공 역의 『천수천안관세음보살대비심다라니』는 들어 있지 않지만, 나머지 중요한 경전들은 이미 고려대장경에 입장되어 있음을 알 수 있다.

아래에서 자세히 살펴보겠지만, 조선시대 『천수경』류의 간행은 크게 두 가지 방향에서 전개된 것으로 보인다. 천수대비심다라니와 관세음보살모다라니를 중심으로 한 『천수경』류의 발췌와 편집이 그것이다. 천수대비심다라니는 『천수경』으로 수렴되고, 관세음보살모다라니는 『불정심다라니경』으로 수렴된다. 『천수경』의 저본이 된 경전은 가범달마 역의 『천수천안관세음보살광대원만무애대비심다라니경』과 불공 역의 『천수천안관세음보살대비심다라니』이고, 『불정심다라니경』의 저본이 된 경전은 지통 역의 『천안천비관세음보살다라니신주경』과 보리류지 역의 『천수천안관세음보살모다라니신경』이다. 이 두 경전은 조선 초기부터 후기까지 지속적으로 간행되어 조선시대 관음신앙 형성에 중요한 역할을 한 것으로 보인다. 먼저 『천수경』으로 수렴되는 과정을 살펴본 후 『불정심다라니경』의 구성과 간행을 살펴보기로 한다.

2) 원본 『천수경』과 현행 『천수경』

위에서 언급한 바와 같이 현행 『천수경』 형성에 큰 영향을 미친 것은 가범달마 역의 『천수천안관세음보살광대원만무애대비심다라니경』(이하 가범달마 역본)과 불공 역의 『천수천안관세음보살대비심다라니』(이하 불공 역본)이다. 이 두 경이 원본으로서의 역할을 하고 있는 것이다. 우선 이 두 경전의 구성을 살펴보면 다음과 같다.

〈표〉 가범달마 역본과 불공 역본의 내용 구성

<table>
<tr><th colspan="2">가범달마 역본</th><th colspan="2">불공 역본</th></tr>
<tr><td>1</td><td>서분: 회중會衆의 등장</td><td>1</td><td>계수문稽首文</td></tr>
<tr><td>2</td><td>천수천안관세음보살의 연기緣起</td><td>2</td><td>관세음보살의 발원: 십원육향</td></tr>
<tr><td>3</td><td>관세음보살의 발원: 십원육향十願六向</td><td>3</td><td>관세음보살이 부처에게 아뢰는 서원과 각오</td></tr>
<tr><td>4</td><td>대비주(신묘장구대다라니) 지송의 공덕: 15가지 나쁜 죽음을 면하고, 15가지 행복한 삶을 얻음</td><td>4</td><td>대비주(신묘장구대다라니) 지송의 공덕: 15가지 나쁜 죽음을 면하고, 15가지 행복한 삶을 얻음</td></tr>
<tr><td>5</td><td>대비주: 82구</td><td rowspan="5">5</td><td rowspan="5">대비주: 84구</td></tr>
<tr><td>6</td><td>대비주의 본질: 십심十心</td></tr>
<tr><td>7</td><td>대비주 지송의 공덕: 십이장十二藏</td></tr>
<tr><td>8</td><td>대비주의 이름들</td></tr>
<tr><td>9</td><td>대비주 지송의 공덕</td></tr>
<tr><td>10</td><td>40 수진언手眞言</td><td rowspan="2">6</td><td rowspan="2">41 수인도手印圖와 진언, 필요한 경우 설명</td></tr>
<tr><td>11</td><td>일광보살과 월광보살의 다라니</td></tr>
<tr><td>12</td><td>유통분</td><td>7</td><td>관세음보살이 대비주를 설한 이후 회중이 획득한 증험[6]</td></tr>
</table>

두 역본은 이역본으로서 공통점이 많지만 차이점도 있다. 가범달마가 이 경을 번역한 것이 658년이고, 불공이 번역한 것이 730~744년이므로 양자 사이에는 80년 정도의 차이가 난다. 먼저 두 역본의 차이점을 몇 가지 지적해 두고자 한다. 이는 뒤에서 살펴보게 될 조선시대에 간행된 『오대진언』과 『천수경』을 이해하는 데 도움이 된다.

첫째, 계수문은 가범달마 역본에는 나오지 않고 불공 역본에만 등장한다.

6 이 부분은 가범달마 역본 '5. 대비주' 이후에 똑같은 표현이 나온다. 아마 가범달마가 먼저 번역했으니 불공은 그것을 참고했을 것이다.

둘째, 대비주는 불공 역본에서는 다라니만 나와 있으나 가범달마 역본에서는 다라니 이 외에 대비주의 본질, 지송의 공덕 등의 내용들이 실려 있다.

셋째, 수진언手眞言에 있어서 가범달마 역본은 40가지 진언이 진언명과 함께 필요한 상황이 제시되어 있는데, 불공 역본은 41가지 진언이 수인도와 함께 설명되고 있다. 즉 가범달마 역본에는 수인도가 없는데 비해 불공 역본에는 수인도가 제시되어 있다. 그리고 가범달마 역본에는 불공 역본의 첫 번째 수인인 감로수진언이 없다. 참고로 수인과 관련하여 삼매소부라가 번역한 『천광안관자재보살비밀법경』에는 40가지 수인이 이름과 함께 나오는데, 특이한 점은 이들을 여래부如來部, 금강부金剛部, 마니부摩尼部, 연화부蓮華部, 갈로마부羯嚕磨部 등 5부로 나누어 각각에 8가지 수인을 배대시키고 있다는 점이다. 그런데 조선시대에 간행된 『오대진언』에는 42가지 수인이 수인도와 함께 제시되어 있다. 이들 사이의 차이점을 표로 정리하면 다음과 같다.

〈표〉 제 역본에서 수진언의 차이

<table>
<tr><th>내용
제 역본</th><th>수인 가짓수</th><th>수인도</th><th>특징</th><th>순서</th></tr>
<tr><td>가범달마 역본</td><td>40</td><td>×</td><td>진언명을 필요한 상황과 함께 설명</td><td rowspan="3">가범달마 역본과 불공 역본은 수진언 순서가 서로 다름, 『오대진언』의 경우 순서는 가범달마 역본을 따르되 수인도는 불공 역본을 따름</td></tr>
<tr><td>삼매소박라 역본</td><td>40</td><td>×</td><td>5부로 나누어 8가지씩을 각 부에 배대시킴</td></tr>
<tr><td>불공 역본</td><td>41</td><td>○</td><td>가범달마 역본에 없는 감로수진언甘露手眞言을 1번에 추가</td></tr>
</table>

『오대진언』	42	○	41번에 감로수진언, 42번에 총섭천비진언摠攝千臂眞言 추가	

『오대진언』에 나오는 42수진언은 가범달마 역본과 불공 역본을 종합한 셈이다. 이 42수진언은 조선 후기에 『화천수畵千手』 또는 『관세음보살영험약초』라는 이름으로 여러 차례 간행되어 관음신앙의 확산에 중요한 역할을 한다. 자세한 설명은 아래의 『오대진언』 항목에서 하기로 한다.

그렇다면 현행 『천수경』은 어떻게 구성되어 있는가. 원본 『천수경』과 현행 『천수경』은 어떤 차이가 있는가. 현행 『천수경』은 원본 『천수경』을 바탕으로 수백 년 동안 단련되어 탄생한 경전이다. 우선 현행 『천수경』의 구성과 출전을 표로 제시하면 다음과 같다.

〈표〉 현행 『천수경』의 구성과 출전[7]

현행 『천수경』의 구성		원 출처 경전	조선시대 최초 출전 의식집
서두	淨口業眞言		염불보권문 念佛普勸文(1704)
	五方內外安慰諸神眞言		삼문직지 三門直指(1769)
	開經偈		염불보권문(1704)
	開法藏眞言		염불보권문(1704)
경제목	千手千眼觀自在菩薩廣大圓滿無碍大悲心大陀羅尼	불공, 가범달마 역본	염불보권문(1704)

7 정각, 『천수경 연구』, 운주사, 121~132쪽 '현행 천수경 성립 개관을 위한 공관표'와 296~298쪽 '현행 천수경 각 항목들의 출전 문헌표'를 참고하여 작성하였다.

원본 『천수경』 발췌	계수문	불공 역본	불가일용작법 佛家日用作法(1869)
	십원문	불공, 가범달마 역본	불가일용작법(1869)
	육향문	불공, 가범달마 역본	불가일용작법(1869)
	십이보살, 나무본사아미타불	불공 역본	삼문직지(1769)
	신묘장구대다라니	불공, 가범달마 역본	운수단가사 雲水壇謌詞(1607) 염불보권문(1704)
결계	사방찬		범음산보집 梵音刪補集(1721)
	도량찬		운수단가사(1607)
참회문	참회게	40권본 화엄경 보현행원품	염불보권문(1704)
	참제업장십이존불		현행법회예참의식現行法會禮懺儀式(1709)
	십악참회		범음산보집(1721)
	참회후송	유가집요염구시식의 瑜伽集要焰口施食儀, 유가집요구아난다라니염구의궤경瑜伽集要救阿難陀羅尼焰口儀軌經	현행법회예참의식 (1709)
	참회진언	일체여래대비밀왕미증유최상미묘대만라라경一切如來大秘密王未曾有最上微妙大曼拏羅經	삼문직지(1769)
제진언 독송	준제진언찬	현밀원통성불심요집顯密圓通成佛心要集	삼문직지(1769)
	나무칠구지불모대준제보살		불가일용작법(1869)
	정법계진언	현밀원통성불심요집	불가일용작법(1869)
	호신진언	대방광보살장경중문수사리근본일자다라니경大方廣菩薩藏經中文殊師利根本一字	불가일용작법(1869)

		陀羅尼經, 현밀원통성불심요집	
	관세음보살본심미묘육자대명왕진언	대승장엄보왕경大乘莊嚴寶王經, 현밀원통성불심요집, 밀주원인왕생집密呪圓因往生集	삼문직지(1769)
	준제진언	불설칠구지불모준제대명다라니경佛說七俱胝佛母准提大明陀羅尼經, 현밀원통성불심요집, 밀주원인왕생집	삼문직지(1769)
	준제후송		불가일용작법(1869)
발원귀의	여래십대발원문	낙방문류樂邦文類 왕생정토십원문往生淨土十願文	염불보권문(1704)
	발사홍서원	육조대사법보단경六祖大師法寶壇經, 석선바라밀차제법문釋禪波羅蜜次第法門	불가일용작법(1869)
	귀명례삼보	천수안대비심주행법千手眼大悲心呪行法	운수단가사(1607)
진언	정삼업진언	대일여래검인大日如來劍印 외 밀교 경전	운수단가사(1607)
	개단진언	불설일체여래진실섭대승현증대교왕경佛說一切如來眞實攝大乘現證大教王經, 금강정유가중약출염송경金剛頂瑜珂中略出念誦經	운수단가사(1607)
	건단진언	대비로자나성불신변가지경연화태장보리당표치보통진언장광대성취유가大毘盧遮那成佛神變加持經蓮華胎藏菩提幢標幟普通眞言藏廣大成就瑜伽	운수단가사(1607)
	정법계진언	대비로자나성불신변가지	운수단가사(1607)

		경연화태장보리당표치보통진언장광대성취유가, 현밀원통성불심요집, 밀주원인왕생집	

왼쪽은 현행 『천수경』의 구성 항목을 순서대로 나열한 것이고, 가운데는 이들 구성 항목의 원 출전을 밝힌 것이다. 그리고 오른쪽은 각 항목이 최초로 등장하는 조선시대 불교 의식집을 정리한 것이다. 처음 등장하고 나면 일부 예외를 제외하고는 이후 편찬되는 의식집에 지속적으로 등장하게 된다. 누적과 산보라는 지속적인 편집의 과정을 거쳐 현행 텍스트가 탄생한 것이다. 위의 표에 제시된 의식집을 시기순으로 정리하면, 1607년 서산대사가 편찬한 『운수단가사』, 1704년 명연明衍이 편찬한 『염불보권문』, 1709년 명안明眼이 편찬한 『현행법회예참의식』, 1721년 지환智還이 편찬한 『범음산보집』, 1769년 진허팔관振虛捌關이 편찬한 『삼문직지』, 1826년 백파긍선이 편찬한 『작법귀감』, 1869년 정신井辛이 편찬한 『불가일용작법』이 제시되어 있다. 그리고 20세기 들어 1932년 권상로가 편찬한 『조석지송』, 1935년 안진호가 편찬한 『석문의범』이 있다. 현행 『천수경』의 모습이 완비되는 것은 1969년 가을 통도사 불교전문강원에서 간행된 『행자수지』이다.[8] 이렇게 본다면 『천수경』이 현재와 같은 모습을 갖춘 것은 불과 50년이 안 되는 것이다.

현행 『천수경』은 '원본 『천수경』 발췌' 부분, 즉 계수문, 십원문,

8 편집부, 「천수경의 역사적 변천」, 『불교사상』 통권 제11호, 불교사상사, 1984.10; 김호성, 「천수경에 나타난 한국불교의 전통성」, 『석림』 26집, 동국대 석림회, 1993.1; 정각, 『천수경연구』, 운주사, 2001.

육향문, 12보살과 아미타불에 대한 귀의, 신묘장구대다라니를 중심에 놓고 전후로 다양한 진언, 게송, 발원문, 찬문들을 첨부하여 이루어졌음을 알 수 있다. 신묘장구대다라니만 떼어놓고 살펴본다면 이의 독송 사례는 『운수단가사』에서 볼 수 있다. 『운수단가사』는 외로운 영혼에게 시식施食을 하기 위한 의식집으로, 여기서 『천수경』 독송은 단지 이를 위한 다양한 절차 중 하나로 다뤄지고 있다. 그리고 단지 '천수운千手云'이라는 제명 하에 다라니 본문은 싣지 않고 있다. 비로소 천수다라니의 본문이 등장하는 것은 1704년 간행된 『염불보권문』이다. 여기에 천수다라니는 한글로 실리고 있다. 이후 1721년 간행된 『범음산보집』에 전문은 아니지만 천수다라니 본문이 수록되어 있다. 1769년 간행된 『삼문직지』에는 천수다라니 본문이 한글로 소개되어 있다. 1826년 간행된 『작법귀감』에는 천수다라니 본문이 실려 있지는 않고 단지 '삼편三編'이라고만 기록되어 있다. 1869년 간행된 『불가일용작법』에는 천수다라니 본문이 범어와 한글로 소개되어 있다. 이후 간행되는 의식집에 모두 천수다라니가 수록되어 있다.

원본 『천수경』 발췌 부분 전체를 본다면, 1704년 『염불보권문』에서 다라니 제목과 다라니 본문이 소개되고, 1769년 『삼문직지』에서 12보살에 대한 귀의문이 첨가되며, 1869년 『불가일용작법』에서 계수문, 십원문, 육향문이 추가되어 현재와 같은 모습을 갖추게 된다. 하지만 이들 의식집에서는 모두 천수다라니가 밀교의식이나 염불의식의 한 절차로서 독송되고 있다. 그러던 천수다라니가 『천수경』이라는 독립된 경전으로 다뤄지게 되는 것은 1881년 간행된 『고왕관세음천수다라니경』부터이다. 이러한 경향은 이후 조선 말기 조동훈이 필사한 『쳔슈경·불설고왕관세음경』과 20세기에 간행된 『조석지송』, 『행자수지』까지 이어지게 된다.

결론적으로 조선 후기에 민간과 사찰에서 새로운 불교의식이 요구되면서 이를 반영한 의식집이 편찬, 간행된다. 이 의식집들은 의식의 순서와 절차로 여러 가지 다라니와 진언을 배치하는데, 이들 중 하나로 편입된 것이 천수다라니였다. 그러다가 점점 천수다라니의 비중이 높아지고, 결국 단독 경전으로 독립하게 된 것이다. 결국 현행 『천수경』은 천수다라니를 중심으로 전후에 여러 진언과 게송, 발원문, 찬문 등을 배치하여 독송용 의례서로 편집된 텍스트라는 사실을 알 수 있다. 원본 『천수경』에서 천수다라니로, 천수다라니는 의식집 속으로, 그 속에서 중심으로 우뚝 서고, 드디어 『천수경』이라는 이름으로 독립, 이것이 현행 『천수경』이 걸어온 길이다. 하지만 이것이 『천수경』이 걸어온 길의 전부는 아니다. 현행 『천수경』이 의례 독송집이라는 성격이 강한 만큼 거기에 포인트를 맞춰 추적한 길일 뿐이다. 천수다라니가 의식집에 포섭되고 중요시되었다는 것은 천수다라니가 불교신앙 차원에서 널리 유포되어 있었음을 전제한다. 이러한 저변 없이 하나의 다라니에서 하나의 단독 경전으로 독립할 수는 없는 것이다. 우리는 이 관음신앙 텍스트로서 『천수경』이 걸어온 길을 다시 추적해 보아야 한다. 이에 앞서 우선 조선시대 원본 『천수경』의 간행 상황을 살펴보기로 한다.

3) 원본 『천수경』의 주요 간행본

조선시대 원본 『천수경』의 간행 상황은 다음과 같다.

〈표〉 원본 『천수경』의 주요 간행본

서명	판본	간행(인출)년	간행처	편저자
천수천안관자재보살광대원만무애대비심대다라니	목판본	효종 9(1658)	경상도 문경 봉암사	가범달마 역
천수천안관자재보살광대원만무애대비심대다라니	목판본	숙종 42(1716)	경상도 김해 감로사	가범달마 역
천수천안관자재보살광대원만무애대비심대다라니	목판본	영조 4(1728)	평안도 묘향산 보현사	가범달마 역
불설천수천안관자재보살광대원만무애대비심다라니경	목판본	영조 22(1746)	전라도 고산 운문사	가범달마 역
불설천수천안관세음보살광대원만무애대비심다라니경	목판본 (효종 9년 봉암사본 복각)	철종 8(1857)	경기도 광주 봉은사	가범달마 역
불설천수천안관자재보살광대원만무애대비심다라니경	목판본(영조 22년 운문사본 복각)	고종 18(1881)	충청도 금산 보석사	가범달마 역

1658년 경상도 문경 봉암사에서 간행된 것을 필두로 1746년 전라도 고산 운문사, 1857년 경기도 광주 봉은사, 1881년 충청도 금산 보석사 등지에서 간행되었다. 모두 10행 17자이고, 가범달마 역본이다. 1746년 운문사 판본에 고송회경古松懷瓊이 쓴 서문이 실려 있는데, 이를 통해 간행 전후의 상황을 알 수 있다. 이 서문은 이후 판본에 계속해서 인용되고 있다.

『천수경』을 간행하는 서문

부처님이 중생을 제도하는 방편은 무수하나 신주와 다라니가 최고다. 다라니 또한 그 종류가 많으나 관음보살이 설한 천수주가 우선이다. 그러나 세상에 이를 지송하는 자가 많음에도 감응을 들지 못하는 것은 대개 정성과 믿음이 미치지 못하고 법대로 수지하지 않기 때문이다. 이는 뛰어나고 신묘한 법을 땅에 떨어뜨리는 짓이다.

낙서의 장로 사운師運이 항상 이를 안타깝게 여겼는데 근래 다행히 옛 가람 법장法藏 중에서 『천수경』을 얻었다. 이것은 석가세존이 관음보살 천수주의 공능을 칭탄한 것이자 지송의 궤칙이다. 일찍이 못 보던 것을 얻으니 마음이 기쁘고, 믿음이 배가되면서 상쾌해지니 마치 부처님이 이끌어준 것 같았다. 스스로 만족하자니 문득 이타심이 일어나 널리 유포하고자 했으나 안타깝게도 목판이 없었다. 이에 문인 극찰克察에게 명하여 시주자들을 모아 목판을 새기게 했다. 이것은 널리, 멀리 뭇 생명을 이롭게 하는 바른 길이다.

판각이 끝나자 나에게 서문을 부탁했다. 내가 거절하면서 말했다. "나는 서문을 지을 만한 문장력이 없다. 그리고 그 지송의 이익과 위세의 영험 및 부처님의 신이한 가피는 경전 속에 갖춰져 있어 어리석은 중생들도 격려할 수 있거늘 하물며 지혜로운 사람들임에랴. 군더더기를 붙일 뿐이다." 그러자 장로가 웃으며 말했다. "서문을 부탁하는 뜻은 문장의 높은 격조를 취하려는 것이 아니라 단지 중요한 일의 인연을 기록하여 후세에 보이고자 함이다. 이를 통해 미래의 뜻있는 자들로 하여금 우리들처럼 유통케 하고자 함이다. 그러니 고사하지 마시라."

내가 가만히 생각해 보니 부처를 믿는 자 또한 부처이고 보살을 믿는 자 또한 보살이다. 이 늙은이도 왕년에 『미타경』「정토문」을 좋아하여, 간행·유포하고 수행을 권면하지 않았느냐. 지금 또한 이와 같아, 이익을 널리 펴는 자비와 법을 지키는 정성은 보살과 같다. 문장의 말을 취하는 것이 아니라 조사의 뜻에 부합하면 진실로 한 선지식이 세상에 출현하는 것이다. 극찰 또한 스승의 길은 믿는 자이니 가상히 여길 만하다. 참람됨을 헤아리지 못하고 삼가 기록을 남긴다. 건륭 병인 맹하 하완 고송회경 쓰다.[9]

이 서문에 따르면 당시 장로 사운이 옛 사찰에서『천수경』한 부를 얻어 이를 간행하고자 하는 뜻을 내었다. 아마 이 경전은 1658년 문경 봉암사에서 간행한 것이 아닌가 한다. 왜냐하면 10행 17자 체재를 유지하고 있기 때문이다. 실무는 제자 극찰에게 맡겼다. 판각 작업을 마치자 고송회경에게 서문을 부탁하고 있다. 이 글에 따르면 그 또한 이전에『미타경』「정토문」을 간행했던 경력이 있음을 알 수 있다.

---

9 "千手經開刊序 覺皇度迷倫之方便 其數不億 而神呪陀羅尼最勝 陀羅尼又多種 而觀音所說千手呪居先 然世之持誦者常多 而感應不校者 盖緣誠信未及 不如法受持 使勝妙之法 將墜矣 樂西長老師運 常深此恨 近幸得千手經於古伽藍法藏中 乃釋尊稱歎觀世音千手呪功能 及持誦軌則也 喜得未曾見 信及激倍快然 如佛提起也 於已則足 而輒興利他之心 將欲廣施 而恨此方無板本 於是 命門人克察 募緣鋟梓 以爲廣遠利生之正路 鋟旣屬余爲序 余牢拒曰 余無爲序之文 且其持誦之益威勢之驗 及佛加神護之異 備載經中 猶可策勵愚俗 況智士乎 序其贅矣 夫長老笑曰 請序之意 非取文章高格 但錄垂墜重擧之因緣 以示諸後 令來世有志者 如吾流通也 幸毋固辭焉 余窃惟 信佛者亦佛 信菩薩者亦菩薩 此老往年 喜彌陀經淨土文刊布勸修 今又如是 其普利之慈 護法之誠 等於菩薩 非取文章之言 愜於祖意 眞一善知識 出於世也 克察亦信師道者 可尙也 不揣僭率而誌之 乾隆丙寅孟夏下浣古松懷瓊盥書."

그리고 다음과 같이 1294년에 사경된 『천수천안관세음보살대비심다라니경』이 일본 교토 보적사에 전한다. 이는 『법화경』 7권, 『아미타경』, 『화엄경』 「범행품」, 『대비심다라니경』 등을 은자로 서사하여 합부한 작품이다. 『법화경』 1권 안쪽 면에 권2를, 3권 안쪽 면에 4권을, 5권 안쪽 면에 6권을, 7권 안쪽 면에 『아미타경』과 「범행품」, 그리고 『대비심다라니경』을 서사했다.

〈표〉 『천수천안관세음보살대비심다라니경』 사경본 서지사항

서명	판본	간행(인출)년	소장처	형태사항
천수천안관세음보살 대비심다라니경[10]	사경	고려(1294)	교토 보적사	4첩, 금니변상, 감지은자

2. 『오대진언』

우리가 관음신앙 관련 경전으로 『오대진언』을 살펴봐야 하는 이유는 이 경전이 원본 『천수경』에서 발췌하여 내용을 구성하고 있다는 이유뿐만 아니라 독송용 텍스트로 편집되었고 언해까지 이루어져 관음신앙 확산에 중요한 역할을 했기 때문이다. 이 경전은 최초의 한글 음역 진언집인 셈이다. 그리고 다라니 본문과 함께 이의 영험을 강조하는 내용까지 갖추어져 다라니의 신앙성을 훨씬 강조하고 있다. 또한 42가지 수인도와 진언이 실려 있어 이후 이를 중심으로 한

10 『사경변상도의 세계, 부처 그리고 마음』, 국립중앙박물관, 2007, 48~49쪽. 장충식, 한국사경 연구, 동국대출판부, 2007, 112~120쪽.

새로운 관음신앙 관련 텍스트가 만들어지기도 한다. 자세한 내용은 차근차근 살펴보기로 하고 우선 『오대진언』의 구성과 출전을 명확히 하는 것이 필요하다.

1) 『오대진언』의 구성과 출전

『오대진언』은 크게 '다섯 가지 다라니'와 '영험약초'로 구성되어 있다. 이 두 가지는 사실 내용상으로 긴밀히 연결되어 있다. 영험약초는 다섯 가지 다라니의 영험을 문장으로 제시한 것이다. 그리고 영험약초는 언해까지 되어 있다. 다섯 가지 다라니에 대해서 혹자들은 여섯 가지라고 설명하기도 한다. 왜냐하면 처음 대비심다라니에 들어 있는 42수진언과 신묘장구대다라니를 별개의 다라니로 보고 6가지 다라니가 들어 있다고 설명하는 것이다. 이는 『오대진언』의 텍스트가 어떻게 구성되어 있는지를 면밀히 검토하면 해결될 수 있는 문제다. 이는 아래에서 검토하기로 하고, 우선 드는 의문은 그렇다면 책 제목을 왜 '육대진언'이라고 하지 않고 '오대진언'이라고 했는가이다. 원본 『천수경』 중 하나인 불공 역 『천수천안관세음보살대비심다라니』를 살펴보면 그 이유를 알 수 있다. 수인도는 불공 역본에만 나오는데 거기에는 신묘장구대다라니가 먼저 제시되고 바로 이어서 41가지 수인도와 진언이 나온다. 따라서 수인도와 진언, 그리고 신묘장구대다라니가 대비심다라니를 구성하고 있다고 보는 것이 타당하다. 그래서 '육대진언'이 아니라 '오대진언'이라고 한 것이다. 우선 원간본으로 알려진 상원사 목조문수동자좌상 복장유물인 『오대진언』을 통해서 그 구성과 출전을 알아보자.

〈표〉 1485년 간행 상원사본 『오대진언』의 내용 구성과 출전

<table>
<tr><th colspan="3">다라니명</th><th colspan="2">구성</th><th>출전</th></tr>
<tr><td rowspan="11">오대진언</td><td rowspan="4">1</td><td rowspan="4">천수천안관자재보살광대원만무애대비심대다라니(불공 역)</td><td rowspan="2">계청</td><td>계수문</td><td>불공 역본</td></tr>
<tr><td>십원육향문</td><td>가범달마 역본, 불공 역본</td></tr>
<tr><td colspan="2">사십이수인도와 진언</td><td>불공 역본(수인도), 가범달마 역본(순서)</td></tr>
<tr><td colspan="2">신묘장구대다라니</td><td>가범달마 역본, 불공 역본</td></tr>
<tr><td>2</td><td>천수천안관자재보살근본다라니(불공 역)</td><td colspan="2">계청 없이 바로 다라니가 나옴</td><td>『금강정유가천수천안관자재보살수행의궤경』[11] 권하(불공 역)</td></tr>
<tr><td rowspan="2">3</td><td rowspan="2">불설금강정유가최승비밀성불수구즉득신변가지성취다라니(불공 역)</td><td colspan="2">계청</td><td></td></tr>
<tr><td colspan="2">대수구대명왕대다라니[12]</td><td>『금강정유가최승비밀성불수구즉득신변가지성취다라니의궤』(불공 역)</td></tr>
<tr><td rowspan="2">4</td><td rowspan="2">대불정다라니(불공 역)</td><td colspan="2">계청</td><td></td></tr>
<tr><td colspan="2">청정해안미묘비밀대불정다라니[13]</td><td>『대불정여래방광실달다발달라다라니』[14](불공 역)
『수능엄경』 권7 능엄주</td></tr>
<tr><td rowspan="2">5</td><td rowspan="2">불정존승다라니(불타파리 역)</td><td colspan="2">계청</td><td></td></tr>
<tr><td colspan="2">불정존승다라니</td><td>『불정존승다라니경』(불타파리 역)</td></tr>
<tr><td rowspan="9">영험약초</td><td colspan="2" rowspan="4">한문본</td><td colspan="2">대비심다라니</td><td>주로 가범달마 역본에서 발췌</td></tr>
<tr><td colspan="2">수구즉득다라니</td><td>『금강정유가최승비밀성불수구즉득신변가지성취다라니의궤』(마지막 오선나성烏禪那城 이야기는 『불설수구즉득대자재다라니신주경』(보사유 역)과 『보편광명청정치성여의보인심무능승대명왕대수구다라니경』(불공 역)에 나옴)</td></tr>
<tr><td colspan="2">대불정다라니</td><td>『수능엄경』</td></tr>
<tr><td colspan="2">불정존승다라니</td><td>『불정존승다라니경』</td></tr>
<tr><td colspan="5">학조 발문</td></tr>
<tr><td colspan="2" rowspan="4">언해본</td><td colspan="2">대비심다라니</td><td rowspan="4"></td></tr>
<tr><td colspan="2">수구즉득다라니</td></tr>
<tr><td colspan="2">대불정다라니</td></tr>
<tr><td colspan="2">불정존승다라니</td></tr>
</table>

『오대진언』은 다섯 가지 큰 진언이라는 뜻으로, 그 다섯 가지는 「천수천안관자재보살광대원만무애대비심대다라니(이하 대비심다라니)」, 「천수천안관자재보살근본다라니(이하 근본다라니)」, 「불설금강정유가최승비밀성불수구즉득신변가지성취다라니(이하 수구즉득다라니)」, 「대불정다라니」, 「불정존승다라니」이다. 앞의 네 가지는 불공 역이고, 마지막 「불정존승다라니」는 불타파리 역이다. 「대불정다라니」는 불공 역이라고 되어 있으나, 위에서 「능엄주」를 설명할 때 언급했듯이 실제 불공 역이라고 보기는 어렵다. 하나하나 자세히 그 구성과 출전을 살펴보자.

첫째, 「대비심다라니」는 계청과 42수진언 그리고 신묘장구대다라니로 구성되어 있다. 계청은 계수문, 십원문, 육향문으로 되어 있는데, 계수문은 불공 역본에만 실려 있는 것이고, 십원문과 육향문은 가범달마 역본과 불공 역본 모두에 실려 있다. 42수진언은 42가지 수인도와

---

11 純密 경전인 『금강정경』의 입장에서 천수관음의 가르침, 즉 천수다라니를 수용하여 증득하는 의궤의 여러 절차를 설명하고 있다. 『千手千眼儀軌經』이라고도 한다.

12 『오대진언』에 표기된 온전한 이름은 "佛說一切如來普遍光明燄鬘清淨熾盛思惟如意寶印心無能勝摠持大隨求大明王大陀羅尼"이다.

13 『오대진언』에 표기된 온전한 이름은 다음과 같은 긴 이름이다. "佛說大佛頂如來廣放光明聚現大白傘蓋徧覆三千大千世界摩訶悉跢多鉢怛囉金剛無碍大道場最勝無比大威德都攝金輪佛頂王帝鳩囉試一切大明王摠集不可說百千族陀羅尼十方如來清淨海眼微妙秘密大佛頂陀羅尼." 『오대진언』에서는 이 다라니의 역자를 '불공'이라고 명시하고 있다.

14 『대정신수대장경』 말미에 다음과 같은 교감 기록이 있다. "大唐青龍寺內供奉沙門曇貞修建眞言碑本 元祿十六年二月六日以淨嚴和上之本再校了尊教."

각각의 진언으로 구성되어 있다. 수인도는 상단에, 진언은 하단에 배치되어 있다. 진언은 범어, 한글, 한자 순으로 배열되어 있다. 앞에서도 언급했다시피 가범달마 역본에는 수인도 없이 모두 40가지 수인이 제시되어 있다. 그리고 불공 역본에는 41가지 수인이 수인도와 함께 제시되어 있다. 『오대진언』은 42가지 수인을 수인도와 함께 제시하고 있는 것인데, 수인의 순서는 불공 역본이 아니라 가범달마 역본의 순서를 따르고 있다. 자세한 내용은 다음에서 다루기로 한다. 위 『천수경』에서 중점적으로 다루었던 신묘장구대다라니는 가범달마 역본과 불공 역본 둘 다에 등장한다.

둘째, 「근본다라니」는 계청 없이 바로 다라니가 나오고 있다. 이 다라니의 출처는 불공 역의 『금강정유가천수천안관자재보살수행의궤경』이다. 『천수경』류 의궤 중 대표적 경전으로 천수다라니를 설행하는 절차를 설명하고 있다. 근본다라니는 이 『의궤경』 하권에 나온다.

셋째, 「수구즉득다라니」는 계청과 대수구대명왕대다라니로 구성되어 있다. 이 다라니는 불공 역의 『금강정유가최승비밀성불수구즉득신변가지성취다라니의궤』에 나온다.

넷째, 「대불정다라니」는 계청과 청정해안미묘비밀대불정다라니로 구성되어 있다. 이 다라니는 『수능엄경』 7권과 불공 역이라고 전해지는 『대불정여래방광실달다발달라다라니』에 수록되어 있다. 앞에서도 언급했지만 후자의 다라니는 불공 역으로 보기 어렵다는 견해가 제시되어 있다. 『오대진언』에는 「대불정다라니」의 번역자를 불공이라고 명시하고 있는데, 이는 『수능엄경』보다는 『대불정여래방광실달다발달라다라니』를 따른 것으로 보인다. 『수능엄경』의 저자는 일반적으로 '반자밀제'라고 알려져 있기 때문이다. 물론 현재 『수능엄경』은 중국에서 찬술된 경전으로 인정되고 있지만 말이다.

다섯째, 「불정존승다라니」는 계청과 불정존승다라니로 구성되어 있다. 다라니는 불타파리 역의 『불정존승다라니경』에 나온다. 이 다라니는 고려시대부터 널리 숭신되어 이 다라니를 독송하는 불정도량이 수십 차례 열리고, 이 다라니를 새긴 석당石幢이 여러 곳에 세워지기도 했다.[15]

『영험약초』는 다음 절에서 자세히 살펴보기로 하고 여기서는 구성과 출전만 언급하기로 한다. 『영험약초』는 한문본과 언해본으로 구성되어 있다. '영험약초'는 '영험을 간략하게 추려 뽑았다.'는 뜻으로 위에서 제시한 다라니의 영험성과 사례를 설명한 것이다. 위에는 다섯 가지 다라니가 제시되어 있으나, 여기에는 네 가지 다라니의 영험만 설명하고 있다. 즉 두 번째 「근본다라니」는 빠져 있는 것이다. 이것은 「근본다라니」의 출처인 『금강정유가천수천안관자재보살수행의궤경』을 살펴보면 그 이유를 짐작할 수 있다. 이 『의궤경』은 『금강정경』의 입장에서 천수다라니를 염송하는 절차를 설명한 경전이므로, 영험에 대한 설명은 찾아볼 수 없다. 그래서 이 「근본다라니」에 대한 영험은 빠져 있는 것이 아닌가 한다.

사실 이 부분은 이름은 다라니라고 되어 있으나 실제 내용은 각 다라니의 영험을 경전에서 발췌 인용한 것이다. 첫째, 「대비심다라니」는 주로 가범달마 역본에서 발췌하고 있다. 둘째, 「수구즉득다라

---

15 김수연, 「고려시대 불정도량 연구」, 이화여대 사학과 석사학위논문, 2004.

니」는 이 다라니의 출처인 『금강정유가최승비밀성불수구즉득신변가지성취다라니의궤』에서 발췌하고 있다. 그런데 마지막 부분의 오선나성 이야기는 보사유 역의 『불설수구즉득대자재다라니신주경』과 불공 역의 『보편광명청정치성여의보인심무능승대명왕대수구다라니경』에 나온다. 셋째, 「대불정다라니」는 『수능엄경』에서 발췌하고 있다. 이 다라니의 또 다른 출처인 『대불정여래방광실단다발단라다라니』에는 다른 설명 없이 다라니만 실려 있다. 넷째, 「불정존승다라니」는 이 다라니의 출처인 『불정존승다라니경』에서 발췌하고 있다.

한문본 다음에 학조의 발문이 나온다. 이 발문은 아래에서 주요 판본을 설명할 때 언급하기로 한다. 언해본은 위 한문본에 대한 한글 번역이다. 원간본인 상원사본에는 언해본이 수록되어 있으나, 동국대 소장본에는 없다. 1550년 희방사 간행본처럼 언해본만 따로 간행되기도 한다. 이 언해본 체계는 같은 해 학조에 의해 간행된 『불정심다라니경』과 일치한다. 을해소자로 별도로 간행되고 있는 것이다.

2) 42수진언의 구성과 출전

다음으로 『오대진언』 중 첫 번째 「대비심다라니」를 구성하고 있는 42수진언을 구체적으로 분석해 보고자 한다. 왜냐하면 이는 조선 후기에 『관세음보살영험약초觀世音菩薩靈驗略抄』, 『화천수』 등의 이름으로 여러 차례 간행되기 때문이다. 관음신앙 확산에 중요한 일익을 담당한 것으로 보인다. 우선 42수진언의 구성을 표로 제시한다.

〈표〉 42수진언의 구성

번호	불공		가범달마·『오대진언』	
	수인(진언)명	필요한 상황	불공	가범달마·『오대진언』
1	감로수진언甘露手眞言	목마르고 굶주린 모든 중생과 귀신들이 시원하고 맑은 물을 얻길 바랄 때	31	如意寶珠手眞言
2	시무외수진언 施無畏手眞言	어느 때, 어느 곳에서나 공포에 젖어 불안한 자	32	羂索手眞言
3	일정마니수진언 日精摩尼手眞言	눈이 어두워 광명을 구하는 자	33	寶鉢手眞言
4	월정마니수진언 月精摩尼手眞言	열병에 들어 청량함을 구하는 자	15	寶劍手眞言
5	보궁수진언寶弓手眞言	영예로운 관직과 높은 지위를 얻고자 하는 자	36	跋折羅手眞言
6	보전수진언寶箭手眞言	여러 좋은 친구들을 빨리 만나려는 자	16	金剛杵手眞言
7	군지수진언軍持手眞言	범천에 태어나기를 바라는 자	2	施無畏手眞言
8	양류지수진언 楊柳枝手眞言	갖가지 병과 고난에 처한 자	3	日精摩尼手眞言
9	백불수진언白拂手眞言	모든 악재와 장애를 없애려는 자	4	月精摩尼手眞言
10	보병수진언寶甁手眞言	모든 권속眷屬들이 잘되고 화평하길 바라는 자	5	寶弓手眞言
11	방패수진언傍牌手眞言	모든 호랑이와 여러 무서운 짐승들을 물리치고자 하는 자	6	寶箭手眞言
12	월부수진언鉞斧手眞言	언제 어디서든 관직의 어려움에서 벗어나려는 자	8	楊柳枝手眞言
13	촉루보장수진언 髑髏寶杖手眞言	모든 귀신들이 서로 거스르지 않도록 하고자 하는 자	9	白拂手眞言
14	수주수진언數珠手眞言	시방의 여러 부처가 빨리 와서 손을 내밀어 주길 바라는 자	10	寶甁手眞言
15	보검수진언寶劍手眞言	모든 도깨비와 귀신을 항복시키려는 자	11	傍牌手眞言
16	금강저수진언 金剛杵手眞言	모든 원수를 꺾어 굴복시키려는 자	12	월부수진언
17	구시철구수진언 俱尸鐵鉤手眞言	좋은 신들과 용왕이 늘 와서 옹호해 주길 바라는 자	34	옥환수진언
18	석장수진언錫杖手眞言	모든 중생을 애닯게 여겨 보호해 주고 싶은 자	19	백련화수진언

19	백련화수진언 白蓮華手眞言	갖가지 공덕을 성취하고 싶은 자	20	청련화수진언
20	청련화수진언 靑蓮華手眞言	시방 정토에 태어나기를 바라는 자	23	보경수진언
21	자련화수진언 紫蓮華手眞言	시방의 모든 부처를 만나보고자 하는 자	21	자련화수진언
22	홍련화수진언 紅蓮華手眞言	하늘 궁전에 태어나기를 바라는 자	27	보협수진언
23	보경수진언寶鏡手眞言	큰 지혜를 얻고자 하는 자	28	오색운수진언
24	보인수진언寶印手眞言	화려한 언변을 갖고 싶은 자	7	군지[16]수진언
25	정상화불수진언 頂上化佛手眞言	시방 여러 부처들이 속히 와서 머리를 쓰다듬으며 수기를 내려주길 바라는 자	22	홍련화수진언
26	합장수진언合掌手眞言	모든 귀신, 용, 뱀, 호랑이, 사자, 사람과 사람 아닌 것들이 서로 공경하고 사랑하길 바라는 자	29	보극수진언
27	보협수진언寶篋手眞言	땅속에 감추어진 여러 보물들을 얻고자 하는 자	30	보라수진언
28	오색운수진언 五色雲手眞言	빨리 깨달음을 성취코자 하는 자	13	촉루보장수진언
29	보극수진언寶戟手眞言	다른 지역의 역적과 원수를 무너뜨리고자 하는 자	14	수주수진언
30	보라수진언寶螺手眞言	천상의 모든 좋은 신들을 불러내고자 하는 자	35	보탁수진언
31	여의보주수진언 如意寶珠手眞言	갖가지 진귀한 재화와 값진 물건을 넉넉히 하려는 자	24	보인수진언
32	견삭수진언羂索手眞言	갖가지 불안으로 편안함을 구하는 자	17	구시철구수진언
33	보발수진언寶鉢手眞言	뱃속의 여러 병고를 없애려는 자	18	석장수진언
34	옥환수진언玉環手眞言	남녀를 얻어 하인으로 삼고 싶은 자	26	합장수진언
35	보탁수진언寶鐸手眞言	최상의 맑고 깨끗한 음성을 얻고자 하는 자	37	화불수진언
36	발절라수진언 跋折羅手眞言	모든 천마天魔와 외도를 항복시키려는 자	38	화궁전수진언
37	화불수진언化佛手眞言	다시 태어나도 여러 부처님 곁에 태어나고 싶은 자	39	보경수진언
38	화궁전수진언	거듭되는 세상마다 태 속에 태어	40	불퇴전금륜수진언

	化宮殿手眞言	나 사람 몸을 받지 않고, 부처님 궁전에 태어나길 바라는 자		
39	보경수진언寶經手眞言	총명하여 많이 듣고 널리 배우고자 하는 자	25	정상화불수진언
40	불퇴전금륜수진언 不退轉金輪手眞言	지금 몸에서 부처의 몸에 이를 때까지 깨달음을 향한 마음에 있어서 한 발짝도 물러서지 않으려는 자	41	포도수진언
41	포도수진언蒲桃手眞言	여러 과일과 곡식이 풍성하길 바라는 자	1	감로수진언(가범달마 역본×, 불공 역본○)
42	×	×	42	총섭천비진언(가범달마 역본×, 불공 역본×, 지통 역본○)

불공 역본과 가범달마 역본·『오대진언』을 두 축으로 나누어 설명했다. 왜냐하면 42수진언의 순서에 주목하여 『오대진언』은 가범달마 역본과 순서를 같이하고 있고, 불공 역본은 그 순서를 달리하고 있기 때문이다. 왼쪽에 불공 역본의 수진언을 순서대로 나열했고, 오른쪽에는 가범달마 역본과 『오대진언』의 수진언을 순서대로 나열했다. 두 진언은 설명한 바와 같이 순서가 일치하지 않는다. 가범달마·『오대진언』에 '불공'이라 하여 순서를 매긴 것은 해당 수진언의 불공 역본 순서를 가리킨다. 가령 첫 번째 제시된 수진언을 통해 설명하면, 불공 역본의 제1 수진언은 감로수진언이고, 가범달마·오대진언의 제1 수진언은 여의보주수진언이다. 그런데 이 여의보주수진언은 불공 역본에서 31번째에 나온다는 뜻이다.

끝부분이 중요한데, 불공 역본에는 41가지, 가범달마 역본에는

---

16 『오대진언』에는 '君遲'로 표기되어 있고, 가범달마 역본에는 '軍遲'로 표기되어 있다.

40가지, 『오대진언』에는 42가지 수진언이 제시되어 있다. 그래서 41번째 수진언은 당연히 가범달마 역본에는 없고, 『오대진언』에는 불공 역본의 첫 번째 수진언인 감로수진언이 자리하고 있다. 그리고 42번째 수진언은 불공 역본에도, 가범달마 역본에도 없다. 『오대진언』에만 존재하는데, 이 마지막 42번째 수진언은 지통이 번역한 『천안천비관세음보살다라니신주경』에서 따온 것으로 보인다. 이 경전에는 25가지 수인이 소개되어 있는데, 그중 5번째 수인이 '천안천비관세음보살천비총섭인'이다. 수인의 모양을 설명한 후 이 수인의 명칭을 '총섭천비인'이라고 하고 있어 『오대진언』의 마지막 42번째 수인 이름인 '총섭천비진언'과 일치한다. 그리고 수인의 효능 또한 일치된 설명을 보이고 있다.[17]

그렇다면 여기서 드는 의문은, 『오대진언』은 왜 굳이 42가지를 채우려고 했을까? 여기에 대해 『오대진언』은 침묵하고 있어 그 속내를 알 수는 없다. 다만 42가지라는 데 주목한다면 '사십이자문四十二字門'에서 그 힌트를 얻을 수 있지 않을까 한다. 42수인은 42다라니이기도 하기 때문이다. 42자문은 범자 42자를 통하여 『반야경』의 핵심인 '무상개공無相皆空'의 이치를 관하는 수행이자 다라니이다. 42자의

---

17 『오대진언』에서는 이 진언이 필요한 경우를 "若爲能伏三千大千世界魔怨者" 즉 삼천대천세계의 魔怨을 능히 굴복시키고자 하는 자"라고 설명하고 있다. 이 수인은 지통이 번역한 『千眼千臂觀世音菩薩陀羅尼神呪經』에서 따온 것으로 보인다. 여기에는 총 25가지 수인이 소개되고 있는데 이 중 다섯 번째 '千眼千臂觀世音菩薩千臂總攝印'이 그것으로 보인다. 여기서는 이 수인을 다음과 같이 설명하고 있다. "起立並足 先仰右手掌 五指各相附 後以左手掌 仰押右掌上當心著 此名總攝千臂印 此印能伏三千大千世界魔怨 呪曰~."

첫 자는 '아' 자이고 마지막 자는 '다' 자이다. 구마라집이 번역한 『마하반야바라밀경』 제24권 「사섭품四攝品」 제78에는 보살이 반야바라밀을 행할 때 중생들을 교화하는 방법이 나온다. "일체 언어가 초자문初字門에서부터 제사십이자문第四十二字門에까지 들어간다. 일자一字가 사십이자四十二字에 들어가고, 사십이자가 일자에 들어간다. 그런 다음 부처님이 수보리에게 말한다. 이처럼 사십이자를 배우고 나면 자법字法을 잘 말할 수 있고, 자법을 잘 말할 수 있으면 무자법無字法을 잘 말할 수 있다. 모든 명자법名字法을 넘어서야 불법이라고 이를 수 있다."[18]

이에 대해 용수가 짓고 구마라집이 번역한 『대지도론』 제28권 「초품중욕주육신통석론제사십삼初品中欲住六神通釋論第四十三」에서는 다음과 같이 설명하고 있다. 『대지도론』은 『마하반야바라밀경』에 대한 논서이다. '대지도'는 '마하반야바라밀'을 한자로 옮긴 것이다. "다라니가 있으니 이 42자로 일체의 언어와 명자名字를 포섭하는 것이다. 다라니를 행하면서 보살은 '아' 자를 들으면 즉시 불생不生의 제법실상諸法實相으로 들어간다."[19] 그리고 이어서 『대지도론』 제48권 「석사념처품제십구釋四念處品第十九」에서 다음과 같이 부연한다. "모든 다라니법은 자字를 분별해서 어語가 생긴다. 사십이자가

---

18 "一切語言皆入初字門 一切語言亦入第二字門 乃至第四十二字門 一字皆入四十二字 四十二字亦入一字 … 善學四十二字已 能善說字法 善說字法已 善說無字法 … 過一切名字法故 名爲佛法."

19 "有陀羅尼 以是四十二字攝一切語言名字 行陀羅尼 菩薩聞是阿字 卽時入一切法初不生."

모든 자의 근본이다. 자로 인해서 어가 있고, 어로 인해서 명名이 있으며, 명으로 인해서 의義가 있다. 만약 보살이 자를 들으면, 그 자로 인해서 어와 명을 지나 의를 헤아릴 수 있게 된다. 이 자의 처음은 '아'이고 끝은 '다'이며 그 사이에 40자가 있다. 이것이 자다라니字陀羅尼이다."[20] 그런 다음 42자 각각의 소리에 해당하는 뜻을 설명하고 있다. 예를 들면 '아' 자 소리를 들었을 때 일체법은 처음부터 생하지 않는 것이라는 생각을 떠올리라는 식이다.

이러한 42자문은 『화엄경』「입법계품」에서 다시 한 번 설해진다. 선재동자가 선지중예동자善知衆藝童子를 찾아가 보살행과 보살도를 묻자 선지중예동자가 42자모字母 법문法門을 설하는 것이다. 그리고 이 이야기는 불공이 『대방광불화엄경입법계품사십이자관문』이라는 이름으로 다시 번역한다. 불공은 선재동자가 선지중예동자를 만나기 직전에 만났던 변우遍友와의 장면을 합쳐서 이야기를 만들고 있다. 선재가 천궁에서 내려와 가비라성으로 갔는데, 거기서 변우를 만난다. 그러자 변우는 자기 얘기는 하지 않고, 곧장 선지중예를 찾아가라고 권한다. 불공은 선재동자가 천궁에서 내려와 마치 곧바로 선지중예동자를 찾아가는 것처럼 이야기를 시작하고 있다. 선재동자가 선지중예동자를 찾아가 보살행과 보살도를 묻자, 자기는 항상 '해탈근본지자解脫根本之字'를 지송한다고 답한다. 그러면서 42자 관문을 설하는 것이다. 예를 들면 "아 자를 송할 때에는 보살의 위덕에 의해 차별 없는 경계의 반야바라밀문에 들어가 일체법의 근본이 불생인 것을

---

20 "諸陀羅尼法 皆從分別字語生 四十二字是一切字根本 因字有語 因語有名 因名有義 菩薩若聞字 因字乃至能了其義 是字 初阿 後荼 中有四十 得是字陀羅尼."

깨닫는다."[21]라고 설한다. 마지막 자문을 설하고 나서 선지중예는 선재동자에게 다음과 같은 가르침을 준다. "선남자야, 이와 같은 자문字門을 통해서 법공法空의 변제邊際에 깨달아 들어갈 수 있다. 이와 같은 자字를 제외하고서 제법이 공함을 나타내는 것은 더욱 불가능하다. 왜냐하면 이와 같은 자의 뜻은 말할 수 없고, 나타낼 수 없으며, 취할 수 없고, 쓸 수 없으며, 관찰할 수 없으니, 그것은 모든 모습을 떠나 있기 때문이다. 선남자야, 비유하면 허공이 일체 사물을 받아들이는 것과 같이 이 모든 자문도 또한 이와 같다. 법공의 뜻이 모두 이 문으로 들어와 널리 드러나는 것이다."[22]

『마하반야바라밀경』과 그 논서인 『대지도론』, 그리고 『화엄경』을 거쳐 불공이 번역한 『대방광불화엄경입법계품사십이자관문』에 이르기까지 이 42자문은 대승불교의 중요한 수행법이자 다라니문이다. 원본 『천수경』에서 가범달마 역본은 40가지, 불공 역본은 41가지 수인을 수록하고 있다. 42자문을 염두에 두고 『오대진언』은 42가지 수인으로 새롭게 편집한 것이 아닌가 한다.

3) 『오대진언』의 주요 간행본

우선 『오대진언』의 간행 상황을 표로 제시하고, 간행의 흐름과 주요 판본을 설명하기로 한다.

---

21 "阿字時名由菩薩威德入無差別境界般若波羅蜜門 悟一切法本不生故."

22 "善男子如是字門 是能悟入法空邊際 除如是字 表諸法空 更不可得 何以故如是字義不可宣說 不可顯示 不可執取 不可書持 不可觀察 離諸相故 善男子譬如虛空是一切物所歸趣處 此諸字門亦復如是 諸法空義皆入此門 方得顯了."

〈표〉 『오대진언』의 주요 간행본

서명	판본	간행(인출)년	간행처	편저자
오대진언	목판본	1096~1346년 추정		
백지묵서제진언 白紙墨書諸眞言	필사본	세조 9(1463)	강원도 평창 상원사	
오대진언	목판본(한글본)	성종 7(1476) 추정		
천수천안관자재보살광대원만무애대비심대다라니	목판본	성종 15(1484)	공산 원통암	가범달마 역
오대진언	목판본(한문본), 을해 소자본(언해본)	성종 16(1485)		
오대진언	목판본	조선 초기 刊	충청도 천안 금신암	불공 역
오대진언	목판본(1485년본 중간)	중종 26(1531)	경상도 지리산 철굴	불공 역
오대진언	목판본	중종 30(1535)	황해도 심원사	
오대진언집언해	목판본	중종 33(1538)	전라도 담양 용천사	
오대진언	목판본(1485년본 복각)	명종 5(1550)	경상도 풍기 철암(희방사)	
오대진언 (수구영험)	목판본(1476년 성암본 중간)	선조 2(1569)	충청도 은진 쌍계사	
오대진언 목판	목판(개심사 소장)	선조 37(1604)	충청도 서산 강당사	
오대진언	목판본(1485년본 중간)	인조 12(1634)	충청도 은진 쌍계사	

(1) 고려본

1973년 충남 서산 문수사 금동아미타여래 불복장에서 출토된 유물 중 절첩 형태의 『오대진언』이 있다. 절첩본 『묘법연화경』, 『구역인왕경舊譯仁王經』, 『금광명경영험전金光明經靈驗傳』, 『고왕관세음경高王觀世音經』 등과 함께 출토되었다. 1096~1346년 사이에 간행된 것으로 추정되고 있다. 상한은 함께 발견된 고려시대 속장경 절첩 일부인 간행기록 1매에 따른 것이고, 하한은 『금광명경영험전』 1매 등과 복장발원문에 따른 것이다. 5개의 수진언이 실려 있는데, 각각 수진언 제목이 먼저 나온 후 상단에는 수인도, 하단에는 수인도에 대한 설명과 진언이 실려 있다. 진언은 범어, 한자 순으로 표기되어 있다. 5개의 수진언 제목은 관세음보살월부수진언, 관세음보살옥환수진언, 관세음보살백련화수진언, 관세음보살청련화수진언, 관세음보살보경수진언이다. 이들은 42수진언에서 16번부터 20번까지에 해당한다. 이를 통해 본다면 이 『오대진언』은 온전한 의미의 『오대진언』이라고 보기는 어렵고, 42수진언 중 일부가 남아 있는 형태라고 볼 수 있다. 이 자료를 통해 『오대진언』의 일부인 42수진언이 이미 고려시대부터 간행되고 있었다는 사실을 알 수 있다. 현재 동국대 박물관에 소장되어 있다.[23]

(2) 1463년 『백지묵서제진언』

백지에 묵서로 42수진언과 오대진언을 비롯하여 존승대심주尊勝大心呪, 육자진언, 문수진언 등 66개의 대소진언을 범자로 필사한 두루마리 책이다. 권말에 주사朱砂로 쓴 필사기가 있는데, 이에 의하면

23 강인구, 「서산 문수사 금동여래좌상 불복유물」, 『미술자료』 제18호, 1975; 남권희, 「고려말에서 조선중기까지의 구결자료에 대한 서지학적 연구」, 『도서관학논집』 27집, 1997, 518쪽.

선종 선사 내호乃浩가 세조 9년(1463)에 필사한 것임을 알 수 있다. 맨 처음 42수진언으로 시작하고 있는데, 이 중 앞부분 8개 다라니가 결실되어 있다. 이 두루마리에는 오대진언의 내용이 모두 수록되어 있다. 이후 선본 『오대진언』의 간행으로 가는 징검다리 역할을 하는 중요한 자료이다. 현재 보물 제793-3호로 지정되어 있다.

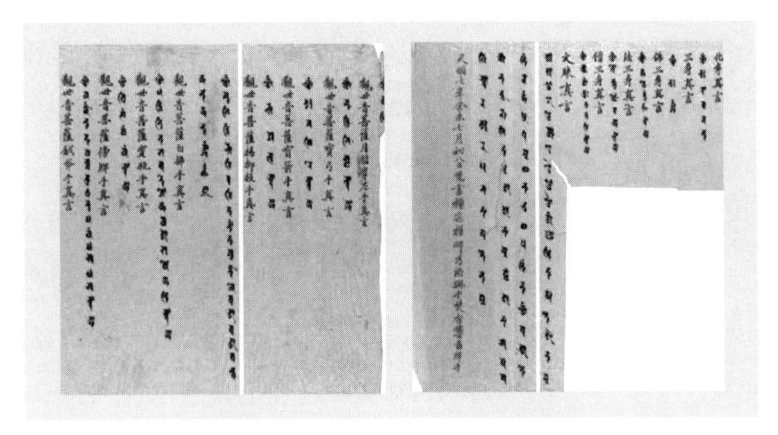

1463년 『백지묵서제진언』 권수와 권말

(3) 1476년 간행 성암 소장본[24]

수구즉득다라니 26장과 불정존승다라니 앞부분 3장만 남아 있다. 판심제가 각각 '수구'와 '존승'으로 장차가 독립되어 있다. 계청과 진언명은 한글, 한자 순서인 2행으로 되어 있고, 진언은 한글음만으로 표시하고 있다. 따라서 안병희 교수는 이를 한글판 『오대진언』이라고 명명하고 있다. 그는 또 1484년 원통암에서 한글음 없이 범어, 한자

24 안병희, 「한글판 〈오대진언〉에 대하여」, 『한글』 195호, 한글학회, 1988.11.

대역으로만 간행된 『오대진언』을 한문판 『오대진언』이라고 명명했다. 수구영험은 국한문혼용으로 수구즉득다라니의 영험을 번역한 것이다. 이것은 1485년본 『오대진언』과 내용이 동일하다. 수구즉득다라니 바로 다음에 수구영험이 나오고 있어, 이들이 한 세트로 간행되었음을 알 수 있다. 이처럼 다른 다라니들도 다라니와 영험이 한 세트로 간행되었을 것으로 추정된다.

이 책에는 간기가 없어 간행 연대를 알 수 없으나, 일본 학자들에 의해 소개된 42수진언을 통해 그 간행 연대를 추정할 수 있다.[25] 그들은 이 책의 서명을 『천수천안관자재보살대비심다라니경』 또는 『관음보살주경』이라고 소개하고 있으나, 내용이 42수진언과 일치하고 판심제가 '각수各手'이므로 42수진언에 해당한다. 특이한 점은 이후의 『오대진언』이 광곽 안 상단에 수인도를 배치했는 데 반해, 이 책은 광곽 위에 수인도가 새겨져 있다는 점이다. 진언명은 한자로, 진언이 필요한 상황과 진언의 음은 한글 전용으로 표기하고 있다. 한글 음역이 성암 소장본과 동일하다. 따라서 이 두 한글본은 같이 간행된 것으로 보인다. 이 42수진언이 1476년 간행되었으므로, 성암 소장본 역시 1476년에 간행된 것으로 추정된다.

---

25 안병희 논문에 따르면 다음 연구에 소개되어 있다고 한다. 江田俊雄, 「조선어역 불전에 대하여」, 『청구학총』 15, 1934.(1977년 『조선불교사의 연구』에 재수록), 小倉進平, 『증정 조선어학사』, 1940, 254쪽. 江田俊雄의 논문에 도판이 소개되어 있다고 한다.

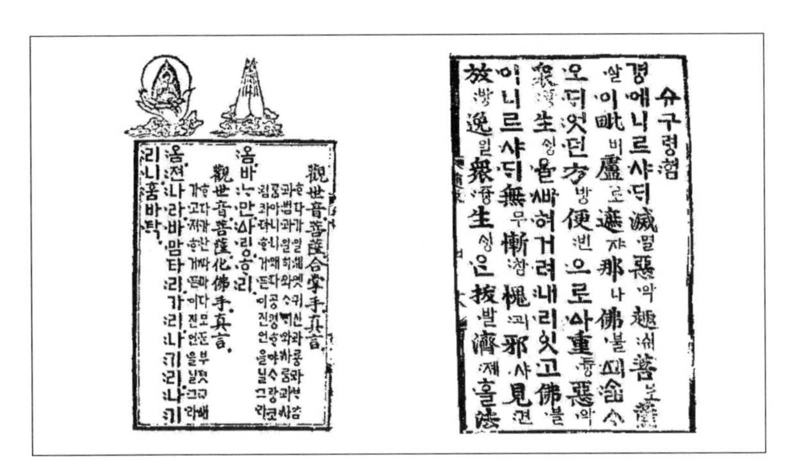

1476년 간행 42수진언과 1569년 쌍계사 중간본 수구영험

(4) 1484년 원통암 간행 기림사 소장본

경주 기림사 소조비로자나불 복장전적 중 하나이다. 현재 보물 제 959-4-16호로 지정되어 있다. 이 책은 연산군 6년(1500)에 합천 봉서사에서 판각한 『선종유심결禪宗唯心訣』, 성종 15년(1484) 공산 원통암에서 판각한 『오대진언』, 그리고 간년 미상의 『함허당득통화상행장涵虛堂得通和尙行狀』, 『영가집십장찬송병서永嘉集十章讚頌並序』가 합철되어 있다. 이 중 『오대진언』은 중간에 반 이상의 분량이 빠져 있으나, 1485년 상원사본보다 1년 앞서 간행된 것이다. 진언의 표기는 범어, 한자 대역으로만 되어 있다. 이 판본에는 명암明菴의 발문이 수록되어 있는데, 이를 소개하면 다음과 같다.

> 부처님 제자 명암은 시주자 노기삼魯其三·정평선鄭平善 등과 함께 범어와 한자로 된 『오대진언』 합부를 거듭 간행하게 되었는데,

나에게 발문을 써달라고 부탁했다. 부족한 내가 감히 사양하지 못하고 그 경서를 살펴보니 관세음보살이 여러 중생을 위하여 32가지로 응한 각각의 수진언이 실려 있었는데, 고통의 바다를 건너게 하려는 서원이자 천 개의 손 천 개의 눈으로 어둠을 깨부수려는 바른 길이었다. 그런데 범어를 이해하는 자가 백에 한둘도 안 되는데다가 경전도 드물어 독송을 배우려는 자들이 근심걱정이 많았다.

비구 명□ 등이 책을 간행하기로 마음먹고 갑진년(1484) 봄 장인들에게 목판을 준비하게 하고 … 새기기 시작하여 늦은 봄 판각을 마쳤다. 요즘처럼 어려운 시절에 한마음으로 서역 범자를 인시印施하니 그 면면한 공을 어찌 헤아릴 수 있겠는가. 배우는 자들은 이 책 보기를 엄한 스승처럼 하여 무아無我의 마음으로 지송하면 관음보살의 서원을 성취할 수 있을 것이다.

주상전하가 오래 사시길, 전쟁이 영원히 그치길, 국토가 항상 평안하길, 부처의 가르침이 더욱 빛나길, 불법의 바퀴가 잘 굴러가길 바란다. 돌아가신 부모님과 여러 친척들이 고통을 여의고 안락을 얻기를, 기쁜 마음으로 시주한 사람들이 끝없는 수복壽福을 누리며 깨달음을 증득하고 원통圓通한 세계에 들어간다면 얼마나 기쁘겠는가. 황명 성화 20년(1484) 갑진 늦은 봄 공산 원통암 개간. (이하는 시주자 명단)[26]

---

26 "釋子明菴與施主魯其三鄭平善等 重刊梵字漢字交書五大眞言合部 請余跋其尾 予拙不敢爲辞 觀其經書 觀世音菩薩爲諸衆生三十二應各手眞言 度濟苦海之誓願 抑亦千手千眼照破幽冥之正路 然梵字解者 百無一二 本經文希有 故凡欲學誦

이 발문에 따르면 범어와 한자로 된 『오대진언』 합부를 거듭 간행한다고 했으므로, 이미 범어와 한자로 된 『오대진언』이 있었다는 얘기다. 그리고 명암은 이 경전이 관음보살이 중생을 위해 32가지로 응신한 수진언이라 말하고 있는데, 이는 『법화경』 「관세음보살품」이나 『수능엄경』 「이근원통장」의 32응신을 염두에 둔 것으로 보인다. 32응신에서 가짓수가 늘어나 42수진언이 되었지만, 이는 정확한 지적이다.

(5) 1485년 간행 상원사본[27]

강원도 평창 상원사 목조문수동자좌상 복장유물이다. 현재 보물 793-5호로 지정되어 있다. 이의 내용 구성과 출전은 위에서 자세히 살펴보았다. 42수진언은 상단에 수인도를, 하단에 진언을 배치하고 있다. 진언은 범어, 한글, 한자 순으로 표기되어 있다. 학조의 발문을 통해 이 경전의 간행 배경을 살펴볼 수 있다.

者 患之尤深 比丘明□□□留心掛囊立錫倏然刋板□□□□□ 甲辰之春 請工偹板 不憚□□□ □九始刋 暮春畢刋 嗚呼 如此凶草□歲 供億有施 西天梵字 綿綿之功 何可量哉 學者目此書如嚴師 無我心誦 則觀音誓願必得矣 奉爲主上殿下壽等乾坤 干戈永息 國土恒安 佛日增暉 法輪常轉 次願先亡父母及諸親姻 離苦得樂隨喜施主 福壽無彊 獲證菩提 同入圓通 不亦快乎 皇明 成化二十年 甲辰 季春公山圓通菴 開刋."

27 이 판본에 대한 선행연구는 다음과 같다. 안주호, 「오대진언에 나타난 표기의 특징 연구-성암본과 상원사본을 중심으로 -」, 『한국어학』 25, 2004; 안주호, 「상원사본 오대진언의 표기법 연구」, 『언어학』 11권 1호, 2003; 남경란, 「오대진언과 영험약초의 국어학적 연구」, 『한국전통문화연구』 제13집, 1999.1; 김무봉, 『역주 상원사중창권선문·영험약초·오대진언』, 세종대왕기념사업회, 2010.

무릇 중생의 근기에 따라 불법을 만날 인연은 다양하고, 병의 증상에 따라 좋은 의사가 베푸는 처방 또한 각양각색이다. 우리 부처님은 하나의 법계로부터 운용하여 무수한 법문을 내셨으니 어떤 문으로도 들어갈 수 있다. 지각 있는 자들은 각자 근기에 따라 이익을 얻을 수 있다. 입문에는 빠르고 느림이 있고 관행觀行에는 쉽고 어려움이 있으니, 스승이 가르침을 베푸는 방편 여하가 중요하다. 말세를 맞아 사람들의 근기도 그에 따른다. 선문禪門에 들어 깨달음의 경지에 오를 수 있으나, 교학에 있어서는 말학末學을 면치 못할 수도 있다. 이런 까닭에 출가 수행자들이 모두 바람과 먼지 따라 스러져 갔고, 재가 학자들도 영원히 나락의 굴레에 빠져 헤어 나오지 못했다.
우리 인수왕대비 전하께서는 세상의 부박함을 근심하시고 시류의 조급함을 늦추시고자 때에 간절하고 사람에 이로운 바가 무엇인고 생각하셨는데, 『오대진언』만한 것이 없었다. 선정에만 몰두하지도 않고, 의리만을 탐구하지도 않으면서 다만 수지독송하기만 하면 복을 얻을 수 있기 때문이다. 한결같이 경전에서 말세에 사람에게 이로운 방편은 이만한 것이 없다고 설하고 있다. 그런데 이 경전은 범어와 한자로만 되어 있어 읽는 사람들이 곤혹스러워하고 있다. 이에 중국 책을 구하여 한글로 주를 달고 다시 간행하여 배포하니 어느 누구나 능력여하 빈부귀천에 상관없이 수지독송에 편리를 기하기 위함이다. 몸에 지녀 독송하기에 간편하면서도 도움이 되니 모든 개개인이 자기 취향대로 깨달음의 언덕에 도달하길 바란다.

이 공덕이 모든 생명체와 이승·저승에 미쳐 모두 해탈의 경계에 들고 열반의 고향으로 돌아가길 바란다. 조종祖宗의 영령들 모두 평안하시고, 주상전하 오래 사시고, 자손들 번창하시길. 진언을 외울 때 모두 수복을 부르고, 진언을 지녀 생각할 때 반드시 강릉崗陵을 말한다. 오대의 영험은 명백하고 사람들의 독송 소리 또한 역력하니, 우리 (인수대비) 전하의 훌륭한 사업이 이미 원만히 성취되었음을 알겠도다. 성화 21년(1485) 을사 초여름 산인 신 학조 공경히 발문을 쓰다.[28]

이 발문을 통해서 알 수 있는 사실은 이미 범어와 한자로 된『오대진언』이 있었다는 것이다. 이는 이 책보다 1년 전에 간행된 기림사본을 통해서도 알 수 있다. 그리고 중국본을 구하여 한글로 주를 달고 다시『오대진언』을 간행한다는 사실이다. 한글로 주를 달았다는 것은

---

28 "夫天下之機緣萬品 而良醫之處方亦異 故我覺王從一法界而運 出塵沙之法門 門門可入 凡有知者罔不隨機而得益 然入門有遲速 觀行有難易 莫非導士方便善巧之如何耳 時當末運 人根由之 擬禪那 則高推聖境 論義學 則甘稱下劣 由是方袍圓頂 盡爲風塵之客 白衣高賓 永作那落之徒 我仁粹王大妃殿下 愍世道之薄緩時流之急 思所以切於時而利於人者 無偕於五大眞言 不專禪定 不探義理 而但令持誦則獲福 一如經說 叔世利人之方 莫斯爲最也 然此經梵漢奇奧 讀者病之於是 求得唐本 注諺重刊 印而施之 庶使便於誦習 而無利鈍之差 逸於佩守 而莫貴賤之異 奉持猶簡而冥資 則悉均箇箇得趣向之分 人人達菩提之岸 功被四生見聞 躋解脫之境 德及存亡幽顯 返常樂之鄉 以至祖宗先靈 咸資妙援 抑亦主上殿下睿筭天長 金枝繁茂 玉葉昌盛 諷誦之時 咸稱壽祺 持念之際 必曰崗陵 五大之驗昭昭 衆口之宣歷歷 我殿下能事之已圓 於是乎知矣 成化二十一年乙巳孟夏 山人臣學祖敬跋."

범어와 한자로만 되어 있는 진언의 음에 한글로 음을 달았다는 의미로 보인다. 여기서 중국본의 의미가 문제시될 수 있다. 이 문제는 아래에서 살펴보기로 한다.

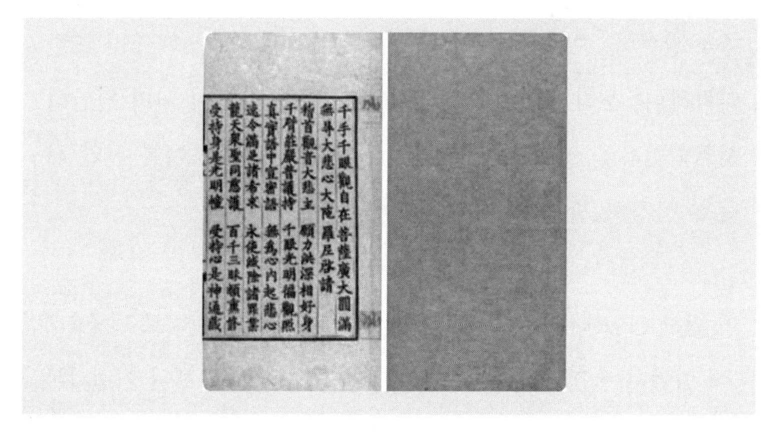
千手千眼觀自在菩薩廣大圓滿
無导大悲心大陀羅尼啓請
稽首觀音大悲主 願力洪深相好身
千臂莊嚴普護持 千眼光明遍觀照
眞實語中宣密語 無爲心內起悲心
速令滿足諸希求 永使滅除諸罪業
龍天衆聖同慈護 百千三昧頓熏修
受持身是光明幢 受持心是神通藏

1485년 상원사본

(6) 조선시대 초기 간본 3종 비교

이상에서 『오대진언』의 조선시대 초기 간본 3종을 살펴보았다. 이들의 차이를 정리해 보면 다음과 같다.

첫째, 1476년본은 한글본으로 다라니와 영험이 한 세트로 간행된 것으로 보인다. 같이 간행된 것으로 보이는 42수진언도 각 진언명을 제외하곤 모두 한글로 표기되어 있다. 특이한 점은 수인도가 광곽 위에 새겨져 있다는 것이다.

둘째, 1484년본은 1476년본과 달리 다라니와 영험이 분리되어 있다. 다라니들을 모아 앞에 제시하고, 뒤에 이 다라니들의 영험을 제시한 것이다. 이 체재는 1년 뒤에 간행된 1485년본에서도 따르고 있다. 하지만 구성 순서에 있어서 양자는 차이를 보이고 있다. 이것은 아래에서 표로 제시한다. 1484년본은 한글이 전혀 없다. 진언도 범어, 한자 대역으로 되어 있고, 영험약초에 대한 언해도 되어 있지 않다.

셋째, 1485년본은 1484년본 체재를 따르면서도 훨씬 정비된 모습을 보이고 있다. 진언은 범어, 한글, 한자 순으로 표기하고 있고, 영험약초 한문본에 대한 언해본을 만들어 붙여 놓았다.

체재를 같이하는 1484년본과 1485년본의 내용 구성 차이를 표로 제시하면 다음과 같다.

〈표〉 1484년 기림사본과 1485년 상원사본의 차이

구분	1484년 기림사본	1485년 상원사본
대비심다라니	대비심다라니계청	대비심다라니계청
	42수진언	42수진언
	신묘장구대다라니	신묘장구대다라니
다라니	결락	관자재보살근본다라니
		수구즉득다라니
		대불정다라니
		불정존승다라니
영험약초	일체여래수심진언[29] 수구즉득다라니	대비심다라니
	대비심다라니	수구즉득다라니
	불정존승다라니	대불정다라니
	대불정다라니	불정존승다라니
발문	명암 발문	학조 발문

기림사본은 계선이 없고 8행 16자 체재를 유지하고 있다. 42수진언에 있어서 상원사본은 한 면당 하나의 수진언이 배치되어 있는 데 반해, 기림사본은 면 구분 없이 계속 이어서 수진언을 배치하고 있다. 즉 하나의 수진언이 두 면에 걸쳐 배치되어 있는 경우가 많다. 그리고 진언은 상원사본이 범어, 한글, 한자로 병기되어 있음에 반해 기림사본은 범어, 한자로만 되어 있다. 현존 기림사본은 완본이 아니라 일부만 남아 있는 잔본이다. 신묘장구대다라니 중반부부터 이후의 다라니가 모두 결락되어 있다. 남아 있는 부분은 일체여래수심진언부터인데, 이 진언은 수구즉득다라니에 붙어 있는 마지막 진언이다. 그러므로 바로 직전이 수구즉득다라니였다는 사실을 알 수 있다. 이어서 영험약초가 나오는데, 순서는 수구즉득다라니, 대비심다라니, 불정존승다나니, 대불정다라니이다. 이는 상원사본이 대비심다라니, 수구즉득다라니, 대불정다라니, 불정존승다라니 순으로 배치되어 있는 것과 차이가 난다. 기림사본의 다라니가 대부분 결락되어 있어서 어떤 순서로 배치되어 있었는지는 알 수 없다. 상원사본은 다라니의 배열 순서에 따라 영험약초를 재배치했음을 알 수 있다.

그렇다면 여기서 『오대진언』 간행의 흐름을 정리해 볼 필요가 있다. 1485년본이 이후에도 지속적으로 복각되는 걸 보면 이 판본이 『오대진언』의 선본이라고 볼 수 있다. 그러면 어떤 과정을 거쳐 이 판본이 탄생했느냐 하는 거다. 참고로 아래에서 살펴보겠지만, 『불정

29 수구즉득다라니에 들어 있는 마지막 진언이다. 앞부분은 다 결락되고, 다라니 끝부분만 남아 있는 셈이다. 이어서 바로 수구즉득다라니의 영험약초 부분이 시작되고 있다.

심다라니경』의 경우 1485년 인수대비 발원에 의해 『오대진언』과 같이 간행되었는데 이 경전이 참고했던 1477년 명 판본이 발견되어 현재 고판화박물관에 소장되어 있다. 1485년 간행 『오대진언』과 『불정심다라니경』의 경우 모두 학조의 발문이 수록되어 있는데, 여기서 학조는 양자 모두 중국본을 구해 참고했음을 밝히고 있다.

1476년본은 위에서 언급한 바대로 한글판이다. 안병희 교수는 이 판본의 형태적 특징에 대해 다음과 같이 설명하고 있다. "계선이 없고 흑구와 흑어미를 갖추고 있어 간경도감에서 간행된 불경 언해서의 특징을 보인다. 글씨와 판각이 『월인석보』에 비해서 손색이 없을 정도로 정제되고 정교하다."[30] 간경도감은 세조 7년(1461) 6월에 왕명으로 설치되어 성종 2년(1471) 12월에 폐지되었다. 그렇다면 1476년본은 간경도감 스타일을 간직한 관판본이거나 왕실발원본으로 볼 수 있지 않을까 한다. 1484년본은 한문판으로서 공산 원통암에서 간행되었다. 안병희 교수는 이 판본을 중국본의 복각본으로 보고 있다. 이것은 명암이 발문에서 "한문본 오대진언을 중간重刊한다."[31]는 말과 부합한다. 1485년본은 위 두 판본의 종합판이라고 볼 수 있다. 체재는 1484년본을 유지하면서 진언에 한글음을 달고 한문본 영험약초에 언해를 시도하고 있는 것이다. 1476년본에서 이미 이루었던 한글음과 언해를 1484년본 체재에 가미한 것이다. 그렇다면 1485년본 발문에서 학조가 "중국본을 구해 한글로 주를 달고 중간한다."[32]는

30 안병희, 위 논문, 143쪽.

31 "重刊梵字漢字交書五大眞言合部."

32 "求得唐本 注諺重刊."

것은 무슨 말인가. 1484년본이 복각했던 중국본을 구해 여기다 한글음을 달고 다시 간행한다는 뜻으로 보면 큰 무리가 없지 않을까 한다. 그리고 1476년에 이미 한글음과 언해가 이루어진 것으로 보면, 중국본은 이미 그 이전 조선에 들어와 있었던 것으로 보는 것이 타당하다.

3. 『영험약초靈驗略抄』와 『관세음보살영험약초觀世音菩薩靈驗略抄』

『영험약초』는 『오대진언』에 들어 있는 내용이다. 따라서 『오대진언』 항목에서 다뤄야 하나 이렇게 따로 다루는 이유는 『영험약초』가 별도로 간행된 적이 있을 뿐더러 『오대진언』 중 일부 내용이 발췌되어 『관세음보살영험약초』 또는 『화천수』라는 이름으로 간행되었기 때문이다. 이 발췌경은 조선 후기 관음신앙의 핵심을 이루는 경전 중 하나이다. 진언은 이해보다는 독송이나 염송을 위한 것이다. 그리고 범어 원문을 음역한 것이기 때문에 그 뜻을 이해하기 어렵다. 그래서 다라니나 진언의 위신력과 효험을 강조하는 이야기가 필요한 것이다. 필요에 따라서는 그 이야기를 그림으로 표현한 판화가 동원되기도 한다. 그 대표적인 것이 『관세음보살영험약초』와 다음에 살펴보게 될 『불정심다라니경』이다. 양자 모두 관음보살의 위신과 영험을 강조한 경전이다. 그리고 『천수경』류에 뿌리를 두고 있다.

1) 『영험약초』의 내용 구성과 출전

『영험약초』는 한문본이나 언해본 모두 「대비심다라니」, 「수구즉득다라니」, 「대불정다라니」, 「불정존승다라니」 순으로 실려 있다. 한문본은 목판으로, 언해본은 을해소자로 간행했다. 원본은 상원사 복장유물로 발굴되었다. 그리고 경상도 풍기의 소백산 철암, 즉 지금의 희방사에서 명종 5년(1550)에 복각한 중간본은 『영험약초』 언해본과 한문본, 학조의 발문, 복각시의 간기 등으로 구성되어 있다. 이 중간본이 원본 『오대진언』의 일부였으리라고 짐작되는 이유는 판심의 서명이 『오대진언』과 같이 '오대'라고 되어 있을 뿐 아니라, 책에 나타나는 언어사실과 책의 체재가 『오대진언』과 같이 간행된 『불정심다라니경언해』와 완전히 일치하고 있기 때문이다.

우선 여기서는 『영험약초』를 구성하고 있는 내용이 어디서, 어떻게 발췌되고 있는가에 관심을 갖고 추적해 보았다. 『영험약초』 원문은 상원사본의 중간본인 1634년 쌍계사본을 기준으로 했고, 출전은 『대정신수대장경』을 기준으로 했다.

〈표〉 『영험약초』 한문본 출전 전거

	『영험약초』(1634년 쌍계사본[33] 기준)	『대정신수대장경』기준
대비심 다라니	98장 a면 3行: 經云觀世音菩薩白佛言我念過去劫有佛名曰千光王靜住如來 ~ 98장 b면 3行: 從是已來常所誦持未曾廢忘云云	(가범달마) T1060_.20.0106b27: 觀世音菩薩重白佛言世尊我念過去無量億劫有佛出世名曰千光王靜住如來 ~ T1060_.20.0106c13: 從是已來常所誦持未曾廢忘
	98장 b면 3行: 若有比丘比丘尼乃至童男童女起大悲心至心稱念我之名字亦應專念我本師阿彌陀佛然後誦此神呪一宿誦滿五遍 ~ 99장 b면 2行: 一切罪障悉皆滅盡云云	(가범달마, 불공)[34] T1060_.20.0107a04: 發是願已至心稱念我之名字亦應專念我本師阿彌陀如來然後卽當誦此陀羅尼神呪一宿誦滿五遍 ~ T1060_.20.0107b01: 如是等一切惡

	誦此呪者得十五種善生不受十五種惡死也〔주: 文煩不書〕	業重罪悉皆滅盡 (중간 생략) 若諸人天誦持大悲心呪者得十五種善生不受十五種惡死也
	99장 b면 2행~6행: 若善男女誦持此呪制心一處更莫異緣當有日光菩薩月光菩薩爲作證明益其効驗我時當以千眼照見千手護持善神龍王金剛密迹當隨擁衛如護眼睛云云	(가범달마) T1060_.20.0108a21: 制心一處更莫異緣如法誦持是時當有日光菩薩月光菩薩與無量神仙來爲作證益其効驗我時當以千眼照見千手護持 (중간 생략)[35] T1060_.20.0108b03: 善神龍王金剛密迹常隨衛護不離其側如護眼睛如護已命
	99장 b면 6행: 誦此呪人若在江河大海中沐浴其中 ~ 100장 a면 7행: 當知其人卽是佛身藏九十九億恒河沙諸佛所愛惜故	(가범달마) T1060_.20.0109a20: 若諸人天誦持此陀羅尼者其人若在江河大海中沐浴其中 ~ T1060_.20.0109b04: 當知其人卽是佛身藏九十九億恒河沙諸佛所愛惜故
	100장 a면 7행~9행: 此呪威神不可思議不可思議歎莫能盡若不過去久遠劫來廣種善根者乃至名字不可得聞何況得見	(가범달마) T1060_.20.0111c07~10: 此陀羅尼威神之力不可思議不可思議歎莫能盡若不過去久遠已來廣種善根乃至名字不可得聞何況得見
	100장 a면 9행~100장 b면 2행: 觀世音菩薩說此呪時會中無量衆生或得四果或證地位廣如經文	(가범달마, 불공) T1060_.20.0107c26~0108a03: 觀世音菩薩說此呪已大地六變震動天雨寶華繽紛而下十方諸佛悉皆歡喜天魔外道恐怖毛竪一切衆會皆獲果證或得須陀洹果或得斯陀含果或得阿那含果或得阿羅漢果者或得一地二地三地四地五地乃至十地者無量衆生發菩提心[36]
수구 즉득 다라니	100장 b면 3행: 經云爾時滅惡趣菩薩白盧遮那佛言以何方便拔濟一切重罪衆生	(불공 역『金剛頂瑜伽最勝祕密成佛隨求卽得神變加持成就陀羅尼儀軌』) T1155_.20.0644b25: 爾時滅惡趣菩薩

	~ 101장 a면 8행: 一遍頂戴者是人諸佛無異	在毘盧遮那佛大集會中從座而起合掌恭敬白佛言世尊我爲當來末法雜染世界惡趣衆生說滅罪成佛陀羅尼修三密門證念佛三昧得生淨土何以方便重罪衆生爲拔苦與樂我欲拔濟一切衆生苦 ~ T1155_.20.0644c27: 一遍金銀瑠璃玉中入眞言頂戴是人雖未入壇卽成入一切壇與入壇者成其同行等同諸佛無異
	101장 a면 8행: 是眞言爲無數億恒河沙諸佛智根本無量諸佛出生成道由持是眞言~ 102장 b면 1행: 于時俱博與諸罪人皆具三十二相八十種好同成佛菩薩上方無垢佛是俱博也云云	T1155_.20.0647b09: 是眞言是爲無數億恒河沙諸佛智根本無量諸佛是眞言出佛之成道由持是眞言 ~ T1155_.20.0647c10: 爾時俱博幷諸罪人皆共具三十二相圓滿八十種好一時蓮花臺藏世界成諸佛菩薩上方世界之無垢佛是俱博也
	102장 b면 1행~3행: 諸飛鳥畜生之類聞此眞言一經於耳盡此一身不復更受	T1155_.20.0649a17~18: 諸飛鳥畜生含靈之類聞此眞言一經於耳盡此一身更不復受
	102장 b면 3행: 昔烏禪那城有一王名曰梵施彼有一人犯王重罪王勅殺者令斷其命~ 103장 a면 3행: 禮拜卽以繒帛繫罪人首灌頂授職作其城主〔주: 五天竺國法若授官榮先以繒帛係首灌頂〕	(불공 역『普遍光明淸淨熾盛如意寶印心無能勝大明王大隨求陀羅尼經』) T1153_.20.0623a27: 烏禪那城有王名曰梵施彼有一人犯王重罪王勅殺者一人領彼罪人將往山中令斷其命 ~ T1153_.20.0623c01: 卽取彼隨求供養禮拜卽以繒帛繫罪人首與其灌頂冊稱爲城主〔주: 五天竺國法若授官榮皆以繒帛繫首灌頂然後授職也〕
대불정 다라니	103장 a면 5행: 首楞嚴經云佛告阿難是佛頂光聚微妙章句出生十方一切諸佛十方如來因此呪心得成無上正遍知覺 ~ 104장 a면 5행: 不持此呪而坐道場遠離魔事無有是處	(『首楞嚴經』 제7권, 439구 다라니를 설하고 나서) T0945_.19.0136c16: 阿難是佛頂光聚悉怛多般怛羅祕密伽陀微妙章句出生十方一切諸佛十方如來因此呪心得成無上正遍知覺

		~ T0945_.19.0137a11: 不持此呪而坐道場令其身心遠諸魔事無有是處
	104장 a면 5행~7행: 又末世衆生有能自誦若教他誦大毒小毒所不能害萬物毒氣入此人口成甘露味	T0945_.19.0137a17~22: 若我滅後末世衆生有能自誦若教他誦當知如是誦持衆生火不能燒水不能溺大毒小毒所不能害 (중간 생략) 毒草木蟲蛇萬物毒氣入此人口成甘露味
	104장 a면 7행~8행: 設有衆生於散亂心心憶口持諸金剛王常隨侍從何況決定菩提心者	T0945_.19.0137a27~29: 設有衆生於散亂心非三摩地心憶口持是金剛王常隨從彼諸善男子何況決定菩提心者
	104장 a면 8행~b면 2행: 此諸衆生縱其自身不作福業十方如來所有功德悉與此人由是得於不可說不可說無量功德	T0945_.19.0137b07~10: 此諸衆生縱其自身不作福業十方如來所有功德悉與此人由是得於恒河沙阿僧祇不可說不可說劫常與諸佛同生一處無量功德
	104장 b면 2행~6행: 若造五逆無間重罪誦此呪已猶如猛風吹散沙聚更無毫髮若有衆生從無量劫來所有一切輕重罪障從前世來未及懺悔若能讀誦書寫此呪身上帶持若安住莊宅如是積業如湯消雪	T0945_.19.0137b20~27: 若造五逆無間重罪及諸比丘比丘尼四棄八棄誦此呪已如是重業猶如猛風吹散沙聚悉皆滅除更無毫髮阿難若有衆生從無量無數劫來所有一切輕重罪障從前世來未及懺悔若能讀誦書寫此呪身上帶持若安住處莊宅園館如是積業猶湯銷雪
	104장 b면 6행~9행: 更無無始已來寃橫宿殃舊業陳債末世諸修行者於此呪心不生疑悔是善男子於此父母所生之身不得心通十方如來便爲妄語云云	T0945_.19.0137c21~26: 更無一切諸魔鬼神及無始來寃橫宿殃舊業陳債來相惱害汝及衆中諸有學人及未來世諸修行者依我壇場如法持戒所受戒主逢清淨僧持此呪心不生疑悔是善男子於此父母所生之身不得心通十方如來便爲妄語
불정 존승 다라니	105장 a면 2행: 經云爾時三十三天於善法堂會有一天子名曰善住與諸天女共相娛樂 ~	(불타파리 역 『佛頂尊勝陀羅尼經』) T0967_.19.0349c28: 爾時三十三天於善法堂會有一天子名曰善住與諸大天遊於園觀又與大天受勝尊貴與諸天女

105장 b면 9행: 天帝若人命將欲盡須臾憶念此陀羅尼還得增壽三業淸淨卽說呪曰云云	前後圍繞歡喜遊戲種種音樂共相娛樂受諸快樂 ~(중간 반복부분 다수 생략) T0967_.19.0350b13: 天帝若人命欲將終須臾憶念此陀羅尼還得增壽得身口意淨
105장 b면 9행~106장 a면 2행: 佛告帝釋此呪名淨除一切惡道佛頂尊勝陀羅尼此大陀羅尼八十八殑伽沙俱胝百千諸佛同共宣說	T0967_.19.0351a01~4: 佛告帝釋言此呪名淨除一切惡道佛頂尊勝陀羅尼能除一切罪業等障能破一切穢惡道苦天帝此大陀羅尼八十八殑伽沙俱胝百千諸佛同共宣說
106장 a면 2행~7행: 爾時護世四王白佛言世尊唯願如來爲我廣說持陀羅尼法爾時佛告四天王汝今諦聽我當爲汝宣說持陀羅尼法亦爲短命諸衆生說當先洗浴著新淨衣白月滿日持齋誦此陀羅尼滿其千遍令短命衆生還得增壽永離病苦	T0967_.19.0351c02~7: 爾時護世四天大王繞佛三匝白佛言世尊唯願如來爲我廣說持陀羅尼法爾時佛告四天王汝今諦聽我當爲汝宣說受持此陀羅尼法亦爲短命諸衆生說當先洗浴著新淨衣白月圓滿十五日時持齋誦此陀羅尼滿其千遍令短命衆生還得增壽永離病苦
106장 a면 7행~8행: 若遇大惡病聞此陀羅尼卽得永離	T0967_.19.0351c11: 佛言若人遇大惡病聞此陀羅尼卽得永離
106장 a면 8행~b면 2행: 若人造一切極重惡業命終應墮三惡道者取亡者身分骨以土一把誦此陀羅尼二十一遍散亡者骨上卽得生天	T0967_.19.0351c16~21: 佛言若人先造一切極重惡業遂卽命終乘斯惡業應墮地獄或墮畜生閻羅王界或墮餓鬼乃至墮大阿鼻地獄或生水中或生禽獸異類之身取其亡者隨身分骨以土一把誦此陀羅尼二十一遍散亡者骨上卽得生天
106장 b면 2행: 佛告帝釋汝將我此陀羅尼授與善住天子滿其七日汝與善住俱來見我 ~ 106장 b면 9행: 爾時世尊舒金色臂摩善住頂而爲說法授菩提記云云	T0967_.19.0352a10: 天帝汝去將我此陀羅尼授與善住天子滿其七日汝與善住俱來見我 ~(중간 생략부분 있음) T0967_.19.0352a23: 爾時世尊舒金色臂摩善住天子頂而爲說法授菩提記

33 이 판본은 1485년 상원사본 중간본이다.

이 표에는 『영험약초』 한문본 문장이 한 자도 빠짐없이 모두 반영되었다. 거의 모든 문장의 원문 출처를 단락별로 확인할 수 있었다. 첫째, 「대비심다라니」의 경우 주로 가범달마 역본에서 발췌했음을 알 수 있다. 둘째, 「수구즉득다라니」는 불공 역의 『금강정유가최승비밀성불수구즉득신변가지성취다라니의궤』에서 대부분 발췌했다. 다만 마지막 부분 '오선나성' 이야기는 보사유가 번역한 『불설수구즉득대자재다라니신주경』에도 나온다. 그러나 문장 구성으로 볼 때 보사유 역본보다는 불공 역의 『보편광명청정치성여의보인심무능승대명왕대수구다라니경』에서 발췌한 것으로 보인다. 왜냐하면 끝부분 '관정을 베풀고 성주로 삼았다.'는 이야기와 주석 부분이 보사유 역본에는 없고 불공 역본에만 나오기 때문이다. 이 부분은 중간에 생략이 많이 되었다. 셋째, 「대불정다라니」는 『수능엄경』 제7권에서 발췌했다. 이 제7권에 「능엄주」가 실려 있는데, 그 다음에 「능엄주」의 영험성을 설명하는 부분이 나온다. 거기에서 발췌, 인용하고 있는 것이다. 넷째, 「불정존승다라니」는 불타파리 역의 『불정존승다라니경』에서

---

34 이 부분은 불공 역본에도 나오는 내용으로 가범달마 역본과 큰 차이가 없다. 『영험약초』의 경우 중간에 생략과 축약이 있어 원본과 비교할 때 약간의 문장 차이가 있다. 다만 인용범위 표시는 가범달마 역본을 기준으로 했다.

35 불경 문장의 특징 중 하나는 반복과 부연 설명이 많다는 것이다. '중간 생략'이라는 뜻은 『영험약초』에서 원 경전의 반복 부연 부분을 과감히 생략하여 간략히 표현했다는 것이다. 이하에서도 마찬가지.

36 이 부분은 가범달마 역본에서는 중간에 신묘장구대다라니를 설하고 나서 들어가 있고, 불공 역본에서는 맨 마지막에 위치하고 있다. 양자가 글자 하나 다르지 않고 똑같다. 『영험약초』에서는 이 부분을 축약해서 표현한 것으로 보인다.

발췌했다.

이 분석을 통해 원전에서 반복되는 부분이나 작법 절차에 관한 내용을 과감히 생략하고 영험과 위신을 강조하는 부분만 추려 재편집했음을 알 수 있었다. 새롭게 내용을 추가하거나 문장을 개작한 경우는 거의 찾아볼 수 없었다. 충실히 원전의 문장을 인용하거나 축약하는 정도에 그쳤다. 이는 『불정심다라니경』의 텍스트 편집과는 차이 나는 부분이다. 『불정심다라니경』의 경우는 상당한 문장의 개작이 보이기 때문이다. 이는 아래에서 자세히 살펴보기로 한다.

2) 『영험약초』와 『관세음보살영험약초』의 주요 간행본

여기서는 『오대진언』의 『영험약초』가 별도로 간행되거나 『관세음보살영험약초』라는 이름으로 간행된 경우만 살펴보기로 한다. 『관세음보살영험약초』는 『오대진언』에서 「대비심다라니」와 그에 해당하는 『영험약초』 부분만 따로 간행한 것이다. 그러면서 「신묘장구대다라니」를 구 별로 나누어 한자와 한글 또는 범어로 음을 달고, 상단에는 삽화를 곁들이고 있다. 이는 『오대진언』에서 다라니만 음역한 것과는 차이가 난다. 이 변화과정은 아래에서 살펴본다.

〈표〉 『영험약초』의 주요 간행본

서명	판본	간행(인출)년	간행처
영험약초	목판본 (1485년본 복각)	명종 5(1550)	경상도 풍기 철암(희방사)
묘법연화경	목판본	숙종 23(1697)	전라도 장성 약사암
관세음보살영험약초	목판본	숙종 42(1716)	경상도 김해 감로사

관세음보살영험약초	목판본	경종 1(1721)	전라도 광주 증심사
관세음보살영험약초 (부附) 화천수	목판본	영조 4(1728)	함경도 안변 석왕사
관세음보살영험약초	목판본	영조 4(1728)	평안도 향산 보현사
관세음보살영험약초	목판본	영조 8(1732)	황해도 신광사
관세음보살영험약초	목판본	영조 38(1762)	충청도 덕산 가야사
관세음보살영험약초	목판본	1900년대	

(1) 1550년 희방사 간행본

1550년 희방사 간행본은 『오대진언』의 『영험약초』 부분만 다시 간행한 것이다. 위에서 언급한 것처럼 『영험약초』 언해본과 한문본, 학조의 발문, 복각시의 간기 등으로 구성되어 있다.

(2) 1697년 약사암 간행본

두 번째 송광사 소장본은 『대비심다라니영험약초』가 1697년 전라도 장성 약사암에서 간행된 『법화경』, 『아미타경』과 함께 합철된 것이다. 이 『대비심다라니영험약초』가 언제 간행된 것인지는 미상이다.

(3) 1716년 감로사 간행본

『영험약초』에서 『관세음보살영험약초』로 넘어가는 계기가 된 판본은 숙종 42년(1716) 경상도 김해 감로사에서 간행된 것이다. 이 책에는 「관세음보살영험약초」가 먼저 나오고 이어서 계수문, 10원 6향문, 신묘장구대다라니, 42수진언 순으로 배치되어 있다. 「관세음보살영험약초」는 『오대진언』에서 대비심다라니 영험약초에 해당하는 부분이다. 이 책은 보통 표제가 『화상천수畵像千手』 또는 『화천수』로 되어 있는 경우가 많다. 권수에 「관세음보살영험약초」가 먼저 나오기 때문에 서명을 『관세음보살영험약초』로 잡고 있는 것이다. 권말에 호월문인皓月門人 탁령卓靈의 발문이 있어 이 책의 간행과정을 알 수 있다.

발문

무릇 범어 다라니(한자어로는 총지)는 안으로 만 가지 덕을 갖춰 사라지지 않는 공덕을 지니고 있고, 밖으로는 모든 논리 문자를 떠나 들어갈 수 없는 뜻을 갖추고 있다. 그러므로 선을 지키고 악을 막는 것을 총지라 한다. 지금 이 천수다라니는 과거 천광왕정주여래가 관세음보살을 위해 설한 신주神呪이다. 관세음보살은 이 다라니를 받자마자 천개의 손, 천개의 눈을 나투었으니 말세를 구원하기 위함이다. 이는 여러 중생들이 이 다라니를 외움으로써 모두 소원 성취할 수 있도록 한 것이다. 이 신성한 다라니는 여러 다라니 중 으뜸이며 대장경으로 들어가는 오묘한 문이다. 모든 보살들이 장구章句 사이에 줄 서 있으며 모든 신장들이 다라니 안에서 호위하고 있으니 위신력과 영험은 두려워할 만하고 신이하고 오묘함은 생각하기도 어렵다. 몸에 지니는 자는 그 죄업이 사라지고 읽고 외우는 자는 그 복덕을 얻을 것이다. 그러므로 신묘장구라 한다.

그러나 세월이 흘러 성인과 멀어지면서 여러 사람의 손을 거치다 보니 거짓이 넘치고 진실이 어지럽혀졌다. 성문 바깥에서가 아니라면 누가 금과 놋쇠를 구별하겠는가. 이런 까닭으로 다라니를 외우는 자는 많으나 영험을 얻는 경우는 드물다. 근래 총림에서 정본장구正本章句를 구해서 잘못을 바로잡고 영험을 드러내고자 함이 오래되었다.

강희 병신년(1716) 봄 봉래 금정산 범어사의 통정 청안淸眼이 장구마다 그림이 있고 주석이 달린『범본천수梵本千手』를 동계東溪의 문인인 덕현德玄 대사의 비장품 중에 찾았다. 비록 어떻게 전해내려 왔는지는 모르나 우리나라 사람이 시간을 함께 해온 것이리라. 그 번역은 중국 삼장법사가 한 것이고, 그 그림은 가락駕洛 일형一泂 스님이 일본에 들어가 베껴온 것이다. 이 책을 얻자마자 간행 배포의 큰 서원을 내었다. 범어사 위헌偉軒 비구가 시주자들을 모아 책임자가 되어 주었고, 뜻을 같이한 신어산神魚山 재열再悅이 공사 감독을 맡아 주었다. 그리고 훌륭한 장인 치관致寬이 자원해서 김해 감로사에서 판각작업을 했다.

책을 널리 전하고자 하는 것은 단지 출가 수행자들의 바람을 충족시키는 것만이 아니고 관음보살의 잠재된 광휘를 거듭 드러내고자 함이다. 이로써 잘못을 바로잡고 장구를 나누고 막힌 곳을 뚫고 뜻을 풀어내니, 위대하도다. 이 일에 참여한 사람들은 길 잃은 자들의 나침반이요, 불법을 수호하는 보살들이다.

강희 병신(1716) 사월 일 호월문인 탁령 삼가 발문을 쓰다.[37]

---

37 「後跋」“夫梵語陀羅尼華言摠持 內有持萬德不失之功 外有遣百非不入之義 故曰護善遮惡者 摠持也 今此千手陀羅尼者 過去千光王靜住如來 爲說觀世音菩薩之神呪也 觀世音菩薩受得此呪 卽現千手千眼 救護末世 而令諸衆生誦此呪 隨願成就 卽此神呪 諸神呪之輨轄 一大藏之妙門 諸大菩薩羅列於章句之間 諸大神將侍衛於神呪之內 威靈可畏 神妙難思 受持者滅其罪業 讀誦者得其福德 故曰神妙章

신묘장구대다라니의 정본을 간행하고자 하던 차에 1716년 범어사의 청안이 장구마다 그림이 있고 주석이 달린 『범본천수』를 덕현대사의 소장품에서 발견했다. 그런데 이 책은 중국 삼장법사가 번역하고, 그림은 가락 일형 스님이 일본에서 베껴온 것이라고 밝히고 있다. 중국 삼장법사는 불공 삼장을 가리킨다. 그리고 가락 일형은 가락 지역 즉 김해 출신의 일형이라는 스님으로 보인다. 이 책이 김해 감로사에서 간행된 것과 지역적으로 일치한다. 일형이 일본에서 그림을 베껴 와서 신묘장구대다라니와 결합시킨 『범본천수』가 있었던 모양이다. 이것이 간행본인지 필사본인지는 모르겠지만 말이다. 이 책을 청안이 덕현의 소장품에서 발견했다는 것이다. 그러자 이 책을 간행하여 널리 배포하고자 하는 마음을 내었다. 위헌이 시주자를 모으고, 재열이 감독을 했으며, 치관이 판각을 해서 간행작업을 마쳤다. 판각작업은 김해 감로사에서 이루어졌고, 이후 이 목판은 금정산 범어사로 옮겨져 보관되었다. 이 책은 한중일의 합작품인 셈이다. 동아시아 3국의 관음신앙이 결집된 작품이라고 볼 수 있다.

句 然世降聖遠 歷傳多手 以僞濫眞亂 非城外誰辨金鍮 是以誦呪雖多 得驗反少 近世叢林 欲求正本章句 以正其誤 以現其驗者 久矣 康熙丙申之春 蓬萊金井山梵魚寺 通政釋清眼 覓得梵本千手畵其像註其文章句 於東溪門人德玄大師秘藏之中 雖不知傳此 東方之人與時也 而其飜譯 則中華三藏法師之所譯也 其畵像 則駕洛一泂比丘入於日本曾所模畵者也 故得此本 仍發刊布之大願 募得同寺偉軒比丘 願出己財之檀緣爲首 而令其同志士神魚山再悅衲子爲其監役之主 亦得自願良工比丘致寬 打檜山鏤板於甘露寺 以廣其傳 非但滿其叢林緇徒之所願 亦乃重明觀音菩薩之潛輝也 自是正其誤 分其句 通其礙 解其意 大矣哉 此幹事人等迷途之指南 護法之善士也康熙丙申四月日 皓月門人卓靈 謹跋."

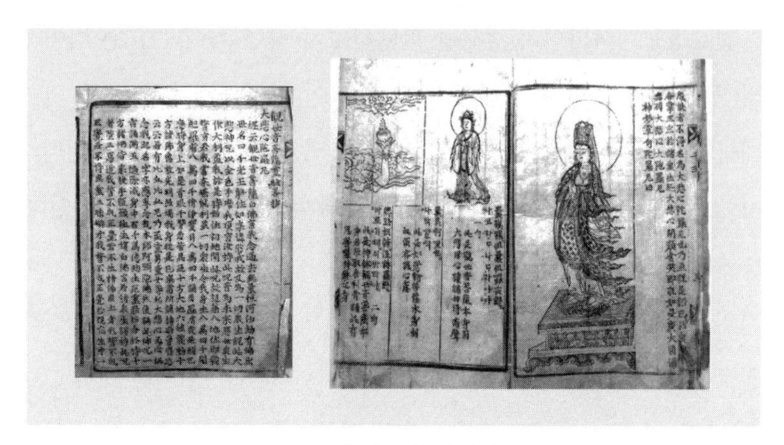

1716년 감로사 간행본

(4) 『관세음보살영험약초』의 간행 계통

이 책은 이후 여러 차례 간행되는데 두 계통으로 나눌 수 있다. 처음 나오는 『관세음보살영험약초』를 기준으로 한다면, 16행 23자본과 10행 20자본으로 나눌 수 있다. 전자는 원간본인 1716년본으로 계선이 없고, 진언은 한자, 한글 순으로 음역되어 있다. 이후 1721년 전라도 광주 증심사, 1728년 함경도 안변 석왕사, 1732년 황해도 신광사에서 간행되었다. 후자는 계선이 있고, 진언은 한자, 한글, 범어 순으로 표기되어 있다. 이 판본은 영조 4년(1728) 평안도 묘향산 보현사에 처음 간행되었다. 간기에 '의원서義圓書'라고 되어 있어 의원이라는 스님이 새로 정서하여 판하본을 마련한 것으로 보인다. 이후 1762년 충청도 덕산 가야사에서 간행되었고, 간행지 미상의 1900년대 간행본 등이 있다.

4. 『불정심다라니경佛頂心陀羅尼經』

『불정심다라니경』은 『불정심경』, 『불정심관세음보살대다라니경』, 『불정심관세음보살모다라니경』, 또는 『관음경』 등으로 불리는 경전으로 관음보살이 주인공이다. 이 경전에 대해서는 국어학과 미술사학, 서지학 분야에서 연구가 이루어졌다.[38] 중국과 고려, 조선시대에 간행된 판본과 판화, 그리고 언해본에 대한 국어학적 특징 등이 상세히 밝혀져 있다. 그러나 유독 이 경전의 출처에 대해서는 아직 명확히 밝히지 못하고 있는 상황이다. '불정심'으로 시작하는 경전은 대장경 목록에서 찾을 수 없다. 그렇다면 이 경전은 중국에서 새롭게 만들어진 것인가, 아니면 편집된 것인가.

이 경전은 현재 남아 있는 판본을 기준으로 본다면, 남송 효종 때인 1172년에 간행된 것이 가장 이른 것이다. 이 판본은 1960년 절강성 여수시麗水市 벽호진碧湖鎭 송탑에서 발굴되어 현재 절강성박물관에 소장되어 있다. 권말에 남송 건도乾道 8년(1172) 섭악葉岳이 불경을 시주한다는 기록이 있다. 이 판본은 조선 초기에 복각되었는데, 둘 다 현재 고판화박물관에 소장되어 있다. 이후 중국에서는 원대에 간행된 판본과 명나라 성화 13년(1477)에 간행된 판본이 있다. 1477년 판본은 조선에 들어와 1485년 인수대비 발원본의 바탕이

38 김무봉, 「불정심다라니경 언해 연구」, 『한국사상과 문화』 제45집, 2008; 윤혜진, 「조선시대 불정심다라니경 판화 연구」, 동국대 불교예술문화학과 석사학위논문, 2012; 우진웅, 「불정심다라니경의 판본과 삽화에 관한 연구」, 『서지학연구』 제60집, 2014.

되었다. 이 성화본과 인수대비 발원본도 현재 고판화박물관에 소장되어 있다.

고려시대에는 13세기 초 최충헌 3부자를 위해 간행된 판본이 가장 이른 것이고, 이후 고려 고종기와 1306년 간행된 판본이 남아 있다. 그리고 조선 초기 중국 남송본 복각본과 1485년 인수대비 발원본이 남아 있다. 인수대비 발원본은 이후 간행본의 모범이 되었다. 조선시대에만도 14차례 이상 간행된 것으로 보인다. 이렇게 중국과 고려, 조선에서 여러 차례 간행되어 유통되었으면서도 이 경전의 출처에 대해서는 명확히 밝혀져 있지 않은 상황이다. 여기서는 이 부분에 초점을 맞춰 서술하고자 한다.

1) 『불정심다라니경』의 내용 구성과 출전

우선 『불정심다라니경』의 내용 구성을 살펴보고 나서 이 경전의 출처를 밝혀보고자 한다. 현재 가장 선본으로 알려진 1485년 인수대비 발원본을 중심으로 내용 구성을 표로 정리하면 다음과 같다.

〈표〉 『불정심다라니경』의 내용 구성

수월관음도, 패기		
한문본	불정심다라니경(권상)	1장 a면 1행~9장 b면 4행
	불정심료병구산방佛頂心療病救產方(권중)	9장 b면 5행~13장 b면 끝
	불정심구난신험경佛頂心救難神驗經(권하)	14장 a면 1행~22장 b면 6행
일자정륜왕다라니		22장 b면 7행~8행
자재왕치온독다라니		23장 a면 1행~2행
위태천상		23장 b면

학조 발문		24장 a면 1행~b면 8행
언해본	불정심다라니경(권상)	25장 a면 1행~30장 a면 12행
	불정심료병구산방(권중)	30장 a면 13행~32장 b면 9행
	불정심구난신험경(권하)	32장 b면 10행~37장 b면 끝

처음에 수월관음도가 한 면 반에 걸쳐 나오고 나머지 반면에 패기가 새겨져 있다. 본문은 크게 한문본과 언해본으로 구성되어 있는데, 모두 상중하 3권으로 나눠져 있다. 상권은 '불정심다라니경', 중권은 '불정심료병구산방', 하권은 '불정심구난신험경'이다. 한문본과 언해본 사이에 일자정륜왕다라니와 자재왕치온독다라니, 그리고 위태천상과 학조의 발문이 수록되어 있다. 학조 발문까지는 목판본이고, 언해본은 을해소자본이다. 언해본이 한문본과 별도로 수록되어 있어 이후 언해 부분만 따로 복각되기도 한다.

다음으로 한문본의 본문은 어디에서 온 것인가. 필자는 이 경전명이 『불정심다라니경』임에 착안하여 이 경에 실려 있는 다라니를 중심으로 그 출처를 찾아보았다. 이 다라니는 '모다라니姥陀羅尼'라는 이름으로 상권에 수록되어 있다. 즉 이 모다라니를 중심으로 그 앞부분은 이 다라니를 설하게 된 인연을 서술하고, 뒷부분은 이 다라니의 효험을 설명하고 있는 것이다. 이 모다라니를 추적해 보니, 거의 정확히 일치하는 다라니가 지통 역의 『천안천비관세음보살다라니신주경』과 보리류지 역의 『천수천안관세음보살모다라니신경』에 실려 있음을 확인할 수 있었다. 이 두 경전은 같은 경전의 이역으로 순서와 내용이 거의 일치한다. 위에서 원본 『천수경』을 설명할 때 『천수경』류에 포함되어 있던 경전들이다. 즉 이 경전들과 모다라니는 천수관음의 위신력을 서술하고 있는 것이다.

『천안천비관세음보살다라니신주경』은 당나라 때 지통이 627년에서 649년 사이에 낙양에서 번역한 것이다. 줄여서 『천안관세음다라니경』, 『천안관음다라니신주경』, 『천안천비경』이라고 하며, 별칭으로 『천수천안신주경』이라고도 한다. 상권 말미에는 "무덕武德 연간에 중천축의 브라만 구다제파가 이 상과 범본을 가지고 와서 진상하였으나, 궁실에 들어가서는 번역되지 못하였다."라는 번역에 관련된 사실이 기록되어 있다.

『천수천안관세음보살모다라니신경』은 당나라 때 보리류시가 695년경에 서숭복사에서 번역한 것이다. 줄여서 『모다라니신경』, 『천수관음모다라니신경』, 『천수천안모다라니경』, 『천수천안모다라니신경』이라고 한다. 천수천안관세음보살의 모다라니와 25가지 수인을 설한 경전으로, 밀교 의궤적 성격이 강하다. 이 경은 크게 두 부분으로 나뉘는데, 첫 번째 부분에서는 천수천안관세음보살의 모다라니를 제시하고, 두 번째 부분에서는 25가지의 수인에 대해 설명한다. 모다라니에 관한 부분에서는 관세음보살이 모다라니로써 모든 마군을 항복시켰다는 것과 그만큼 모다라니의 위신력이 불가사의함을 강조하고 있고, 몸을 보호해 주는 수인을 설명하는 부분에서는 각각의 수인을 맺는 방법과 그 공덕에 대해 설하고 있다.

이 두 경전은 이역본으로서 내용과 구성이 거의 같으므로 보리류지 역의 『천수천안관세음보살모다라니신경』을 중심으로 『불정심다라니경』과의 대응관계를 표로 제시하고자 한다.

〈표〉『불정심다라니경』의 출전

『불정심다라니경』(1485년 인수대비 발원본 기준)		『천수천안관세음보살모다라니신경』(보리류지 역)
상	1장 a면 2행~b면 1행: 爾時 觀世音菩薩而白釋迦牟尼佛言是我前身不可思議福德因緣欲令利益一切衆生起大悲心能斷一切繫縛能滅一切怖畏一切衆生蒙此威神悉能離苦解脫	T1058_.20.0096b17~b22: 爾時觀世音菩薩摩訶薩合掌恭敬白言世尊應正遍知 是我前身不可思議福德因緣 今蒙世尊與我受記 欲令我身起以大慈悲拔導心 當爲利益一切衆生 斷諸結縛滅八怖畏 今我欲說姥陀羅尼 末世衆生蒙是姥陀羅尼威神力故 皆離苦因獲安樂果
상(모다라니)	2장 b면 1행~3장 a면 1행: 那謨喝囉 怛那 怛囉夜耶 那謨阿唎耶 婆路咭帝 攝伐囉耶 菩提薩埵跛耶 摩訶薩埵跛耶 摩訶迦 嚧呢迦耶 但致他 阿鈸陀 阿致陀 跋唎跋帝 堙醯夷醯	T1058_.20.0098c01~05:那謨曷囉怛那跢囉夜耶 那謨阿利耶 婆路枳帝攝伐囉耶 菩提薩埵耶 摩訶薩埵耶 摩訶迦盧抳迦耶 怛姪他 阿跋陀阿跋陀 跋唎跋帝 醯夷醯
	3장 a면 1행~4행: 跢姪他 薩婆陀 羅尼曼茶囉耶 堙醯夷醯鉢囉 磨輸馱菩跢耶	T1058_.20.0098c20~21: 哆姪他薩婆陀羅尼 曼茶羅耶 醯夷醯 鉢囉麽輸馱 薩跢跛耶
	3장 a면 4행~6행: 唵 薩婆斫芻伽耶 陀羅尼因地唎耶	T1058_.20.0099a02~3: 唵 薩婆斫芻伽羅耶 陀囉尼 因地唎耶
	3장 a면 6행~b면 1행: 怛姪他 婆嚧枳帝 攝伐囉耶 薩婆咄瑟吒烏 訶耶彌 薩婆訶	T1058_.20.0099a08~9: 怛姪他 婆盧枳帝 攝伐囉耶 薩婆訥瑟吒 烏訶耶彌 莎訶
상	3장 b면 2행~7행: 爾時觀世音菩薩說此陀維尼已十方世界皆大震動天雨寶華繽紛亂下爲供養此陀羅尼名薄伽梵蓮花手自在心王印	T1058_.20.0097b25~28: 爾時觀世音菩薩摩訶薩說此薄伽梵大蓮花手嚴飾寶杖姥陀羅尼時 三千大千世界乃至非想非非想天 皆六返震動 天雨寶花繽紛亂墜
상	3장 b면 7행~4장 a면 2행: 若有善男子善女人得聞此祕密神妙章句一歷耳根身中所有百千萬罪悉皆消滅	T1058_.20.0097c13~98a01: 當有有情信聽讀誦 依法受持覩見聞者 彼之人等 所有一切煩惱黑障悉皆銷滅
상	6장 a면 4행~b면 7행: 若復有一切女人厭女人身欲得成男子身者 至到百年捨命之時 要往生西方淨土 蓮華化生者 當須請人書寫此陀羅尼經 安於佛前 以好香花 日以供養不闕者 必得轉於女身成男子 至百年命終 猶如壯士 屈伸臂頃 如一念中間 卽得往生西方極樂世界	T1058_.20.0102a04~7: 若命終後永離三途 不受女身 隨得往生阿彌陀佛國 如來授手摩頂告語 汝莫怖懼來生我國 現身不被橫死 不爲鬼神之所得便
상	7장 b면 8행~8장 b면 4행: 若有善男子善女人求一切願者欲成就一切種智當獨坐靜處閉目心念觀	T1058_.20.0098a03~11: 若人有所思念一切大願大三摩地門 而欲趣求速成就者 當唯獨坐淸閑靜處

	世音菩薩更勿異緣誦此陀羅尼經一七遍無願不果又得一切人之所愛樂不墮一切諸惡之趣是人若住若臥常能見佛如對目前無量俱胝之所積集諸惡過罪悉能消滅如是之人常得具足轉論王之福	想念觀世音菩薩暫勿異緣 每誦此陀羅尼一百八遍者 無願不果 又得一切衆生之所愛樂 當生不墜一切惡穢趣界 若坐行住能常想佛如在頂者 此人已於無量百千俱胝 所生積集諸惡罪業皆得銷滅 是人當得具足壽千轉輪王廣大福蘊
상	8장 b면 5행~8행: 若人以掬香花供養此陀羅尼經者是人得大千之福大悲法性彼人世間得大成就	T1058_.20.0098a12~15: 若恒持以滿掬香花 先散觀世音菩薩像前 乃誦此陀羅尼三七遍者 即得大千功德大悲法性 彼人漸於世間 速得大力成就
상	9장 a면 2행~b면 1행: 面向佛前燒香 誦此陀羅尼經 若滿千遍 卽時見觀世音菩薩 當化現阿難形相 爲作證明 問言 所須何果 報悉能依願成就 消除身口意業 得佛三昧 灌頂智力 波羅蜜地 殊勝之力	T1058_.20.0098a23~28: 散於壇內佛前燒香然燈 於佛菩薩所生恭敬心 每誦此陀羅尼一千八遍 至十五日夜 得觀世音菩薩而來入是壇內 是人見已 所有一切蓋障五逆重罪隨盡消滅 身口意業皆得清淨 又得隨證佛三昧力灌頂地力 波羅蜜地力殊勝智力 T1058_.20.0100c05~7: 又得觀世音菩薩必定現身 若見身來當爲化現阿難身相面貌熙怡 來問行者所須何願
중	9장 b면 6행~10장 a면 8행: 若有一切諸女人 或身懷六甲 至十月滿足 坐草之時 忽分解不得 被諸惡鬼神 爲作障難 令此女人 苦痛叫喚 悶絶號哭 無處投告者 卽以好朱砂 書此陀羅尼 及祕字印 密用香水呑之 當時分解產下智慧之男 有相之女 令人愛樂	T1058_.20.0101a23~26: 若有女人臨當產時受大苦惱 當呪蘇二十一遍令彼食之 必定保命安樂產生所生男女具大相好衆善莊嚴 宿植德本衆人愛敬 常於人中受勝快樂
하	14장 a면 2행~b면 3행: 昔罽賓陀國中有疾病 時疫流行遍滿一國內 是人得病者 不過一日二日 竝已死盡 觀世音菩薩 便化作一白衣居士 起大悲心 巡門廣爲救療 施此法印 令速請人 書寫此陀羅尼經三卷 盡心供養 應時消散 當卽出離外國	T1058_.20.0100c29~101a03: 昔罽賓國乃疫病流行人有得病不過一二日卽以命終 有婆羅門眞帝 起以大慈施此法門 救療一國疫病之者 應時銷滅 其行病鬼應時出國當知驗耳
하	14장 b면 4행~16장 a면 8행: 又昔波羅柰國中有一長者 家中大富 財帛無量 唯只有一男 壽年十五 忽爾得病 百藥求醫不痊命 在須臾 恓惶不已 時有一隣邦長者來至宅中 問言長者 何爲不樂 長者遂具說向因緣 時長者聞說 答言 長者 但不至愁惱 唯有請人於家中 以素白 書此佛頂心陀羅尼經三卷 面向佛前燒香轉念 可得其子疾病退散 壽命 延長 于時長者 一依所言 便卽請人於家中 抄寫未了 其子疾病 當下除瘥 感得閻羅王 差一鬼使報言長者 此子命限 只合十六歲 今已十五 唯有一年 今遇	T1058_.20.0101a09~19: 昔波羅柰國有一長者 唯有一子 壽年只合十六 至年十五 長者夫妻愁憂憔悴面無光澤 有婆羅門巡門乞食 遇見長者問曰 何謂不樂長者具上說其因緣 婆羅門答言 長者不須愁憂但取貧道處分法模 子得壽年長遠無夭 于時婆羅門作此法門 滿七日夜得閻羅王報云 長者其子命根只合十六 今已十五惟有一年 今遇善緣得年八十故來相報 爾時長者夫妻歡喜踊躍 罄捨家資施佛法僧當知此法不可思議具大神驗

	善知識故 勸令書寫此陀羅尼經 得延至九十故 喪相報 是時長者 夫妻歡喜踊躍無量 卽開庫藏 珠金竝賣 更寫一千卷日 以供養 不闕 當知此經 不可稱量 具大神驗	

위에서 설명한 『영험약초』와는 달리 『불정심다라니경』은 모든 문장이 보리류지 역본에 출처를 둔 것은 아니었다. 『영험약초』는 모든 문장이 원본을 인용하거나 축약했었는데, 『불정심다라니경』은 위에서 제시한 일부 내용이 원본을 축약하거나 부연한 것이었다. 상권이 보리류지 역본에서 발췌하거나 인용한 경우가 제일 많다. 중권은 제목처럼 질병의 고통과 출산의 위험으로부터 보호해 주는 사례가 인용되고 있다. 그리고 하권에는 계빈국과 파라나국 이야기가 수록되어 있는데, 똑같은 이야기가 보리류지 역본에도 실려 있다.

『불정심다라니경』의 핵심은 상권에 수록되어 있는 모다라니이다. 이 모다라니는 원본에서 그대로 인용하고 있다. 위에서 설명한 것처럼 원본인 『모다라니신경』은 모다라니를 제시한 부분과 25가지 수인을 설명한 부분으로 크게 나눌 수 있다. 『불정심다라니경』에 실려 있는 모다라니는 『모다라니신경』의 앞부분 모다라니를 인용한 것이 아니라, 뒷부분 25수인의 진언에서 일부를 발췌하여 합한 것이다. 위 표를 보면 모다라니를 크게 네 부분으로 나눠 놓았는데, 이들은 각각 『모다라니신경』에서 제시된 25가지 수인 중 제1 '천수천안관세음보살총섭신인千手千眼觀世音菩薩總攝身印', 제3 '천수천안관세음보살해탈선정인千手千眼觀世音菩薩解脫禪定印', 제4 '천수천안관세음보살천안인주千手千眼觀世音菩薩千眼印呪', 제5 '천수천안관세음보살천비총섭인千手千眼觀世音菩薩千臂總攝印'에 해당하는 진언들이다. 이 네 가지 주문을 합하여 놓은 것이 『불정심다라니경』에 제시된 모다라니인 것이다.

왜 원본에 있는 모다라니가 아니라 25수인 중 네 가지 수진언에서 발췌하여 편집한 것일까. 우선 원본의 모다라니는 모두 94구로 너무 길다. 편집본에 수록된 네 가지 진언은 각각 10구, 5구, 4구, 6구로 모두 25구에 불과하다. 이 편집본 『불정심다라니경』은 원본에서 의궤의 절차나 작법에 대한 내용은 모두 삭제하고 다라니를 중심으로 다라니의 영험과 위신력만을 사례를 들어가며 강조하고 있다. 즉 밀교 의궤에 따른 직접적인 의례 설행이나 수행이 아니라 다라니를 중심으로 한 독송용 텍스트로 편집된 것이다. 그러다 보니 원본 모다라니 94구는 너무 길었을 것이다. 그래서 25수진언에서 분량이 적당하고 운율이 맞는 진언을 골라 연결시킨 것으로 보인다. 원본이 천수관음 모다라니의 의례 설행을 위한 산문이라면, 편집본은 관음보살 모다라니의 독송을 위한 운문이라고 볼 수 있다. 이것은 밀교가 중국에 들어와 어떻게 수용되고 변형되었는지를 알 수 있는 좋은 사례이다.

편집본에서는 천수관음이라는 명칭은 보이지 않고 관세음보살로 통칭하고 있다. 천수관음 텍스트를 일반적인 관음신앙 텍스트로 전화轉化시킨 것이다. 그러면서 이름도 『불정심다라니경』으로 바꿨다. 『불정심다라니경』은 '불정 중에서도 핵심인 다라니를 설한 경'이라는 의미다. '불정佛頂'은 부처님 정수리라는 뜻으로 최고 중에 최고를 나타낸다. 이미 들어와 유행하고 있는 다라니 중 가장 강력한 다라니, 그러한 위엄과 영험을 강조하기 위한 이름인 것이다. 이러한 목적을 위해 『불정심다라니경』 텍스트가 새롭게 편집된 것이 아닌가 한다. 그렇다면 이 텍스트가 편집된 것은 중국에 밀교가 들어와 성행하고 난 이후의 일일 가능성이 높다. 왜냐하면 『반야심경』이 반야부 경전들이 성립되고 난 말미에 이를 종합하여 성립된 것처럼, 『불정심다라니경』 역시 다른 다라니경들이 들어와서 소화되고 난 이후에 이들을 염두에 두고 성립되었을 가능성이 높기 때문이다. 8세기를 정점으로 송대까지 계속 밀교 경전이 중국에서 번역되는 것을 보면 당말이나 송초에 편집되지 않았나 생각된다.

2) 『불정심다라니경』의 주요 간행본

고려시대 판본을 포함하여 현재 남아 있는 『불정심다라니경』 판본을 정리한 후 이를 계통 별로 정리하고자 한다.

〈표〉 『불정심다라니경』의 주요 간행본

서명	판본	간행(인출)년	간행처	간행자
불정심관세음보살 대다라니경	목판본	고려 1206~1219년 추정		
불정심관세음보살 대다라니경	목판본	고려 고종 추정		
불정심관세음보살 대다라니경	목판 1매	고려 고종 추정		
불정심주경	목판본	충렬왕 32(1306)		
불정심다라니경	목판본 (남송본 복각본)	조선 초기 추정		
불정심다라니경	목판본(수진본)	세종 7(1425)		장사감무長沙監務 윤희와 석주 시주

불정심다라니경	목판본(한문), 을해소자본(언해)	성종 16(1485)		인수대비 간행
불정심관세음보살대다라니경	목판본	중종 31(1536)	경상도 안음 영각사	
불정심다라니경	목판본 (1485년본복각)	명종 16(1561)	평안도 상원 해탈암	
제진언집(불정심관세음보살대다라니경)	목판본	선조 2(1569)	전라도 무등산 안심사	설은 교정·필사, 혜징·인주 간행
불정심관세음보살대다라니경	목판본(삽화 없는 한문본)	선조 3(1570), 후쇄	전라도 남평 웅점사	
불정심관세음보살대다라니경	목판본	광해군 3(1611)	전라도 부안 실상사	
불정심다라니경	목판본(삽화 없는 한문본, 을해소자 복각언해본)	인조 9(1631)	경상도 상주 봉불암	
불정심관세음보살대다라니경	목판본	인조 14(1636)	경상도 양산 통도사	
불정심관세음보살대다라니경	목판본(삽화 없는 한문본)	인조 20(1642), 후쇄	경상도 동래 범어사	
불정심관세음보살대다라니경	목판본 (1485년본 계열)	숙종 37(1711)	전라도 순창 신광사	
불정심다라니경	목판본	영조 5(1729)	평안도 묘향산 보현사	
불정심관세음보살대다라니경	목활자본	고종 13(1876)	경기도 양주 보정사	
불정심관세음보살대다라니경	목판본	고종 18(1881), 1908년인출	삼각산 삼성암	

(1) 고려 13세기 초 최충헌 3부자를 위한 발원본

진강후晋康侯 최충헌(1149~1219)과 그의 두 아들 최우와 최향이 위난에서 벗어나고 수복이 무량하길 바라면서 만든 경전이다. 진강후는 최충헌이 희종 2년(1206)에 받은 봉작이다. 따라서 이 경전은 1206년에서 최충헌이 죽은 1219년 사이에 만들어졌음을 알 수 있다. 상중하 3권으로 구성되었으며 절첩본으로 장책되어 있다. 상하단변이며, 한 면이 5행 9자로 되어 있다. 펼쳤을 때의 크기는 세로 5.3㎝, 가로 275㎝이다. 은에다 금을 입혀 만든 세로 5.3㎝, 가로 3.5㎝, 두께 0.5㎝의 상자에 책을 넣고 이를 다시 세로 13.8㎝, 가로 12.8㎝, 두께 6㎝의 나무상자에 넣어 보관했다. 뒤표지 상단에 두 개의 고리가 있는 것으로 보아 호신용으로 허리에 차고 다녔음을 알 수 있다. 현재 남아 있는 가장 오래된 『불정심다라니경』으로 끝에 일자정륜왕다라니, 자재왕치온독다라니와 함께 「관세음보살보문품」이 합철되어 있어 이 경전이 관음보살에 대한 신앙을 간직하기 위해 만들어졌음을 알 수 있다. 현재 보물 제691호로 지정되어 있다.

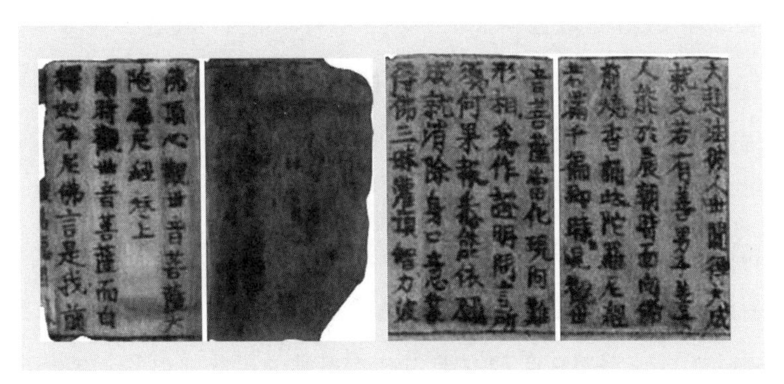

최충헌 3부자를 위한 발원본 권수와 권말

(2) 봉림사 복장본

경기도 화성 봉림사 목조아미타불좌상 복장전적 중 하나이다. 소자본 『불정심다라니경』으로 상중하 3권으로 구성되어 있다. 각 권의 형태

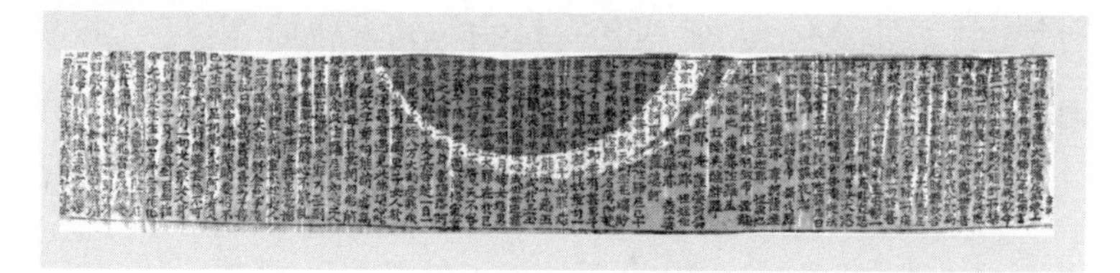

봉림사 복장본

사항은 다음과 같다. 권상은 상하단변에 66행 13~15자이고, 크기는 8.4×46.5cm이다. 권중은 상하단변에 66행 13~15자이고, 크기는 8.3×45.7cm이다. 그리고 권하는 상하단변에 66행 13~15자이고, 크기는 8.2×40.8cm이다. 그러므로 모두 3장인 셈이다. 권말에 2행의 발문이 있는데 둘째 행이 보이지 않아 간행 연대를 알 수 없다. 그러나 "성수만세 청하상국淸河相國 복수무강"이라는 발문을 통해 이것이 청하상국의 수복을 빌기 위해 간행된 것임을 알 수 있는데, 이 청하상국은 고려 고종 때 권신 최우로 추정된다. 따라서 이 경전은 고려 고종기(1214~1259)에 간행된 것으로 생각된다. 보물 제1095-8호로 지정되어 있고 현재는 수원 용주사에 보관되어 있다.

(3) 1306년 고창군부인 오씨 발원본

위의 최충헌 3부자를 위한 발원본과 유사한 형태이다. 호신용으로 지니고 다닐 목적으로 금속제 경갑 상하에 고리가 달린 수진본이다. 권수에 변상도 1면이 있고, 각 면당 4행 범어 6자를 배열하고, 범어와 한자를 병기하고 있다. 발원문에 따르면 부모가 수복을 누리고 자신의 재액이 소멸되며 모든 생명이 정각을 이루길 바라면서 고창군부인 오씨가 1306년 이 경전을 시주하고 있다. 권말에는 '소삼재부消三災符'

를 비롯한 20종 부적의 제목과 도형이 제시되어 있다. 모두 64면이다.[39]

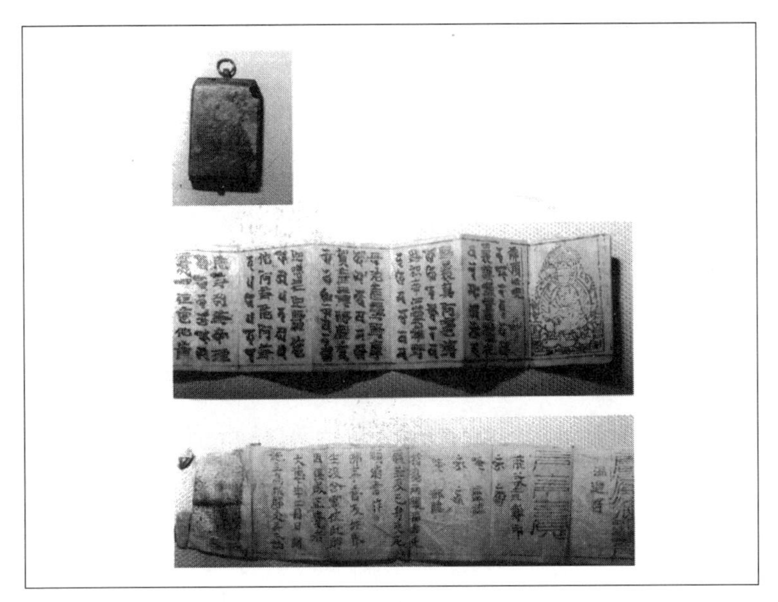

1306년 고창군부인 오씨 발원본

(4) 1485년 인수대비 발원본

위에서 표로 제시한 바와 같이 크게 한문본과 언해본으로 구성되어 있다. 한문본은 목판본이고, 언해본은 을해소자본이다. 모두 상중하 3권으로 되어 있다. 권수에 수월관음보살상이, 권말에 위태천상이 새겨져 있다. 그리고 한문본과 언해본 사이에 학조의 발문이 실려 있다. 이를 통해 이 판본이 간행되게 된 사연을 알 수 있다.

---

39 남권희, 「한국기록문화에 나타난 진언의 유통」, 『밀교학보』 7집, 밀교문화연구원, 2005, 109~110쪽.

일대에 설하신 바는 현밀顯密 2교를 벗어나지 않는다. 현교는 문장을 따라 뜻을 풀이한 것으로 마음 바탕을 밝게 넓혀 주며, 밀교는 한마음으로 지송하는 것으로 재액을 물리쳐 준다. 밀교에는 진실로 많은 경전들이 있지만 『불정심다라니경』이 가장 중요하다. 신이한 자취와 흔적이 세상에 한둘이 아니어서 세상 사람들이 숭상한다. 그러나 판본이 인멸되어 세상에서 구하여 지니기가 어렵다.

우리 인수왕대비 전하가 주상 전하의 수명이 무궁하길 바라고 마구니를 소멸시키고자 하는 마음에서, 공인에게 명하기를 당본唐本을 본받아 그림은 세밀하게 그리고, 글씨는 바르게 써서 간행하여 오래 전해지도록 했다.

나와 남에게 모두 이익되니 사람마다 즐겁게 독송하게 하고, 자기를 미루어 남에게 미치니 각자가 근원으로 돌아가게 한다. 근심과 궁핍에서 중생을 구제하고, 출산의 어려움에서 자녀를 살려낸다. 이에 스스로 존재하는 업이 근본 인연에 따라 널리 응하고, 두루 통하는 넓은 문이 인간 세상에 크게 열린다. 공덕이 지극히 신묘하니 대지가 다하도록 선덕善德을 낳으며, 미래가 다하여도 헤아릴 수 없다. 그러므로 우리 전하의 일처리의 완벽과 바다처럼 원만한 과보는 진실로 불가사의하다. 성화 21년(1485) 을사 봄 이월 비구 학조 삼가 발문을 쓰다.[40]

---

40 "一代所說 不出顯密二教 顯教則尋文解義 昭廓心地 密教則專心誦持 禳殄災厄 密教固多秩 而佛頂心陀羅尼經 最爲樞要 神蹤異跡 世非一二數 故人多尚之 而板本堙沒 世罕得而奉持焉 我仁粹王大妃殿下 爲主上殿下 睿算靈長 消殄魔怨 爰命

인수대비가 아들 성종의 장수를 위하여 중국본을 참고하여 그림과 글씨를 새로 마련하여 간행토록 하고 있다. 이의 원본으로 보이는 중국본이 현재 고판화박물관에 소장되어 있는데, 1477년 명에서 간행된 판본이다. 이와 비교해 보면 동일한 체재에 따라 책을 간행한 것을 알 수 있다. 한문본은 상단에 그림이, 하단에는 본문이 8행 9자로 배치되어 있다. 언해본은 그림 없이 한글로 언해되어 있다. 이 판본은 현재까지 알려진 『불정심다라니경』 판본 가운데 가장 선본이다. 이후에 명종 16년(1561) 평안도 상원 대청산 해탈암과 숙종 37년(1711) 전라도 순창 신광사에서 복각되었다.

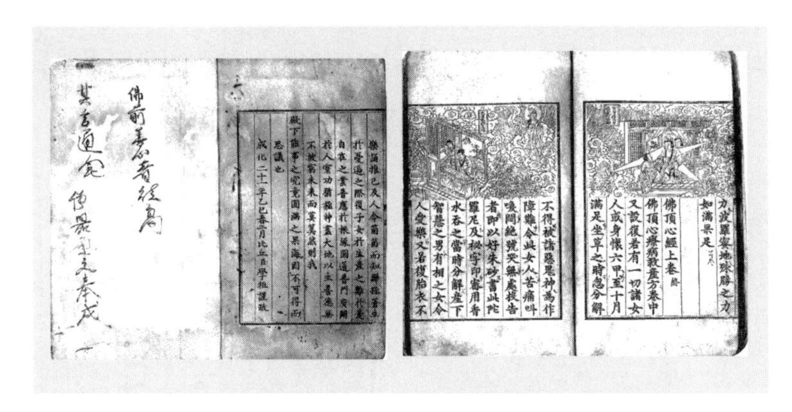

1485년 인수대비 발원본

工人 效唐本 詳密而鄙之 楷正而寫之 鏤而刊之 以壽其傳 蓋益自利他 使人人而樂誦 推己及人 令箇箇而知歸 拯蒼生於憂逼之際 復子女於生産之難 於是 自在之業 普應於根緣 圓通普門 廣闢於人寰 功猶極神 盡大地以生善德 無不被窮未來而莫算 然則我殿下 能事之究竟 圓滿之果海 固不可得而思議也 成化二十一年乙巳春二月比丘臣學祖謹跋."

(5) 삽화 없는 한문본

선조 3년(1570) 전라도 남평 웅점사에서 간행된 판본이다. 삽화 없이 한문으로만 되어 있다. 다라니 부분은 범어, 한글, 한자 순으로 배열되어 있다. 인조 9년(1631) 경상도 상주 봉불암에서 간행한 판본의 경우 한문본은 삽화 없이 한문으로만 된 판본이고, 언해본은 을해소자본을 번각한 것이다. 인조 20년(1642) 경상도 동래 범어사에서 간행한 판본은 권수에 수월관음도가 있고, 다라니 부분은 범어, 한글, 한자 순으로 표기하고 있다. 고종 13년(1876) 경기도 양주 보정사에서 간행한 판본은 목활자본으로 상권의 처음부터 모다라니까지 한글로 음역을 달았다. 고종 18년(1881) 삼각산 삼성암에서 판각하고 1908년 강재희가 인출한 판본의 경우 모다라니와 진언 부분은 한글로 음역했다. 권수제는 『불정심관세음보살모다라니경』이다.

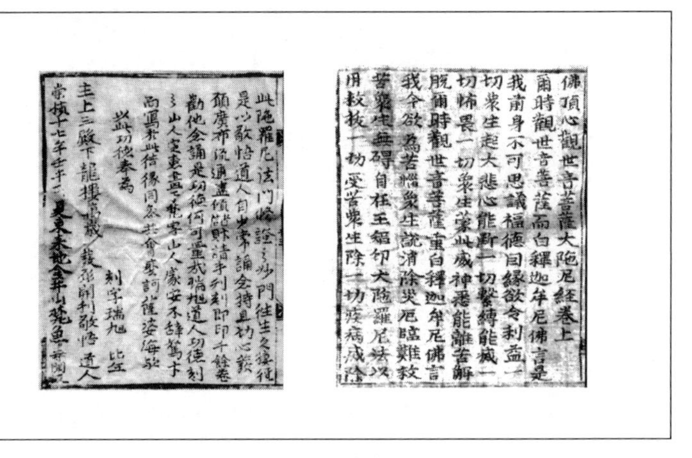

1642년 범어사본

(6) 『제진언집』에 수록

『제진언집』은 여러 가지 진언을 모아 수록한 책인데, 여기에 불정심다라니가 수록되어 있다. 선조 2년(1569) 전라도 무등산 안심사에서 처음 간행되었다. 여기에는 모다라니만 음역되어 있다. 이후 『제진업집』은 효종 9년(1658) 신흥사, 숙종 14년(1688) 불영대, 정조 1년(1777) 만연사, 정조 24년(1800) 망월사에서 간행되었다.

5. 『고왕관세음경高王觀世音經』과 『몽수경夢授經』

관음신앙과 관련하여 주로 임진왜란 이후에 간행되기 시작하여 널리 유포되었고, 지금까지도 불자들 사이에 독송되고 있는 경전이 『고왕관세음경』과 『몽수경』이다. 그런데 1973년 충남 서산 문수사 금동아미타여래 불복장에서 출토된 고려본 『고왕관세음경』이 있다. 이를 통해 본다면 『고왕관세음경』은 이미 고려시대에 유통되고 있었다고 볼 수 있다. 다만 조선시대에 들어서는 유독 17세기부터 간행되기 시작한다는 특징을 보인다. 이 두 경전은 연기설화와 텍스트를 공유하고 있기 때문에 조선시대에 같이 한 세트로 간행되었다. 『고왕관세음경』과 『몽수경』이 조선 후기 관음신앙 전개에 미친 영향이 큰 데 비해서 이 경전들에 대한 국내 연구는 거의 전무한 실정이다. 중국과 일본의 기존 연구를 참고하면서, 『고왕관세음경』과 『몽수경』의 텍스트 구성 과정과 배경, 그리고 주요 판본을 중심으로 살펴보고자 한다. 『고왕관세음경』을 주로 분석하면서, 필요한 경우에 『몽수경』을 같이 설명하기로 한다.

1) 『고왕관세음경』의 내용 구성과 출전

아래의 표는 1694년 전라도 모악산 금산사 간행본을 기준으로 『고왕관세음경』의 내용 구성과 출전을 밝힌 것이다.[41] 『고왕관세음경』은 중국에서 찬술된 경전으로 오랜 시일을 두고 여러 경전을 참고하면서 형성되었다. 목판본인 금산사본을 기준으로 할 때 『고왕관세음경』은 5장 정도의 분량이고, 『몽수경』은 채 한 장이 안 되는 짧은 경전이다. 특히 『고왕관세음경』은 서문이 2장을 차지하고 있다. 따라서 『고왕관세음경』 본문은 3장 정도에 불과한 것이다. 이 경전을 내용에 따라 단락을 나누어 출전과 함께 표로 제시한다.

〈표〉 『고왕관세음경』의 내용 구성과 출전

『고왕관세음경』(1694년 금산사본 기준)		출전
1(서문)	高王觀世音經序 (1장 a면 1행~2장 b면 4행)	흑수성본
2(경명)	佛說高王觀世音經 (2장 b면 6행)	
3(명호)	觀世音菩薩 (2장 b면 7행)	
4(삼귀의)	南無佛 南無法 南無僧 (2장 b면 7행)	『칠불팔보살소설대다라니신주경七佛八菩薩所說大陀羅尼神呪經』(동진東晉)
5(게송)	佛國有緣 佛法相因 常樂我淨 有緣佛法 (2장 b면 8행)	
6(귀의)	南無摩訶般若波羅蜜是大神呪 南無摩訶般若波羅蜜是大	『반야심경』

41 출전은 李小榮, 「『高王觀世音經』考析」, 『敦煌硏究』, 2003年 第1期(總 第77期)와 張總, 「觀世音 『高王經』幷應化像碑-美國哥倫比亞大學藏沙可樂捐觀音經像碑」, 『世界宗教文化』, 2010年 第3期를 참고했다. 李小榮은 돈황문헌 P.3920을 저본으로 하여 俄藏돈황遺書 Дx.00531호, 房山石經本, 俄藏黑水城문헌 TK.117호, 『대정신수대장경』 제85책 수록본을 대교하고 있어 많은 도움을 준다.

	明呪 南無摩訶般若波羅蜜是無上呪 南無摩訶般若波羅蜜是無等等呪 (3장 a면 1행~4행)	
7(불귀의)	南無淨光秘密佛 法藏佛 師子乳神足幽王佛 佛告須彌登王佛 法護佛 金剛藏師子遊戱佛 宝勝佛 神通佛 藥師琉璃光佛 普光功德山王佛 善住功德宝王佛 過去七佛 未來賢劫千佛 千五百佛 萬五千佛 五百花勝佛 百億金剛藏佛 定光佛 (3장 a면 4행~b면 2행)	여러『불명경』
8(6불명)	六方六佛名號 東方宝光月殿妙尊音王佛 南方樹根花王佛 西方皀王神通餤花佛 北方月殿清淨佛 上方無數精進宝首佛 下方善寂月音王佛 (3장 b면 2행~6행)	『불설부사의공덕제불소호념경佛說不思議功德諸佛所護念經』(조위曹魏)
9(불명)	無量諸佛 多宝佛 釋迦牟尼佛 弥勒佛 阿閦佛 弥陁佛 (3장 b면 6행~7행)	
10(영험)	中央一切衆生 在佛世界中者 行住於地上 及在虛空中 慈憂於一切衆生 各令安穩休息 晝夜修持[42] 心常求誦此經 能滅生死苦 消伏於毒害 (3장 b면 7행~4장 a면 3행)	『제공재환경除恐災患經』[43](서진西秦)
11(보살귀의)	南無大明觀世音 南無觀明觀世音 南無高明觀世音 南無開明觀世音 藥王菩薩 藥上菩薩 文殊菩薩 普賢菩薩 虛空藏菩薩 普光如來化勝菩薩 (4장 a면 3행~7행)	이하 내용은 조상기×, 방산석경본×
12(다라니)	念念誦此偈 七佛世尊卽說況曰 離波離波帝 求訶求訶帝 陀羅尼帝 尼訶羅帝 毘離尼帝 摩訶迦帝 眞寧羯帝 娑婆訶 (4장 a면 7행~b면 2행)	?
13(관음보살위력)	十方觀世音 一切諸菩薩 誓願救衆生 稱名悉解脫 若有智慧者 慇懃爲解脫 但是有因緣 讀誦口不綴 誦經滿千遍 念念心不絶 火焰不能傷 刀兵立摧折 恚怒生歡喜 死者變成活 莫言此是虛 高王觀世音 能救諸苦危 臨危急難中 諸事得解脫 拜念入菩薩 持誦滿千遍 薄福不信者 重罪皆消滅 諸佛語不虛 是故應頂禮 (4장 b면 3행~5장 a면 4행)	『법화경』「관세음보살보문품」
14(8대보살)	八大菩薩摩訶薩名號 南無觀世音菩薩摩訶薩 南無彌勒菩薩摩訶薩 南無虛空藏菩薩摩訶薩 南無普賢菩薩摩訶薩 南無金剛手菩薩摩訶薩 南無妙吉祥菩薩摩訶薩 南無除盖障菩薩摩訶薩 南無地藏王菩薩摩訶薩 (5장 a면 5행~b면 1행)	『팔대보살만다라경』(당) 『불설팔대보살경』(북송)

42 '持' 자를 방산석경본에서는 '治' 자로 쓰고 있다. 이 '치' 자는 당나라 고종의

먼저 2장에 걸쳐 서문이 나오고, 이어서 경명經名, 관세음보살의 명호, 불법승 삼보에 대한 귀의가 나온다. 다음으로 4구의 4언 게송, 『반야심경』에서 발췌한 4구의 주문에 대한 귀의, 여러 부처에 대한 귀의, 6방 6불의 명호, 여러 부처의 명호, 경전 지송의 영험, 여러 보살에 대한 귀의, 다라니, 『법화경』「관세음보살보문품」의 내용을 정리한 관세음보살의 위력, 그리고 마지막으로 8대 보살의 명호가 제시된다. 이 중 불법승 삼보에 대한 귀의는 동진 시기에 번역된 『칠불팔보살소설대다라니신주경』에 그 최초의 형태가 보인다고 한다. 그리고 6방 6불 명호는 조위 시기에 번역된 『불설부사의공덕제불소호념경』에 나오는 표현이다. 이 두 경전은 번역자 이름을 잃어버렸다. 10번 지송의 영험 부분은 서진 시기 성견聖堅이 번역한 『제공재환경』에서 발췌한 것이다. 마지막 8대 보살의 명호는 당나라 불공이 746년에서 774년 사이에 번역한 『팔대보살만다라경』에 나온다. 이후 북송 시대 법현法賢이 989년에 번역한 『불설팔대보살경』에도 나온다. 중요한 것은 12번 다라니인데, 도무지 그 출처를 찾을 수 없다. 그래서 이소영李小榮은 누군가의 창작이 아닌가 의심하고 있다.

이소영이 분석한 중국 판본 4종과 조선시대 금산사본을 비교해 보면 몇 가지 큰 차이점을 발견할 수 있다. 우선 글자의 출입이 일부 있지만 2번부터 13번 "막언차시허莫言此是虛"까지는 모든 판본에 수록

휘이므로, 석경본은 피휘하지 않고 있는 것이다. 따라서 李小榮은 이 석경본이 수말이나 당초에 새겨진 것으로 보고 있다.

43 西秦 시기 聖堅이 388년에서 408년 사이에 번역한 경전이다. 현세의 복과 화는 전생에 지은 행위의 결과임을 설한 경전이다.

되어 있는 내용이다. 다만 초기 판본인 방산석경본은 11번 이하의 내용이 빠져 있다. 이에 대해서는 아래에서 자세히 살펴보기로 한다. 13번 5언 게송 중 "고왕관세음" 이하와 14번 8대 보살마하살 명호는 중국본에는 없는 내용이다. 13번 고왕관세음 앞부분은 『법화경』「관세음보문품」의 내용에 따라 관음보살의 일반적인 위신력을 서술했다면 고왕관세음부터는 『고왕관세음경』의 특별한 위신력을 강조하고 있다. 이러한 「관세음보살보문품」과의 차별성은 다음에서 설명할 서문에서도 강조된다.

금산사본의 서문은 서하 시기에 간행된 흑수성본의 서문과 글자의 출입이 있을 뿐 내용은 완전히 일치한다. 그리고 이 서문은 다른 중국 판본에는 보이지 않는다. 흑수성은 내몽고 서부에 위치하고 있는 유적으로 서하 시기 군사적 요충지였다. 서하는 1032년부터 1227년까지 존속한 탕구트족의 왕조이다. 서하가 몽골에 멸망당하고, 물이 풍족했던 어지나 강이 후에 물길이 끊기면서 버려진 땅이 되었다. 1908년 러시아 조사단이 흑수성 유적지를 조사하여 많은 유물을 발굴했고, 1909년에는 재차 방문하여 성 밖의 옛 탑에서 다량의 문서와 고서들을 발견했다. 이 자료들은 러시아로 가져가 현재 동방학 연구소에서 소장하고 있다.[44] 이 중 하나의 문헌이 바로 『고왕관세음경』인 것이다.

이 서문은 『속고승전』 등에 나오는 손경덕孫敬德 이야기를 각색한 것인데, 원본과는 적잖은 차이를 보인다. 이 차이점은 아래에서 자

44 뤄슈바오 지음, 조현주 옮김, 『중국책의 역사』, 다른생각, 2008, 256~258쪽.

세히 살펴보기로 하고, 우선 『고왕관세음경』에 대한 연기설화를 기록하고 있는 대표적인 문헌들을 살펴보자.[45] 554년 찬술된 『위서魏書』 권84에는 '노경유전盧景裕(?~542)傳'이 실려 있다. 그는 북위와 동위 시기 유명한 학자인데 전란에 연루되어 538년 감옥에 갇히게 된다. 죽음을 앞둔 상황에서 『고왕관세음경』을 염송하니 감옥에서 풀려나오게 되었다는 내용이다. 여기에서 『고왕관세음경』이라는 이름이 최초로 나온다. 다음으로 645년 도선이 편찬한 『속고승전』 권29에 훨씬 자세한 이야기가 실려 있다. 여기서는 주인공이 손경덕이라는 하급 군인으로 바뀌어 있다. 이 기사는 『고왕관세음경』 서문과 관련하여 중요하므로 아래에서 전문을 소개한다. 그리고 불경목록으로는 처음으로 664년 도선이 편찬한 『대당내전록』 권10에 나온다. 이후 도세道世가 668년에 완성한 『법원주림』 권14와 권17, 730년 지승이 편찬한 『개원석교록』 권18, 1269년 지반이 찬술한 『불조통기』 권38, 원나라 염상念常이 편찬한 『불조역대통재』 권9에도 관련 기사가 나온다.

『고왕관세음경』의 탄생 배경이 어떠했고, 이것이 나중에 어떻게 달라지고 있는지를 살펴보자. 우선 가장 상세한 설명을 하고 있는 『속고승전』의 기사를 검토할 필요가 있다.

북제 정주定州의 상서로운 관음상과 『고왕경』

옛날 동위 천평(534~537) 연간에 정주의 모집된 병사 손경덕이

---

45 牧田諦亮, 「高王觀世音經の出現」, 『疑經研究』, 京都大學人文科學研究所, 1976, 279~283쪽.

방어소에서 관음상을 만들고 근무 연한이 차서 돌아갈 때까지 항상 더욱 예를 다해 섬겼다. 후에 도적들에게 납치되어 감옥에 갇히게 되었다. 결국 고문을 이기지 못하고 죄를 뒤집어쓰게 되어 극형이 언도되었다. 내일 새벽 집행 예정이었는데, 마음이 절실하고 지극하여 눈물이 비처럼 흘러내렸다. 곧 스스로 맹서하며 말했다. 지금 당하고 있는 고초는 마땅히 과거에 다른 사람을 학대한 과보이니 그 빚을 다 갚았으면 좋겠다. 또한 모든 중생들이 받는 재난과 횡액을 내가 대신 받기를 원한다.

말을 마치고 깜빡 잠들었는데 꿈에 한 사문이 나타나 『관세음구생경觀世音救生經』을 염송하라고 가르쳐 주었다. 그 경전에는 부처님 명호가 있었는데 천 편을 외우면 죽음을 면할 수 있다는 것이었다. 경덕이 잠에서 깨자 꿈속의 경전에 따라 오류 없이 새벽이 올 때까지 백 편을 외웠다. 유사가 결박을 붙잡고 시가로 향했는데, 경덕은 가면서 계속 외웠다. 형벌을 가하려고 할 때 드디어 천 편을 외웠다. 칼을 잡고 내려치는데, 칼이 세 조각으로 부러졌다. 세 번 칼을 바꿨는데도 살갗 하나 다치지 않았다.

이상하게 여겨 조정에 알리니 승상 고환高歡이 형을 면해달라고 황제에게 청했다. 이에 그 경전을 필사하여 세상에 퍼뜨리라고 조칙을 내리니, 그것이 지금 이르는 『고왕관세음』이다. 경덕은 풀려나 방어소에 있었을 때 만든 관음상의 목을 살펴보았는데, 목에 세 개의 칼자국이 있었다. 자비로운 깊은 감회가 향읍에 널리 퍼졌다.[46]

---

46 『續高僧傳』第29卷, 大唐西明寺沙門釋道宣撰 “又高齊定州觀音瑞像 及高王經

다음으로 『고왕관세음경』의 서문을 옮겨본다.

옛날에 국왕 고환이 상주相州에 있을 때 군郡에 손경덕이라는 사람이 있었는데 보장관寶藏官을 맡고 있었다. 죄를 범하여 감옥에 갇혔는데 헛되이 죽게 됨을 알고 『관세음보문품경』을 불철주야 지송하였다.
그러다가 꿈에 한 승려가 나타나 말했다. "그대가 이 경을 지송하면 죽음을 면할 수 없다. 내가 그대에게 『고왕관세음경』을 권하니 천 편을 지송하면 죽음을 면할 수 있을 것이다." 경덕이 말했다. "지금 옥중에 있는데 어느 때에 『고왕경』을 얻어 볼 수 있습니까." 승려가 말했다. "내가 말로 전해 주겠다."
잠에서 깨자 곧 베껴내어 한 자도 빠짐없이 지심으로 지송하여 구백 편을 채웠다. 형벌 문서가 완성되어 왕의 결재를 받았다. 왕은 도시로 끌고 가 목을 베라고 명했다. 경덕은 두려워 사인使人에게 물었다. "도시는 얼마나 멉니까." 사인이 말했다. "왜 나에게 묻느냐." 경덕이 말했다. "어젯밤 꿈에 한 승려가 나타나 『고왕관세

者 昔元魏天平 定州募士孫敬德 於防所 造觀音像 及年滿還 常加禮事 後爲劫賊所引 禁在京獄 不勝拷掠 遂妄承罪 並處極刑 明旦將決 心旣切至 淚如雨下 便自誓曰 今被枉酷 當是過去曾枉他來 願償債畢了 又願一切衆生所有禍橫 弟子代受 言已少時依俙如睡 夢一沙門教誦觀世音救生經 經有佛名 令誦千遍 得免死厄 德旣覺已 緣夢中經 了無謬誤 比至平明已滿百遍 有司執縛向市 且行且誦 臨欲加刑誦滿千遍 執刀下斫 折爲三段 三換其刀 皮肉不損 怪以奏聞 承相高歡 表請免刑 仍勅傳寫被之於世 今所謂高王觀世音是也 德旣放還 觀在防時所造像項 有三刀迹 悲感之深慟發鄉邑."

음경』 천 편을 외우면 죽음을 면할 수 있다고 가르쳐 주었는데, 지금 백 편이 부족합니다." 그러면서 사인에게 천천히 가 달라고 부탁했다. 길 따라 걸음걸음 급히 염송하니 형장에 이르기 전에 천 편을 채울 수 있었다.

감사가 고선왕高宣王의 칙령에 따라 목을 베라고 명령했다. 경덕의 몸은 하나도 다치지 않았다. 그 칼은 세 조각으로 부러졌다. 칼을 가지고 왕에게 아뢰니 왕은 경덕을 불러 물었다. "너는 무슨 환술을 갖고 있어서 이처럼 만들었느냐." 경덕이 말했다. "아무 환술도 없습니다. 옥중에서 죽음이 두려워 『관세음보문품경』을 지송하고 있었는데 꿈에 한 승려가 나타나 『고왕관세음경』 천 편을 외우면 이처럼 복을 얻을 수 있다고 가르쳐 주었습니다." 왕이 경덕에게 말했다. "네가 나보다 뛰어나니 성인과 무엇이 다르겠느냐." 왕은 곧 법관法官을 불러, 옥중에 사형판결을 받은 자들에게 이 경명을 천 편 외우도록 한 후 목을 베도록 처분했다. 이 사람들은 모두 경덕과 같이 칼은 세 조각 나고 몸은 하나도 다치지 않았다. 고왕은 칙령을 내려 나라 사람들이 모두 이 경전을 지송하여, 집안에 횡액이 없어지고 수명이 백세에 이르며 수륙의 원통한 혼령이 범천에 화생하여 다시는 윤회의 과보가 없도록 했다.[47]

---

47 "昔者 高歡國王在相州 爲郡有一人 姓孫名敬德 爲主宝藏官 犯法囚禁在獄中 知慮就死 持誦觀世音普門品經 日夜不輟 忽於睡中 夢見一僧言曰 汝持此経 不能免死我勸汝持取 高王觀世音經 一千遍 當離刑戮 敬德曰 今在獄中 何時得見高王經本僧曰 口授與汝 睡覺 便抄更無遺失 志心誦持得九百遍 文案已成 事須呈押 王遂令赴都市斬之 敬德怕懼 問使人曰 都市近遠 使人曰 何故問我 敬德曰 昨夜夢中見有一僧 令教受持 高王觀世音經 一千遍 當得免死 今欠一百遍 請求使人慢行

『속고승전』 수록 기사와 『고왕관세음경』 서문 사이에는 몇 가지 중요한 차이를 발견할 수 있다. 『속고승전』에는 고환(496~547)이 승상으로 나오며, 배경이 정주이다. 그리고 손경덕의 신분이 변방을 지키는 하급 군사로 나온다. 그런데 서문에서는 고환이 국왕으로 나오며 배경이 상주이다. 그리고 손경덕은 보장관이라는 중요한 직책을 맡고 있는 것으로 나온다. 『속고승전』에는 손경덕이 형장으로 가기 전까지 100편을 염송한 것으로 나오는데, 서문에서는 900편을 염송한 것으로 되어 있다. 『속고승전』에서는 고환의 관직이 승상이다 보니 고환이 황제에게 손경덕의 사실을 주청하여 형벌을 면하게 하고 그 경전을 필사하여 세상에 유통시키도록 하고 있다. 서문에서는 고환이 국왕으로서 손경덕을 직접 불러 심문하고, 백성들에게 『고왕관세음경』을 지송하라고 명령하고 있다. 고환은 북위의 장군으로서 534년 북위가 서위와 동위로 분열되자 동위의 실권을 잡은 자이다. 허수아비 왕을 세워 놓고 왕 못지않은 권세를 누렸던 자인 것이다. 급기야는 그의 아들 고양高洋이 동위를 폐하고 북제를 세워 황제에 오르게 된다. 『고왕관세음경』의 '고왕'은 고환을 국왕으로 여기고 그의 치적을 따서 경명에 붙인 이름인 것이다. 이로 인해 후대에

隨路急念 幷前所持經 數滿一千遍 監使乃高宣王勑 遂令斬之 敬德身都不損 其刀却爲三段 將刀呈王 王喚敬德問曰 是汝有何幻術 令得如此 敬德曰 實無幻術 獄中怕死 自持觀世音普問品經 睡中見一僧 令敎持高王觀世音經 一千遍 獲福如是 王謂敬德曰 汝勝於我 與聖何異 王便喚法官 處分獄中有合死者 人將此經名令誦持一千遍 然則斬之 是人悉得如此 其刀盡成三段 身都不損 高王勑下 其國人民 悉令誦持此経 家無橫事 普壽百歲 水陸寃債 託化梵天 更無輪報矣."

여러 가지 오해를 낳았던 모양인데, 명대 고승인 운서주굉雲棲袾宏은 그의 저서 『정와집正訛集』에 한마디를 남기고 있다. 당시의 인식을 알 수 있어 참고가 된다.

> 『고왕관세음경』은 세상에 전하기를 고왕이 이를 염송하여 어려움을 벗어났다고 하는데 이는 잘못된 것이다. 그 경은 비루하고 속되어 문장의 뜻을 이루지 못하고 있다. 그리고 어느 시대의 번역인지도 모른다. 이치로 판단하면 이것은 『법화경』 「보문품」일 따름이다. 고왕 때의 사람이 이 경전에 의지하여 어려움을 벗어났다고 해서 고왕이라는 이름을 붙인 것이다. 후대 사람들이 이를 알지 못하고 거짓말을 지어내어 「고왕경」이라 칭했다. 이는 이름으로 뜻을 미혹한 것으로 세상 사람들이 깨닫지 못한 까닭이다.[48]

그리고 서문에는 『속고승전』에는 없는 손경덕과 사인의 대화가 추가되어 있다. 이는 극적 사실성을 높이고자 하는 장치로 보인다. 그런데 가장 중요한 차이는 손경덕이 옥중에서 「관세음보살보문품」을 외우고 있는데 꿈에 한 승려가 나타나 「보문품」을 외워서는 죽음을 면할 수 없고, 『고왕관세음경』을 천 번 외워야 죽음을 면할 수 있다고 말하는 장면이다. 이 장면은 『속고승전』에는 없고 서문에만 나온다.

---

48 『嘉興大藏經』 第33冊 雲棲法彙, 明 袾宏著, 第15卷 『正訛集』 "又高王觀世音經 世傳高王誦之脫難 此訛也 其經鄙俚 不成文義 不知譯自何代 以理斷之 即是法華普門品耳 高王時人仗此脫難 故以爲名 後人不知 別造僞語 稱高王經 因名迷義 俗所不覺."

「관세음보살보문품」과의 차별성을 강조하고 있는 내용이다. 『고왕관세음경』은 「보문품」보다 훨씬 분량이 적고, 내용도 문장이 아니라 불보살의 명호와 게송으로 되어 있다. 일반 백성들이 보다 쉽게 따라 염송할 수 있는 구조로 되어 있는 것이다. 이러한 조건들이 보다 설득력 있게 백성들에게 다가갈 수 있도록 했을 것이다. 위에서 언급한 바와 같이 이 서문은 흑수성본 서문에 나오는 내용과 일치한다. 따라서 서하 시기에 이미 상당 부분 『고왕관세음경』의 차별성과 위신력을 강조하는 방향으로 각색이 이루어져 있었음을 알 수 있다.

2) 『고왕관세음경』의 탄생 배경과 텍스트 변천 과정

(1) 『고왕관세음경』의 탄생 배경

『고왕관세음경』은 위진남북조라는 전란의 시기를 배경으로 탄생한 경전이다. 빈번한 전란 속에 많은 백성들과 지식인들은 갈 길 몰라 헤맬 수밖에 없었다. 생활은 고통과 고난의 연속이었다. 서진 시기 축법호가 286년 『정법화경』을 번역하고, 요진 시기 구마라집이 406년 『묘법연화경』을 번역하면서 관음신앙이 백성들 사이에 광범위하게 전파되기 시작했다. 그러면서 이 시기에 각종 관음영험 고사들이 생성되었는데, 이들을 모아 영험전이 간행되기도 했다. 유송대 부량이 찬술한 『광세음응험기』, 장연이 찬술한 『속광세음응험기』, 제나라 육고가 찬술한 『계관세음응험기』 등이 그것이다. 이들은 「관세음보살보문품」 중 난리나 도적을 만났을 때 관음보살을 염송하면 그 어려움에서 벗어날 수 있다는 가르침을 현실에서 징험한 사례들을 다수 수록하고 있다. 이러한 배경 속에서 『고왕관세음경』이 탄생할 수 있었던 것이다.

특히 『고왕관세음경』이 탄생한 천평天平 연간은 혼란의 연속이었다. 534년 북위가 서위와 동위로 분열되자 고환은 동위의 실권을 잡게 된다. 그러면서 동위는 연호를 천평이라고 고친다. 이 연호는 537년까지 4년 동안 사용된다. 천평 2년 고환은 유려승劉蠡升을 멸하고 그가 다스리던 5만여 호를 빼앗았다. 천평 4년 정월과 9월부터 10월까지 고환은 서위의 우문태宇文泰와 두 차례 대전을 치렀으나 패배했다. 이처럼 천평 연간은 전란이 끊이지 않아 사회가 불안했다.[49] 이러한 배경 속에서 변경의 방어소에 근무하던 손경덕이 관음상을 만들어 불철주야 여러 불보살의 명호를 염송했던 것은 자연스러운 일이다.

(2) 『고왕관세음경』 텍스트의 변천 과정

『고왕관세음경』의 내용 구성과 출전, 탄생 배경 등을 살펴보았으니, 이제는 텍스트 구성의 역사적 변천 과정을 검토해 볼 차례다. 현재 중국에 남아 있는 『고왕관세음경』 초기 판본을 일별해 보면 다음과 같다. 가장 이른 판본은 동위 시기인 550년 두영준杜英儁 등 14인이 새긴 조상기造像記이다. 수대부터 초당 시기 판본으로 여겨지는 것에는 방산석경본, 미국 샌프란시스코 아시아미술관 소장 관음경상비觀音經像碑, 용문석굴 노룡동老龍洞[50]의 석각 등이 있다. 그리고 당대 필사본으로 보이는 돈황문서 여러 종이 전한다. 서하 시기 간행된

---

49 李小榮, 위 논문, 106~107쪽 참조.

50 627~683년에 개착되었다.

흑수성본이 있고, 명대에는 서하문으로 된 『고왕관세음경』을 간행했는데, 이 판본은 현재 북경고궁박물관에 소장되어 있다.[51] 『고왕관세음경』이 현재와 같은 모습을 갖추기까지 과정을 이해하기 위해서는 가장 초기 판본들에 관심을 집중시킬 필요가 있다. 그런데 송대 지반志磐이 찬술한 『불조통기佛祖統紀』 권36에는 가장 이른 『고왕관세음경』 판본인 550년 조상기보다 100년이나 앞서는 기사가 실려 있다. 이 기사의 주인공은 왕현모王玄謨로서 남조 유송대의 사람이다. 중요한 점은 이 기사 안에 『고왕관세음경』의 초기 원형으로 보이는 내용이 실려 있다는 것이다. 우선 이 기사를 소개한다.

> 원가 27년(450) 왕현모가 북방을 정벌하다가 군율을 어겼다. 소빈蕭斌이 그의 목을 베려고 했으나 심경지沈慶之가 말리며 말했다. 불리佛貍(북위 태무제)의 위세가 천하를 진동하니, 어찌 현모가 감당할 수 있었겠습니까. 전장의 장수를 목 베는 것은 스스로를 약화시킬 뿐입니다. 그러자 이내 그쳤다. 처음 현모가 장차 죽게 되었을 때 꿈속에서 한 사람이 말했다. 『관음경』 천 편을 외우면 죽음을 면할 수 있다. 그러면서 입으로 그 경전을 전해 주었다. "관세음觀世音 나무불南無佛 여불유인與佛有因 여불유연與佛有緣 불법상연佛法相緣 상락아정常樂我淨 조념관세음朝念觀世音 모념관세음暮念觀世音 염념종심기念念從心起 염념불리심念念不離心." 꿈에서 깨어 염송하기를 그치지 않았다. 갑자기 부르더니 형벌을

51 聶鴻音, 「明刻本西夏文『高王觀世音經』補議」, 『宁夏社會科學』, 2003年 第1期(總 第117期).

정지시켰다. 후에 관직이 개부開府에 이르렀고, 82세를 살았다.[52]

대체적인 이야기 구도는 손경덕 이야기와 비슷하다. 여기서 중요한 것은 어떤 사람이 꿈속에서 일러 주었다는 내용, 즉 "관세음 나무불 여불유인 여불유연 불법상연 상락아정 조념관세음 모념관세음 염념종심기 염념불리심"이다. 이것은 『고왕관세음경』의 기본 뼈대를 이루는 내용이다. 그러니까 동위 시대인 530년대 손경덕의 영험 이야기가 만들어지기 이전에 관세음보살을 향한 염송주가 이미 형성되어 있었다는 얘기다. 여기에서는 이 염송주의 이름을 단지 '관음경'이라고만 하고 있다. 이 문구와 550년 조상기 문구의 비교는 아래에서 자세히 살펴보기로 한다. 『불조통기』 권38에서 지반은 『고왕관세음경』에 대해서도 설명을 하고 있다. 이를 인용하면 다음과 같다.

손경덕이 먼저 관음상을 만들고 나중에 죄를 지어 죽게 되었다. 꿈에 사문이 나타나 경을 염송하면 죽음을 면할 수 있다고 가르쳐 주었다. 꿈에서 깨어 천 편을 외웠다. 형벌을 당하는 순간 칼이 세 조각으로 부러졌다. 주관하는 자가 조정에 아뢰니 명을 내려 그를 사면했다. 집으로 돌아가 관음상의 목을 보니 칼자국 세

52 『佛祖統紀』 卷第三十六 宋(建康) 文帝(義隆高祖第三子) "元嘉 二十七年 王玄謨北征失律 蕭斌欲誅之 沈慶之諫曰 佛貍(魏世祖小子)威震天下 豈玄謨所能當 殺戰將徒自弱耳 乃止 初玄謨將見殺 夢人告曰 誦觀音經千遍 可免 仍口授其經曰 觀世音 南無佛 與佛有因 與佛有緣 佛法相緣 常樂我淨 朝念觀世音 暮念觀世音 念念從心起 念念不離心 既覺 誦之不輟 忽唱停刑 後官至開府 年八十二."

> 개가 있었다. 이로써 이 경전이 성행하게 되었는데, 이를 『고왕관세음경』이라고 말했다.[53]

『속고승전』과 『고왕관세음경』 서문의 내용을 간략히 요약하고 있음을 알 수 있다. 중요한 것은 그 다음 이어지는 지반의 논설이다. 왕현모 이야기와 손경덕 이야기를 서로 연결시키고 있는 것이다. 이를 옮겨보면 다음과 같다.

> 논술한다. 이 경전은 10구에 그치는데, 곧 송조 왕현모가 꿈속에서 받은 문장이다. 지금 민간 가게에서 간행하고 있다. 손경덕이 염송했다는 것이 이것이다. 후인들이 헛되이 서로 내용을 덧붙여 그 문장이 번잡해졌다. 식자들이 그것이 진짜인지 가짜인지 의심하고 있다. 또 본조 가우嘉祐(1056~1063) 연간에 용학龍學 매지梅摯의 처가 실명했다. 상축사에서 기도하게 했는데, 하루는 꿈에 흰 옷을 입은 사람이 나타나 『십구관음경十句觀音經』을 염송하라고 가르쳐 주었다. 곧 염송하기를 그치지 않으니 두 눈이 다시 밝아졌다. 청헌淸獻 조공趙公이 그 일을 간행하여 알렸다. 대사는 이렇게 간단한 경전으로 위기와 고난에 빠진 중생들을 구하는데, 고금에 기록된 것이 이 세 가지 응험이니, 어찌 믿지 않을 수 있겠는가.[54]

---

53 『佛祖統紀』 卷第三十八 北齊(都鄴) 武成(湛高祖第九子) "孫敬德先造觀音像 後有罪當死 夢沙門敎誦經 可免 旣覺 誦滿千遍 臨刑刀三折 主者以聞 詔赦之 還家見像項上 有三刀痕 此經遂行 目爲高王觀世音經."

손경덕이 염송한 『고왕관세음경』은 왕현모가 꿈속에서 받은 염송주 10구라는 것이다. 이 10구는 왕현모가 꿈속에서 받았다는 "관세음 나무불 여불유인 여불유연 불법상연 상락아정 조념관세음 모념관세음 염념종심기 염념불리심"를 가리킨다. 세어보면 모두 10구인 것이다. 이 기사에서는 이를 『십구관음경』이라 이름하고 있다. 여기에다가 후인들이 여러 가지 내용을 덧붙여 문장이 복잡해졌다는 것이다. 이 말이 무슨 뜻인지는 이 10구와 『고왕관세음경』 최초의 판본인 550년 조상기를 비교해 보면 금방 알 수 있다. 이해의 편의를 위해서 위에서 제시했던 1694년 금산사본 내용 구성표에 따라 해당 문장을 배치해 보았다.

〈표〉 『십구관음경』과 조상기의 내용 비교

450년(송) 왕현모 이야기(『불조통기』)		550년(동위) 두영준 등 14인 조상기[55]
1	×	讀訟千遍 濟彼苦難 拔除生死難[56]
2	×	佛說觀世音經一卷
3	觀世音	觀世音菩薩
4	南無佛	南无佛
5	與佛有因 與佛有緣 佛法相緣 常樂我淨	佛□□緣 佛法相因 常樂我緣
6	×	佛說男无摩訶波若是大神□ □□摩訶□□是大神呪 男无摩訶波若是大明呪 南无摩訶般若是无等〃呪

54 "述曰 此經止十句 卽宋朝王玄謨 夢中所授之文 今市肆刊行 孫敬德所誦者是後人妄相增益 其文猥雜 遂使識者疑其非眞 又本朝嘉祐中 龍學梅摯妻失目 使禱於上竺 一夕夢白衣人 教誦十句觀音經 遂誦之不輟 雙目復明 淸獻趙公刊行其事 大士以茲至簡經法 救人於危厄之中 古今可紀者三驗矣 可不信乎."

7	×	靜光悲媚佛 法□佛 師子吼神足遊王佛 告須彌登王佛 法護佛 金剛藏師子遊戲佛 藥師留璃光佛 普□□德山王佛 □住功德寶王佛
8	×	六佛名号 東方寶光□□妙尊音王□ □方樹根花王佛 西方皀王神通豔花王佛 北方月壁淸佛 上方無數□□寶勝佛 下方善治月音王佛
9	×	釋迦牟尼佛 彌勒佛
10	朝念觀世音 暮念觀世音 念念從心起 念念不離心	中央一切衆生 俱在法戒中者 行動於地上及以虛空里 慈□於一切 寧可安休思 晝夜脩其□ □有□此□ □□□□害
11	×	×
12	×	×
13	×	×
14	×	×

55『北朝佛教石刻拓片百品』 第01冊 杜英儁等十四人造像記 "〔碑陰〕 高王經一卷 佛說觀世音經一卷 讀訟千遍 濟彼苦難 拔除生死難 觀世音菩薩 南无佛 佛□□緣 佛法相因 常樂我緣 佛說男无摩訶波若是大神□ □□摩訶□□是大神呪 男无摩訶波若是大明呪 南无摩訶般若是无等〃呪 靜光悲媚佛 法□佛 師子吼神足遊王佛 告須彌登王佛 法護佛 金剛藏師子遊戲佛 藥師留璃光佛 普□□德山王佛 □住功德寶王佛 六佛名号 東方寶光□□妙尊音王□ □方樹根花王佛 西方皀王神通豔花王佛 北方月壁淸佛 上方無數□□寶勝佛 下方善治月音王佛 釋迦牟尼佛 彌勒佛 中央一切衆生 俱在法戒中者 行動於地上及以虛空里 慈□於一切 寧可安休思 晝夜脩其□ □有□此□ □□□□害 〔碑陽〕 大魏武定八年歲次庚午(550) 二月辛巳朔八日造訖 夫大覺秉不惻之智 非感莫應其形 眞如蘊無窮之說 非聖孰宣其旨 故投藥隨機 崎嶇濟物 哀彼沈淪繫珠之言 是以都邑主杜文雍 都維那杜英儁 都忠正杜容徽十四人等 上爲皇帝陛下 諸邑七世父母 一切有形 敬造石像一區 堪室華離 靈容澄湛 表彰往聖 合生等福."

56 이 3구는 바로 아래 '佛說觀世音經一卷'과 '觀世音菩薩' 사이에 들어 있는 말이다. 앞으로 뺀 이유는 이 3구가 『고왕관세음경』 지송의 영험을 강조하고 있기 때문이다. 이 영험에 더욱 사실성을 입히기 위하여 이후 판본에는 손경덕과

양자를 비교해 보면 우선 초반부 내용 전개가 상당히 유사함을 알 수 있다. 관세음보살 명호가 나오고, 나무불이 나오며, 다음으로 4언 게송이 나오는 것이다. 게송의 내용 또한 거의 일치한다. 『십구관음경』은 게송이 4구인데, 조상기는 3구이다. 이후 판본들은 대부분 『십구관음경』과 같은 4언 4구 체재를 갖추고 있다. 그리고 특이한 것은 불법승에 대한 귀의가 아니라 불에 대한 귀의만 나오고 있다는 점이다. 이소영이 참고했던 돈황유서에도 나무불만 나온다고 한다. 10번의 5언 4구 게송은 아침저녁으로 관세음보살을 염송하여 마음에서 떠나지 않는다는 내용으로 이 게송의 내용이 더욱 확대되어 이후 판본처럼 문장이 늘어난 것으로 보인다. 조상기의 1, 6, 7, 8, 9번 내용은 100년 사이에 첨가된 내용이다. 대부분 불보살의 명호이다. 관음보살만을 대상으로 했던 염송이 시방세계 모든 불보살들에 확대되고 있는 것이다. 양자 모두에 공통된 사항은 11번 이하의 내용이 모두 빠져 있다는 것이다. 당 초기 이전에 새겨진 방산석경본도 그렇다고 한다. 이렇게 본다면 11번 이하의 내용은 당 중기 이후에 첨가된 내용이 아닌가 생각된다.

아서 새커(Arthur M. Sacker)가 미국 컬럼비아 대학에 기증한 당대 관음경상비가 있다. 앞면 주 감실에 좌불 1구와 7존상이 있고, 그 위 감실에 미륵좌상과 좌우협시가 새겨져 있다. 뒷면 주 감실에 관음좌상이 있고, 그 아래 감실에는 부처열반상이 있다. 그리고 부처열반상 아래에 『고왕관세음경』을 새겨 놓았다. 관음좌상은 주위에 관음보살

고환의 이야기라는 구체적 사례를 제시하게 된 것으로 보인다.

이 여러 모습으로 화현하는 장면을 더불어 새겨 놓았다. 이는『법화경』「관세음보살보문품」과『수능엄경』의 응화신 내용을 표현한 것이다.『고왕관세음경』은 경문과 제기題記 모두 합쳐 14행이고, 경문은 12행 13~15자이다. 550년 조상기와 일부 글자의 차이만 있을 뿐 내용이나 체재는 완전히 일치하고 있다.[57] 이를 통해 보더라도 550년 조상기의 체재와 내용이 당 초기까지는 유지된 것으로 보인다.

(3)『몽수경』 텍스트의 성립 과정

이 시점에서 검토해야 할 또 하나의 사안은『고왕관세음경』과 짝을 이루는『몽수경』의 텍스트 구성 문제이다.『몽수경』은 '꿈에서 전해준 경전'이라는 뜻으로『고왕관세음경』과 그 연기설화를 같이한다. 하지만『몽수경』은『고왕관세음경』보다 훨씬 짧다. 이 짧은 텍스트가 과연 어디서 와서, 어떻게 구성되었느냐 하는 문제인 것이다. 우선 조선시대에 간행된『몽수경』을 기준으로 하여 그 텍스트 구성을 살펴보기로 한다.

〈표〉『몽수경』의 내용 구성과 출전

『몽수경』(1694년 금산사본 기준)		출전
1	南無觀世音菩薩 南無佛 南無法 南無僧 與佛有因 與佛有緣 佛法相因 常樂我淨 朝念觀世音 暮念觀世音 念念從心起 念佛不離心	『십구관음경』
2	天羅神 地羅神 人離難 難離身 一切災殃化爲塵	『문견근록聞見近錄』
3	南無摩訶般若波羅密	『반야심경』

57 張總,「觀世音『高王經』幷應化像碑-美國哥倫比亞大學藏沙可樂捐觀音經像碑」,『世界宗教文化』, 2010年 第3期.

위의 표에서 제시한 내용이 『몽수경』의 전부다. 첫 부분은 『십구관음경』과 완전히 일치한다. 다만 '나무불'에 '나무법南無法'과 '나무승南無僧'이 추가되어 12구가 되어 있을 뿐이다. 따라서 『몽수경』 역시 『고왕관세음경』과 마찬가지로 『십구관음경』을 원형으로 하여 형성되었음을 알 수 있다. 문제는 2번 부분이다. 이 구절은 과연 어디에서 온 것인가. 다음의 기록을 통해 일정 정도 그 의문을 해소할 수 있었다.

『문견근록』에 나오는 이야기. 금주金州 지방 추관推官의 어머니 왕씨는 주도성朱道誠의 처이다. 매일 십구관음심주를 염송했다. 나이 49세에 병이 위독해져서, 집안사람들이 뒷일을 준비하려고 했다. 왕씨가 갑자기 정신이 혼미해지면서 푸른 옷을 입은 사람을 보았는데, 그가 말했다. "그대는 평생토록 관음심주를 지송했다. 여기에다 다시 19자를 얹으면 더욱 수명이 늘어날 것이다." 왕씨가 말했다. "나는 글자를 모르는데 어찌면 좋습니까." 그가 말했다. "소리를 따라 기억하여 염송해라." 그러면서 말했다. "천라신天羅神 지라신地羅神 인리난人離難 난리신難離身 일체재앙화위진一切災殃化爲塵." 오래 있다가 깨었는데 병 역시 말끔히 나았다. 후에 나이가 79세에 이르렀다. 그 후손들은 돈독한 믿음을 가진 거사들인데, 나를 위하여 이와 같이 그 자세한 내용을 말해 주었다.[58]

58 『卍新纂大日本續藏經』 第88冊 (圖書集成)神異典釋教部紀事 卷下 "聞見近錄 金州推官母王氏 朱道誠之妻也 日誦十句觀音心呪 時年四十九 病篤 家人方治後事 王氏恍然 見青衣人曰 爾平生持觀世音心呪 但復少十九字 增之當益壽 王曰我不識字奈何 青衣曰 隨聲誦記之 乃曰 天羅神 地羅神 人離難 難離身 一切災殃化

우선 『문견근록』은 북송대 왕공王鞏[59]이 1110년 전후에 저술한 책이다. 여기서 중요한 내용은 왕씨가 십구관음심주를 평생 염송해 왔는데, 나이 49세에 병이 들어 위독해지자 꿈속에서 푸른 옷을 입은 사람이 나타나 다음과 같은 19자를 더 얹어서 외우라는 것이다. "천라신 지라신 인리난 난리신 일체재앙화위진." 그러면 수명이 더 늘어난다는 말이다. 이 대목에서 『몽수경』의 텍스트 구성이 드러난다. 십구관음심주는 위에서 설명한 『십구관음경』이고, 더 얹으라고 한 19자가 바로 『몽수경』의 2번 내용이다. 그리고 3번 마지막은 마하반야바라밀에 대한 귀의로 마무리하고 있다. 이는 『고왕관세음경』 6번 내용과 유사하다.

이상의 내용을 바탕으로 『고왕관세음경』과 『몽수경』의 성립과정을 다음과 같이 정리할 수 있겠다. 최초의 원형으로 보이는 텍스트는 유송대인 450년 왕현모 이야기다. 여기에 10구의 관음염송주가 나온다. 이를 『십구관음경』이라고 한다. 그 다음은 동위 천평(534~537) 연간의 손경덕 이야기와 동위 538년 노경유 이야기다. 이 이야기에는 두 사람이 『고왕관세음경』을 염송하여 형벌에서 벗어났다는 내용만 있지, 실제 이 사람들이 외웠던 텍스트의 내용은 실려 있지 않다. 『불조통기』에는 손경덕이 왕현모와 같은 『십구관음경』을 염송했다고 기록되어 있다. 이 당시 실권자는 고환(496~547)이어서 후대에

爲塵 久之而醒 疾亦尋愈 後至七十九 其孫浩信厚士也 爲予道其詳 如此."

59 왕공은 자는 定國, 호는 淸虛居士로 시와 그림에 뛰어났다. 소식과 교류하며 시와 노래를 주고 받았다. 『甲申雜記』, 『隨手雜錄』, 『王定國詩集』, 『王定國文集』, 『聞見近錄』 등의 저술을 남겼다.

이 사람의 이름을 따 '고왕'이라는 명칭이 경명에 붙게 되었다. 현재 남아 있는 가장 이른 시기의 『고왕관세음경』 텍스트는 동위 550년에 새겨진 두영준 등 14인 조상기이다. 여기에는 『십구관음경』에 없던 여러 내용이 첨가되어 있다. 당대 돈황사본을 거치면서 다시 내용이 첨가되는데, 대표적인 것이 다라니와 영험을 강조한 부분이다. 이때까지도 없던 서문이 서하 흑수성본에 나타난다. 이 서문은 『속고승전』에 나오는 손경덕 이야기를 상당 부분 각색한 것이다. 이 서문이 온전하게 조선시대 판본에 실려 있는데, 청대 왕팽수汪彭壽가 정리한 『고왕관세음경』 판본이나 오정悟靜 주상지周上智가 주해한 『고왕관음경주석高王觀音經註釋』에는 이 서문이 실려 있지 않다. 『몽수경』은 북송대에 『십구관음경』에 19자를 추가하면서 현재와 같은 텍스트의 모습을 갖추게 된 것으로 보인다. 이를 통해 『고왕관세음경』과 『몽수경』은 『십구관음경』이라는 동일한 뿌리에서 자라난 두 나무라고 할 수 있다.

3) 『고왕관세음경』의 주요 간행본

『고왕관세음경』은 충청도 서산 문수사 금동아미타여래 복장에서 출토된 고려본을 제외하고는 임진왜란 이후에 간행되거나 필사되는 경향을 보이고 있다. 위에서 살펴본 것처럼 『고왕관세음경』은 전란의 시기를 배경으로 탄생했다. 단순한 구절을 반복적으로 지송함으로써 자기의 생명을 지킬 수 있다는 신앙은 미래를 예측하기 어려운 전란의 시기에 더욱 힘을 발휘할 수밖에 없다. 더욱이 일반 백성들에게는 번쇄한 논리보다는 새로우면서도 간결한 주문이 더욱 필요했을 것이다.

조선시대 『고왕관세음경』의 특징은 위에서 설명한 흑수성본 서문과 『몽수경』이 앞뒤를 장식하고 있다는 것이다. 서문 내용의 핵심은 『고왕관세음경』이 『법화경』 「관세음보살보문품」보다 더 강력한 효능을 지니고 있다는 것이다. 우선 『고왕관세음경』의 간행 목록을 표로 제시한 후 주요 판본을 살펴보기로 한다.

〈표〉 『고왕관세음경』의 주요 간행본

서명	판본	간행(인출)년	간행처
고왕관세음경	목판본	고려 후기	
고왕관세음경	목판본	인조 9(1631)	경상도 상주 봉불암
고왕관세음경	필사본	인조 17(1639) 이전	
불설고왕관세음경	목판본	숙종 20(1694)	전라도 모악산 금산사
불설고왕관세음경	목판본	숙종 37(1711)	경상도 합천 해인사
송고왕관세음경감응	목판본	경종 1(1721)	경상도 고성 운흥사
불설대승무량수장엄경	목판본	정조 19(1795)	경기도 양주 불암사
고왕관세음경	목판본	고종 연간(1864~1906)	
불설아미타경	목판본	광무 2(1898)	경상도 밀양 표충사
고왕관세음경	목판본	乙巳(?)년	전라도 지리산 청암사
고왕관세음경	목판본	1911년	

(1) 고려본

1973년 충남 서산 문수사 금동아미타여래 불복장에서 출토된 유물 중 『고왕관세음경』이 있다. 절첩본 『묘법연화경』, 『구역인왕경』, 『금광명경영험전』, 절첩 형태의 『오대진언』 등과 함께 출토되었다.

1096~1346년 사이에 간행된 것으로 추정되고 있다. 상한은 함께 발견된 고려시대 속장경 절첩 일부인 간행기록 1매에 따른 것이고, 하한은 『금광명경영험전』 1매 등과 복장발원문에 따른 것이다. 특이한 점은 『고왕관세음경』 서문에 해당하는 부분이 '영험전'이라는 제목으로 본문 다음에 수록되어 있다는 것이다. 그리고 본문은 위 내용 구성표의 13번에서 마무리되고 있다. 즉 13번 내용 다음에 조선 후기 판본의 서문에 해당하는 내용이 '영험전'이라는 이름으로 실려 있는 것이다. 이는 1631년 봉불암 간행본에서 본문 다음에 '고왕관세음경서高王觀世音經序'가 나오는 이유를 알려주는 중요한 자료다. 즉 처음에는 '영험전'이라는 이름으로 본문 뒤에 수록되어 있다가, 후에 '영험전'이라는 이름이 '고왕관세음경서'로 바뀌었고, 그 다음에는 '서'라는 이름에 걸맞게 본문 앞쪽에 배치되었던 것이다. 현재 동국대 박물관에 소장되어 있다.[60]

(2) 1631년 봉불암 간행본

『불정심다라니경』 한문본과 언해본이 먼저 나오고 그 뒤에 『불설고왕관세음경』이 합부되어 있다. 첫 장에 수월관음도가 나오고, 다음 장에는 위태천韋駄天 도상이 나온다. 위태천은 불법을 보호하는 신장으로서 당나라 이후 사찰에서 많이 신앙되던 신인데, 조선시대에 간행된 불경 중에 이 위태천상이 들어 있는 경우가 많다. 특이한

---

60 강인구, 「서산 문수사 금동여래좌상 불복유물」, 『미술자료』 제18호, 1975; 남권희, 「고려말에서 조선중기까지의 구결자료에 대한 서지학적 연구」, 『도서관학논집』 27집, 1997, 518쪽.

점은 『고왕관세음경』 본문 다음에 '고왕관세음경서'가 나온다는 사실이다. 내용은 다른 서문들의 내용과 일치한다. 그러나 『몽수경』은 실려 있지 않다. 다음에 불설여래장경실장구, 비로자나총귀진언, 대장경칠불명호, 십재일, 결정왕생정토진언, 연수명다라니, 아미타불심주, 멸죄진언 등 각종 진언들이 실려 있다. 마지막으로 발문과 간기가 나온다. 1630년에 옥정玉井이 쓴 발문에 따르면 간행사업에 성린性璘과 처사 윤복尹福 등이 참여하고 있다. 간기 다음에는 간행에 참여한 사람들과 시주자 명단이 실려 있다.

(3) 수덕사 대웅전 복장전적 중 『고왕관세음경』 필사본

수덕사 대웅전에 있는 목조삼세불좌상의 불복에서 발견된 복장전적 중 하나로 필사본이다. 현재 보물 제1381호로 일괄 지정되어 있다. 삼세불좌상은 수덕사 중흥조인 만공 선사가 전북 남원의 만행산 귀정사에서 옮겨온 것이라고 한다. 중앙의 석가모니불을 중심으로 오른쪽에 약사불, 왼쪽에 아미타불이 자리하고 있다. 불상 안에서 발견된 조성기에 의하면 인조 17년(1639) 수연守衍 비구를 비롯한 7명의 화원들이 참여하였다고 한다. 복장불서 중에 『법화경』 판종은 한국판 12종과 중국판 1종 등 모두 13종으로 조사되었다. 주로 1443년 고산 화암사에서 성달생 정서본을 바탕으로 간행한 화암사판 계통이 7종으로 가장 많다. 다음으로 갑인자 및 을해자 복각본 계통이 3종 있다. 그리고 안심사판 복각본이 1종, 간경도감 언해본의 복각본이 1종 있다. 명나라 후기에 간행된 것으로 보이는 중국판이 1종 포함되어 있다. 『원각경』은 을해자 복각본으로 임란 전후에 간행된 판본 3책이 발견되었다. 모두 임란 전후에 간행된 판본이다. 또한 필사본 『고왕관세음경』 1책과 복장 조성의 발원 내력을 밝혀 주는 1639년 복장조성기가 발견되었다. 복장의 충전용으로 보협인다라니 낱장 27장이 수습되었다.

(4) 『고왕관세음경』 사경본

『고왕관세음경』은 분량이 짧은 경전이다. 따라서 단독으로 간행되기보다는 다른 경전과 함께 합본되어 간행되거나 필사된 경우가 많다. 그리고 다음과 같이 사경으로 제작되기도 했다. 이 사경은 『화엄예참』과 『아미타경』, 『고왕관세음경』을 같이 서사한 작품이다.

〈표〉 『고왕관세음경』 사경본 서지사항

서명	판본	간행(인출)년	형태사항
화엄예참	사경	순조 20(1820)	절첩, 흑지백니

6. 『성관자재구수육자선정聖觀自在求修六字禪定』

육자진언은 '관음보살의 미묘한 본심 진언'이라고 알려진 '옴마니반메훔' 6자를 가리킨다. 이 육자진언은 현재 티베트인들이 많이 지송하는 진언이다. 고려와 조선시대에도 이 진언이 새겨진 유물들이 상당수 남아 있는 것으로 보아 고려시대부터 폭넓게 지송되었던 것으로 보인다. 그리고 중요한 점은 1560년에 『성관자재구수육자선정(이하 육자선정)』이라는 이름의 언해본이 평안도 숙천부에서 간행되었고, 이후

이 판본의 복각본과 한문본 그리고 이 판본을 바탕으로 한 확장본이 지속적으로 간행되었다는 사실이다. 우선 육자진언의 출현 과정을 살펴본 다음 『육자선정』의 내용 구성과 간행, 그 이후의 판본을 서술하고자 한다.

1) 육자진언의 출현과 유통

육자진언이 처음 등장하는 경전은 『대승장엄보왕경大乘莊嚴寶王經』이다. 이 경전은 한역과 티베트역이 존재한다. 한역본은 중인도 야란타라국 밀림사 출신으로 980년 송나라에 들어온 천식재天息災가 982년에서 1000년 사이에 번역한 것이다. 그리고 티베트역본은 800년을 전후한 시기에 번역된 것으로 보고 있다. 한역본은 전체 4권으로 구성되어 있으나, 티베트역본은 한역본에 해당하는 내용 외에 상당량이 증보되어 있다. 이것은 번역의 저본이 되었던 산스크리트본이 달랐기 때문으로 보고 있다. 한역본에서 육자진언은 제4권에 등장한다.

산스크리트본은 1931년 7월 인도 카슈미르 길기트 지방의 탑형 구조물에서 오렐 슈타인이 발견했다. 여기서 여러 종의 산스크리트 문헌들이 출토되었는데, 7세기 이전 문헌으로 추정되었다. 이 속에 『대승장엄보왕경』이 포함되어 있었던 것이다. 이들 문헌을 분석한 결과 『대승장엄보왕경』은 6세기경 게송본이 먼저 성립되고, 뒤이어 산문본이 형성되기 시작하여 티베트역이 이루어지기 얼마 전에 완성된 것으로 보고 있다.[61]

이러한 과정을 거쳐 『대승장엄보왕경』 속에 들어 있던 육자진언이 신앙과 수행의 중심으로 부각된 것은 티베트에서 결집된 『마니칸붐(maëi bkaù ùbum)』에 의해서이다. 이 책은 대비관세음보살에 대한 신앙을 설명하고 있는 티베트 역사서이다. 원형 부분은 7세기경에 성립되고, 그때부터 13세기까지 발전하여, 15세기경에 완성된 것으로 보고 있다. 700패엽의 두 권으로 구성되어 있는 문헌 전체가 발견된 것은 17세기 중엽이다. 이 문헌은 2권 3영역으로 구성되어 있다. 제1권에 제1영역과 제2영역이 들어 있고, 제2권에 제3영역이 들어 있다. 제1영역은 경전부로서 석가모니와 관음보살의 공덕을 설명한 대역사 부분과 『대승장엄보왕경』, 『천수천안관세음보살광대원만무애대비심다라니경』, 쏭첸감포왕의 생애를 설명한 부분 등 4부분으로 구성되어 있다. 제2영역에서는 수행법을 설명하고 있고, 제3영역은 가르침과 쏭첸감포왕의 유언을 담고 있다.[62] 쏭첸감포왕은 7세기 초 티베트를 최초로 통일한 왕으로 이 문헌의 저자로 가탁되어 있다. 이는 이 문헌의 권위를 높이기 위한 후대의 조치로 보인다. 이 『마니칸붐』은 불교의 근본교리를 바탕으로 대승불교의 교리를 수용하면서 티베트 독자의 육자진언 신앙의 교리체계를 수립하고 있다. 특히 『대일경』의 '공성체득空性體得'이나 『금강정경』의 '오불묘행성취五佛妙行成就' 등은 『마니칸붐』의 교설에 지대한 영향을 끼치고 있다.

이렇게 티베트에서 체계화된 육자진언 신앙이 중국에 수용된 것은 요의 도액에 의해서이다. 그는 오대산 금하사金河寺 출신으로 생몰연대는 미상이다. 도액은 10세기 초에 『현밀원통성불심요집顯密圓通成

61 김무생, 「육자진언의 상징의미」, 『밀교학보』 창간호, 1999, 5~6쪽.

62 김무생, 위 논문, 6~7쪽.

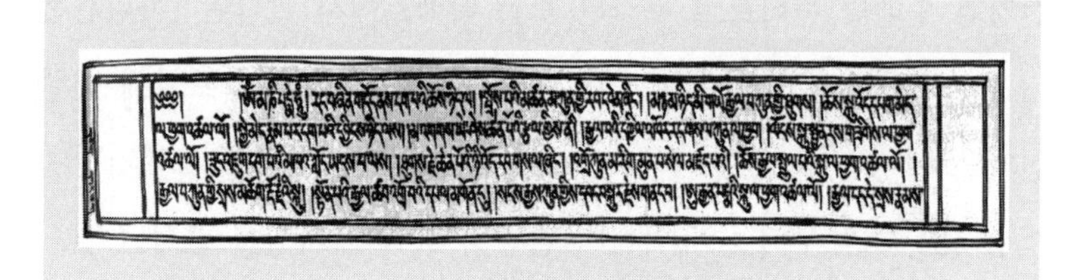

티베트본 『마니칸붐』

佛心要集(이하 원통심요)』 2권을 찬술하여 육자진언의 수행법을 최초로 조직하였다. 권말에 있는 문인 성가性嘉의 발문에 따르면, "도액은 선에 참입하고 도교를 배워서 박학다재하였는데, 안으로는 화엄의 교종을 참구하고 밖으로는 백가의 도에 통달하였다. 오대산에서 현밀을 닦다가 당시의 사람들 중 현교를 익히는 자는 공유선율空有禪律의 논쟁으로 구경의 원교圓教를 깨치지 못하고, 밀교에 뜻이 있는 자는 단의壇儀, 인계印契, 진언의 성자聲字를 진리라 하며 삼밀三密의 뜻을 말하지 않음을 개탄스럽게 여겼다. 이에 일행一行의 『대일경의석大日經義釋』과 각원覺苑의 『대일경의석연밀초大日經義釋演密鈔』 등에 의해서 이 『심요집心要集』을 찬술하였다."[63]라고 밝히고 있다. 이 『원통심요』는 2권 4편으로 구성되어 있는데, 상권에서는 현교심요顯教心要와 밀교심요密教心要 2편을, 그리고 하권에서는 현밀쌍변顯密雙辯과 경우술회慶遇述懷 2편을 논술하고 있다. 육자진언은 밀교심요 편에서 그 수행의궤를 밝히고, 현밀쌍변 편에서 그 위치를 논하고 있다.[64]

---

63 김무생, 「육자진언 신앙의 사적 전개와 그 특질」, 『한국밀교사상연구』, 동국대 불교문화연구원, 1986, 562쪽에서 재인용.

64 김무생, 위 논문, 561~563쪽 참조.

이러한 『원통심요』의 육자진언 신앙은 지광智廣, 혜진慧眞 등이 편집한 『밀주원인왕생집密呪圓因往生集(이하 왕생집)』으로 이어지고 있다.[65] 이들도 도액과 마찬가지로 생몰연대가 미상이나, 권수에 종수宗壽가 '대하천경칠년大夏天慶七年'에 서문을 쓴다고 밝히고 있다. '천경'은 서하 환종의 연호이며, 천경 7년은 1200년이다. 따라서 이 『왕생집』은 적어도 1200년 이전에 편집된 것으로 볼 수 있다.

특이한 점은 『원통심요』와 『왕생집』이 요와 서하에서 찬집되고 있다는 점이다. 티베트에서 체계화되고 요나라와 서하에서 수용되고 있다는 점, 그리고 그것이 몽골 원나라에서 성행하고, 다시 고려로 전파되었다는 점, 즉 육자진언은 북방 유목민족을 중심으로 광범위하게 유포된 진언이라는 사실이다. 그리고 『원통심요』와 『왕생집』을 주목해야 되는 또 다른 이유는 현행 『천수경』의 성립과정을 설명할 때 밝혔듯이 현행 『천수경』에 들어 있는 준제진언찬, 정법계진언, 호신진언, 준제진언, 정법계진언 등이 이 두 문헌에 전거를 두고 있다는 사실이다.

2) 『성관자재구수육자선정』의 내용 구성

위와 같은 스토리를 가진 육자진언이 1560년 조선에서 『성관자재구수육자선정』이라는 이름의 언해본으로 간행되었다. 자세한 과정은 아래에서 살펴보기로 하고 우선 육자진언이 한반도에 언제 전래되었는가를 알아보기 위해 이 육자진언이 남아 있는 유물들을 간단히 살펴보

---

65 김무생, 위 논문, 563쪽.

기로 한다.

우선 향완香垸으로는 1177년 표충사 청동은입사향완, 1368년 표훈사 향완, 1397년 청곡사 보광전 청동은입사향완, 14세기경 제작된 통도사 향완과 함평 궁주방 향완을 들 수 있다. 그리고 범종으로는 1157년 정풍正豊 2년명 범종, 1222년 오어사 범종이 있다. 오어사 범종은 종신의 위패 내부에 작은 글씨로 육자대명왕진언을 새겼다. 1469년 주성된 낙산사종은 보살상들 사이에 육자대명왕진언과 파지옥진언이 각각 위아래로 한 글자씩 크게 양주陽鑄되어 무늬처럼 장식되었다. 낙산사 종보다 3개월 뒤에 만들어진 봉선사종에는 유곽 위아래로 육자대명왕진언과 파지옥진언이 양주되었다. 그리고 같은 해인 1469년에 만들어진 수종사 종도 종신 상부에 육자대명왕진언을 한 줄로 양주하였다. 이 외에도 육자진언이 새겨진 동종으로는 1653년 마곡사 동종, 1657년 선암사 대각암 동종, 1722년 화엄사 대웅전 동종 등이 있다. 향완과 범종 외에 고려시대 고분에서 출토된 관의 측면에도 육자진언이 시문되었다. 2014년 12월 국립나주문화재연구소에서 발굴한 순창 농소고분에서 두 겹으로 된 관곽이 나왔는데, 안쪽 관 측면에 금가루로 육자진언과 파지옥진언이 반복적으로 시문되어 있었던 것이다. 이러한 유물들을 통해 본다면 적어도 12세기 중반 이전에는 한반도에 육자진언이 들어와 있었던 것이 확실하다.

문헌으로 본다면 『대승장엄보왕경』은 이미 고려 재조대장경에 입장되어 있다. 조선시대에 육자진언이 최초로 등장하는 문헌은 보물 제793-3호로 지정되어 있는 상원사 목조문수동자좌상 복장유물 중 『백지묵서제진언』이다. 권말에 주사朱砂로 쓴 필사기가 있는데, 이에 의하면 선종 선사 내호乃浩가 세조 9년(1463)에 필사한 것임을 알 수 있다.[66] 이 『제진언』에는 42수진언과 오대진언을 비롯하여 존승대심주, 육자진언, 문수진언 등의 진언이 범자로 묵서되어 있다.

이제 『육자선정』의 내용 구성과 간행을 살펴볼 차례가 되었다. 『육자선정』은 한문 원문에 한글로 구결을 달고 언해한 책이다. 한글로 한자 독음과 구결을 쓴 행을 앞에 놓고 다음 행에 한문 원문을 배치한 후, 한 단락이 끝나면 한글만으로 된 언해문을 수록하고 있다. 명종 15년(1560) 평안도 숙천부에서 개판되었다. 7행 14자로 주와 한글 토는 쌍행이다. 변상도 1장, 왕실축수문 패기 1장, 본문 46장, 발문과 시주질 3장 등 모두 51장이다. 우선 이 책의 내용 구성을 표로 정리해 보면 다음과 같다.

〈표〉 『성관자재구수육자선정』의 내용 구성

변상도		1장
패기		2장
성관자재구수 육자선정	聖觀自在求修六字禪定(소제목)	3장 a면 1행
	按如意輪集經云~	3장 a면 2행~4장 b면 5행
	初入禪定	4장 b면 6행~14장 a면 7행
관음보살육자 대명왕신주	觀音菩薩六字大明王神呪(소제목)	14장 b면 1행~4행
	육자진언의 유래	14장 b면 5행~16장 b면 4행
	육자진언의 공덕	16장 b면 5행~30장 a면 4행
	육자 종자種字 관법과 공덕	30장 a면 5행~45장 a면 2행
	7언 게송	45장 a면 3행~47장 b면 3행
	육자진언 전수 과정	47장 b면 4행~6행

66 "天順七年癸未七月初八日梵書 禪宗禪師乃浩盥手焚香稽首拜手."

차발사무량심운次發四無量心云	47장 b면 7행~48장 a면 4행
치성광왕여래주	48장 a면 5행~b면 4행
공덕게운功德偈云	48장 b면 5행~7행
발문과 시주질	49장~51장

우선 이 책의 서명은 일반적으로 『성관자재구수육자선정』이라고 알려져 있다. 내용이 시작되는 3장 a면 1행에 그렇게 시작되고 있기 때문이다. 이에 대해 남경란 교수는 경전의 내용 구성 등을 고려해 볼 때 『성관자재구수육자선정』은 앞부분의 제목일 뿐 전체 서명이 될 수 없다고 보고 본래 서명을 『육자대명왕경』 또는 『관세음육자대명왕신주경』으로 추정하고 있다.[67] 필자 역시 『성관자재구수육자선정』이 이 책의 본래 서명이 아닐 가능성이 농후하다고 본다. 그것은 이 책의 판각 상태를 보면 자연스럽게 알 수 있다. 이 책의 판각에 있어서 가장 큰 특징은 대두법이 적용되고 있다는 사실이다. 본문 내용은 모두 1열을 비우고 2열 이하에 배치되어 있다. 그리고 1열부터 시작하는 것은 3장 a면 1행 '성관자재구수육자선정'[68]과 14장 b면 1행 '관세음보살육자대명왕신주'뿐이다. 그리고 30장부터 45장까지 육자 종자種字 관법에서 옴마니반메훔에 해당하는 각각의 범자가 1열에 배치되어 있을 따름이다. 이것은 이 책이 크게 '성관자재구수육자선정'과 '관세음보살육자대명왕신주'로 구성되어 있다는 사실을 말해 준다. 그래서 위의 표와 같이 내용 구성을 정리한 것이다. 그리고

67 남경란, 「육자선정(육자대명왕경)의 일고찰」, 『배달말』 37집, 2005, 134~138쪽.

68 책의 체재 상 한글음이 먼저 나오고 다음에 한문 원문이 나온다. 따라서 1행에는 한글음이 배치되어 있다. 그러나 편의상 한문으로 표기하기로 한다.

분량도 '성관자재구수육자선정'이 12장 반을, 그리고 '관세음보살육자대명왕신주'가 33장 반을 차지하고 있다. 이 두 부분이 전체 51장 중 46장을 차지하고 있는 셈이다.

이 경전의 핵심은 육자대명왕신주에 있고, 그중에서도 육자 종자 관법에 있다. '육자선정'은 종자 관법에 들어가기 위한 선행 단계로 설해지고 있는 것이다. 그리고 본격적으로 육자 종자 관법에 들어가기 전에 육자진언의 유래와 공덕을 설명하고, 육자 종자 관법을 설한 이후에는 7언 게송으로 마무리하고 있다. 이러한 종자 관법의 결과로 얻을 수 있는 사무량심을 발원송으로 노래하고 치성광여래주와 공덕 회향으로 대단원의 막을 내리고 있는 것이다. 따라서 이 경전은 일관된 의도를 갖고 체계적으로 편집되었음을 알 수 있다. 하지만 원래 서명을 확실히 알 수 없는 상황에서 편의상 지금까지 통용되고 있는 『육자선정』이라는 이름을 본 논문에서는 이 책의 서명으로 사용하고자 한다.

'성관자재구수육자선정' 부분은 수행자의 마음가짐과 수행체계를 설명하고 있다. 처음에 '안여의륜집경운按如意輪集經云'이라 하여 『여의륜집경』에서 발췌하고 있음을 표시하고 있는데, 아직 이 경전을 밝히기 어렵다. 709년 보리류지가 번역한 『여의륜다라니경』이 있으나, 딱히 발췌된 문장과 일치하는 부분을 찾지 못했다.

'관음보살육자대명왕신주' 부분은 육자진언의 유래와 공덕을 설한 후 육자 종자 관법을 하나하나 나열하고 있다. 여기에서 육자진언의 유래를 다음과 같이 설하고 있다.

옛날 서천축 보타산 서북에 한 바위가 있었는데, 이름이 마리요지

馬里凹地였다. 이곳은 관세음보살이 중생들을 껴안고 설법을 베푸는 곳으로, 바위굴 속에는 무량수불이 한결같이 연꽃을 화化하고 있었다. 사덕師德이 장수長壽를 구하여 수행하다가 무량수불을 만났다. 무량수불이 사덕에게 말했다. "너는 대비보살을 닦아라." 그러자 사덕이 무량수불에게 물었다. "대비보살은 무슨 공능이 있습니까." 무량수불이 대답하기를, "옴마니반메훔이라는 주가 있는데 이것은 대비심육자대광명왕주이니라."

이것은 『대승장엄보왕경』이나 『마니칸붐』과는 또 다른 육자진언의 유래에 대한 설명이다.

육자진언의 공덕 부분은 내용상 거의 비슷한 부분을 『대승장엄보왕경』에서 찾을 수 있다. 하지만 그대로 인용하고 있는 것이 아니라 상당히 축약하여 독송에 편리하도록 발췌하고 있음을 알 수 있다. 이를 표로 제시하면 다음과 같다.

〈표〉 육자진언 공덕 부분 비교

	『육자선정』(1560년본)	『대승장엄보왕경』(한역본)
1	若人將自已皮爲紙 骨爲筆 血爲墨 書此神呪 功德無量 此呪功德無數	世尊若乏紙筆 我刺身血以爲墨 剝皮爲紙 析骨爲筆(4권)
2	世間 一切衆生身中 毛竅 取數有盡 此呪聖功德 無盡	善男子又如四大洲所有四足有情 師子象馬野牛水牛 虎狼猴鹿羖羊犲兎 如是等四足之類 我能數其一一毛數 善男子若念六字大明一遍所獲功德 而我不能數其數量(4권)
3	大千世界 應有塵土 取數有盡 此呪功德 無盡	善男子所有微塵我能數其數量 善男子若有念此六字大明陀羅尼一遍 所獲功德而我不能數其數量(4권)
4	世間 大海水 用毛一根 含水	善男子又如大海深八萬四千踰繕那 穴口廣闊無量 我能以

	枯乾 有盡 此呪功德 無盡	一毛端滴盡無餘 善男子若有念此六字大明一遍所獲功德而我不能說盡數量(4권)
5	世間 猶如大房一座 方圓一百由旬內 盛放芝蔴蒲實 有一不生不死人 遭一劫過 去取芝蔴一粒 如此取數有盡 此神呪功德 無盡	善男子又如天人造立倉廩 周一千踰繕那高一百踰繕那 貯積脂麻盈滿其中而無容針 彼守護者不老不死 過於百劫擲其一粒脂麻在外 如是倉內擲盡無餘 我能數其數量 善男子若念六字大明一遍所獲功德 而我不能數其數量(4권)
6	四大神洲內 善男子善女人修行得道 如此功能 有數 此呪功德 無數	善男子又如滿四大洲所住 男子女人童子童女 如是一切皆得七地菩薩之位彼菩薩衆所有功德 與念六字大明一遍功德而無有異(4권)
7	十二箇月內 晝夜雨下 無有休息 取其雨點數目 有盡 此六字神呪功德 無盡	善男子又如四大洲 於其一年十二月中 於晝夜分恒降大雨 我能數其一一滴數 善男子觀自在菩薩所有福德 而我不能說盡數量(1권)
8	十方國土 恒河沙數 有佛國 每一國中 用香花燈塗果 供養 其供養福善功德 有比 此六字神呪功德 無比	佛言如殑伽河沙數如來應正等覺 以天妙衣及以袈裟 飲食湯藥坐臥具等 供養如是諸佛所獲福德 與觀自在菩薩一毛端福其量無異(1권)

위의 사례들은 모두 인간이 생각하기에 무지막지한 숫자는 일일이 셀 수 있지만 육자신주의 공덕은 그 이상이어서 헤아릴 수 없다는 것이다. 가령 세상 모든 중생들의 털구멍은 일일이 셀 수 있지만 이 육자진언의 공덕은 헤아릴 수 없다는 식이다. 또한 세상 바닷물을 한 터럭으로 일일이 적셔서 말릴 수 있지만 이 육자진언의 공덕은 다할 수 없다고 설한다.

육자 종자 관법은 육자진언 하나하나를 염하는 공덕을 설하고 있다. 모두 10가지 공덕을 제시하고 있다. 육도생종자파괴六道生種子破壞, 육도문개六道門開, 육도불생六道不生, 파육도생고破六道生苦, 육바라밀성취六波羅密成就, 오불국생五佛國生, 득오불신得五佛身, 오불국중성도五佛國中成道, 득십지보살전설법得十地菩薩前說法, 변육종

신귀위육도설법變六種神鬼爲六道說法 등이 그것이다. 이러한 종자 관법은 종자를 오방五方, 오불五佛, 오지五智에 배당하는 것이다. 밀교경전의 종자전성포치법種字轉成布置法은 진언, 다라니를 단순히 독송하기 위해서가 아니라 식물의 종자와 같은 의미를 지닌 문자로 보고 그 종자문자를 자신의 몸에 안치하고 그것을 진언독송으로 육성시키면 자신의 몸속에서 진언, 다라니의 공덕이 일어나고, 스스로를 불보살의 몸으로 만들어 갈 수 있다는 생각으로부터 나온 것이다.[69]

오불, 오지에 대한 설명은 불공이 번역한 『금강정경』「금강계품」에 보인다. 그리고 육자진언은 그 이후에 번역된 『대승장엄보왕경』에 제시되어 있다. 이 양자를 『마니칸붐』에서 결합하여 종자 관법을 설하고 있는 것이다. 육자를 육신六身에 배당하고 이를 다시 육불격六佛格에 배당한다. 다시 이를 육지六智, 수행자의 발심, 육바라밀행, 우치愚癡·진에瞋恚·자만심·탐욕·질투의 오독심과 번뇌 제어, 오지와 구생자연생지俱生自然生智 발현, 그리고 무량심의 발휘에까지 연결시키고 있다. 『육자선정』에서는 이러한 논리를 채용하고 있다.[70] 따라서 『육자선정』은 『마니칸붐』의 영향을 다분히 받고 있다고 보는 것이다.

『마니칸붐』에서 옴마니반메훔의 여섯 글자는 부처님의 심신을 종자로 나타낸 것이기 때문에 그것을 지송하면 여러 가지 이익이 따르고, 그 진언에 담긴 말씀을 마음에 새기며 실천해 나가면 무량한

69 허일범, 「한국의 진언·다라니 신앙 연구-육자진언과 천수다라니를 중심으로-」, 『회당학보』 제6집, 2001, 61쪽.

70 허일범, 위 논문, 66~72쪽.

공덕이 일어난다고 본다. 따라서 육자진언 중의 종자자種子字 하나하나에 이루 헤아릴 수 없을 정도의 의미가 부여되었던 것이다.[71]

7언 게송 다음에 육자진언의 전수 과정을 기록한 문장이 나온다. "무량수불에 귀의합니다. 무량수불이 대자비심으로 친히 육자대명왕을 설하셨다. 그 광대한 공덕을 대사 라사태마에게 전수했고, 그는 다시 대사 사팔라에게 전수했다."[72] 라사태마와 사팔라는 티베트인으로 보인다. 따라서 이 육자진언이 티베트에서 전수되어 오다가 『육자선정』이라는 책으로 결집되었음을 알 수 있다.

'차발사무량심운' 부분은 사무량심에 대한 발원송이다. 『마니칸붐』에서는 다음과 같이 설하고 있다. "옴은 경계가 없는 평등하고 무량한 자비, 마는 무량한 자慈, 니는 무량한 비悲, 반은 무량한 희喜, 메는 무량한 사평등捨平等, 훔은 무량한 법성이다."[73] 『육자선정』에서 이를 차용하여 사무량심, 즉 자·비·희·사를 발원하고 있다.

3) 『성관자재구수육자선정』의 주요 간행본

말미에 발문이 실려 있는데 『육자선정』의 간행과정을 알려주는 중요한 기록이다. 따라서 전문을 옮겨본다.

대저 부처의 팔만 가르침의 바다는 너무 넓어서 끝이 없다. 따라서

---

71 허일범, 위 논문, 70쪽.

72 "南無 無量壽佛 大慈悲心 親說六字大明王 廣大功德 傳授 師剌思馱麻 上師傳授 師思八剌."

73 Vam 29b3. 허일범, 위 논문, 71쪽에서 재인용.

근원을 보다가 줄기에서 헤매거나, 줄기를 보다가 근원에서 헤매는 자들이 너무나 많다. 이 관음보살의 육자신주는 그 공덕이 세월과 공간을 뛰어넘으니, 하나를 염하면 열을 알고, 백을 송하면 천을 깨닫는 자들이 매우 많다.

그러나 이 법문의 판본은 동국東國에 일찍이 없었다. 호남 후인 둔세당遁世堂이 중국에서 출판된 판본을 우연히 얻었는데, 이를 간행하여 세상에 전하고자 함이 오래되었다. 관서 평원부의 한·김·배공 등이 한마음으로 힘을 합쳐 대서원을 발하였다. 세 집안의 재산을 희사하고 사방 사람들로부터 모연하여, 목판을 마련하고 인출하여 세상에 유포시켰다. 이 삼공 등은 정말로 관음보살의 본원을 잘 계승하여 동국 사람들의 마음과 눈을 트여준 자들이라고 할 수 있다. 이 일은 가정 경신년(1560)에 시작되어 같은 해 초여름에 끝났다.

한공 등이 나에게 발문을 청했는데, 나는 이를 사양하며 말했다. 학문은 원遠과 안安에 미치지 못하고, 문장은 이백과 두보에 비기지 못한다. 하물며 이 밀교의 은밀한 뜻은 허공의 뼛속에 감춰져 있어, 스승은 제자에게 전하지 못하고 제자는 스승에게서 받지 못한다. 어찌 내가 그 사이에 붓을 놀려 후세에 죄를 얻겠는가. 단지 공사의 연월만 성글게 적어 공들의 이름이 잊히지 않게 할 따름이다. 숙천에 사는 영리營吏 김은정金殷鼎이 서사한다. 가정 39년 정월 일 숙천부 관북에서 목판을 새기고, ~절에 보관한다.[74]

---

74 "夫釋迦佛之八萬教海 汪洋浩瀚 廣大無邊 故有望源迷派者 有見派迷源者 頗多矣 此觀音菩薩之六字神呪 功過曠劫 德勝河沙 故或念一知十者 或誦百證千者 甚衆

이 『육자선정』 판본은 둔세당이라는 사람이 중국본을 우연히 얻어 간행하려다가 뜻을 이루지 못하고, 평원부의 한천손韓千孫·김억근金億斤·배금돌裵金乭 등이 중심이 되어 1560년 평안남도 평원군 숙천부 관북에서 간행했음을 알 수 있다. 아쉬운 점은 둔세당의 생몰연대나 행적을 알 수 없다는 것과 언해는 어떻게 이루어졌는지 그리고 정작 이 발문을 쓴 사람을 누군지 알 수 없다는 사실이다. 마지막에 나오는 영리 김은정은 이 글을 지은 사람이 아니라 이 판본을 쓴 사람이다.

〈표〉 『성관자재구수육자선정』의 주요 간행본

서명	판본	간행(인출)년	간행처
성관자재구수육자선정	목판본	명종 15(1560)	평안도 숙천부 관북
성관자재구수육자선정	목판본	명종 22(1567)	
성관자재구수육자선정	목판본	선조 1(1568)	전라도 순창 취암사
성관자재구수육자선정	목판본	광해군 13(1621)	충청도 덕산 가야사
관세음보살육자대명왕다라니신주경	목판본	융희 2(1908)	감로사

숙천부 간행본은 명종 22년(1567) 다시 간행되었다. 간행지는 알

也 然此法門板本 於東國未曾有也 湖南後人 遁世堂 中華內出本文 偶然而得之 欲壽於梓 流傳於世 積有年矣 關西平原府 韓金裵公等 同心戮力 發大誓願 盡捨三家之財寶 傍募四境之皀白 請工鋟梓 印出行世 此三公等 眞可謂善繼觀音佛之本願 洞開東國人之心目者矣 且事始於嘉靖之庚申 刀落於庚申之孟夏 韓等因請後跋於余 余因辭曰 學問不如遠安 文章不牟李杜 況此密敎密意 藏於虛空骨中 故師不傳於弟 弟不受於師 余何弄筆於其間 獲罪於後世者也 組記施功年月 不忘公等之名目云尒 書寫肅川居營吏金殷鼎 嘉靖三十九年正月日肅川府舘北開板藏于寺.”

수 없으나 '융경원년정묘삼월일隆慶元年丁卯三月日'이라는 간기가 있어 1567년에 간행되었음을 알 수 있다. 그리고 선조 1년(1568) 전라도 순창 취암사에서 간행된 한문본이 있는데, 현재 고려대 도서관에 소장되어 있다. 권말에 '융경이년무진팔월순창취암사개간隆慶二年戊辰八月淳昌鷲岩寺開刊'이라는 간기가 기록되어 있다. 이 취암사판은 광해군 13년(1621) 충청도 덕산 가야사에서 다시 간행되었다. 권말에 '천계원년신유삼월일공홍도덕산지상왕산가야사개간天啓元年辛酉三月日公洪道德山地象王山伽倻寺開刊'이라는 간기가 있다. 그리고 1908년 서빈정사에서 박선묵朴銑默이 증집한 『관세음보살육자대명왕다라니신주경』이 있다. 한문에 한글 토를 단 한문본이다. 권말에 '융희이년무신오월단오서빈정사개간장우감로사隆熙二年戊申五月端午西賓精舍開刊藏于甘露寺'라는 간기가 있어 서빈정사에서 판각하고 감로사에 목판을 보관했음을 알 수 있다.[75]

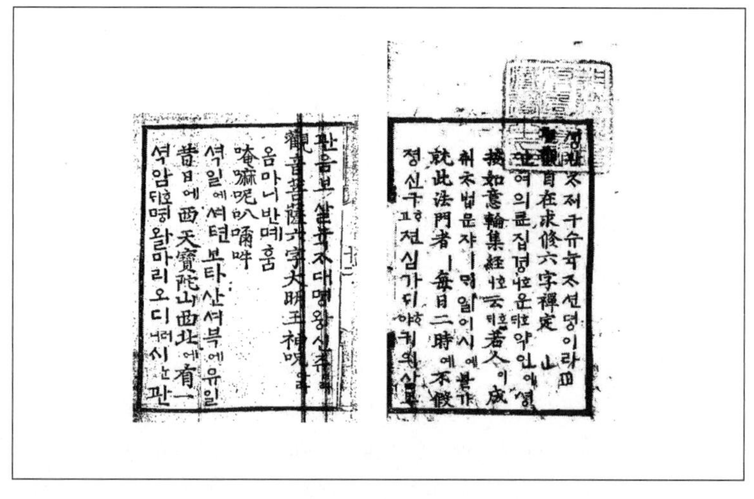
觀音菩薩六字大明王神呪
옴마니반메훔
唵嘛呢叭𠺗吽
昔日에西天寶陁山西北에有一
觀自在求修六字禪定
如意輪集經
就此法門者ㅣ每日二時에不假

1560년 숙천부 간행본

7. 『관세음보살예문觀世音菩薩禮文』과 『백의해白衣解』

관음보살에 대한 예참문으로서 고려시대부터 널리 독송된 것이 『관세음보살예문(이하 관음예문)』이다. 그리고 이에 대해 주석을 단 것이 『백의해』라는 책이다. 이 두 문헌의 내용 구성과 인용 경전에 대해 아래에서 자세히 살펴보고자 한다.

1) 『관세음보살예문』과 『백의해』

『관음예문』은 세종 6년(1424) 성달생에 의해 『육경합부』에 처음 포함된 이후 조선 후기까지 지속적으로 간행되었다. 그리고 국립중앙도서관, 동국대 도서관, 용화사, 송광사 등에 다수의 필사본이 남아 있는 것으로 보아 조선시대 내내 널리 독송되었던 것으로 보인다. 분량이 많지 않은 관계로 단독으로 간행되기보다는 필사되었던 것으로 판단된다. 『관음예문』은 관음보살에 대한 예경과 참회를 통해 자신의 죄업뿐만 아니라 모든 중생들의 죄업까지도 사라지기를 간절히 기원하는 글이다. 더불어 삼신불과 아미타불, 지장보살, 대세지보살, 그 외 여러 보살, 성문, 연각 등에까지도 예경과 귀의를 보내고 있다.

기존에 이 『관음예문』은 송대 자운준식慈雲遵式(964~1032)이 저술한 『청관세음보살소복독해다라니삼매의請觀世音菩薩消伏毒害陀羅尼三昧儀』에 처음 나타난다고 알려져 있었다. 이 글은 천태지의의 『국청백록』과 『청관세음보살소복독해다라니경請觀世音菩薩消伏毒害陀羅

75 우진웅, 박사학위논문, 136~141쪽 참조.

尼經』에 대해 천태지의가 주석한 『청관음경소』를 바탕으로 전체적인 틀을 갖춘 것이다. 그러나 문제는 이 『삼매의』의 내용과 체재가 『관음예문』과 다르다는 것이다. 『관음예문』은 여러 경전들의 내용을 바탕으로 정제의 과정을 거친 독송용 운문이라고 할 수 있다. 그렇다면 『관음예문』은 언제, 어디에서, 누구에 의해 편집된 것인가. 명확히 이에 대한 답을 내리기에는 아직 어렵지만, 그 실마리가 될 수 있는 자료가 있으니 바로 『백의해』[76]이다.

『백의해』는 백의관음에 대한 예참문이다. 본문과 술해述解 두 부분으로 구성되어 있다. 본문은 보타낙가산에 거주하는 성백의관자재보살에 대한 귀명예문歸命禮文과 찬송, 송주, 그리고 10업을 하나씩 참회하여 무량수국에 왕생할 것을 발원하는 참회문으로 구성되어 있다. 술해는 이러한 본문에 대해 경문을 인용하여 간단한 주해를 베푼 것이다.[77] 본서에 대해 『나려예문지羅麗藝文志』에는 권수 및 저자 미상이라고 설명한 후 송석하 소장이었다가 현재는 조명기 소장이라고 서술하고 있다.[78] 그런데 이 책의 저자에 대해서는 조명기 박사가 고려시대 '혜영惠永'이라고 고증했다.

이러한 논란은 이 책이 원본이 아니라 1950년대에 필사한 사본이라

76 『백의해』에 대해서는 다음의 논문을 참고할 수 있다. 서승연, 「고려시대 백의예참문 연구-백의해를 중심으로-」, 동국대 불교학과 석사학위논문, 1988; 이선이, 「백의해의 관음수행관 고찰」, 『불교연구』 24, 2006.

77 동국대학교 불교문화연구소 편, 『한국불교찬술문헌총록』, 동국대학교출판부, 1976, 137쪽.

78 이성의·김약슬, 『나려예문지』, 홍문서관, 1964, 325쪽.

는 점에서 출발한다. 이 책은 현재 동국대 도서관에 소장되어 있다. 이 필사본 『백의해』의 저본이 된 원본을 현재 확인할 수 없는 상황에서 이 책의 내용을 살펴보면 『관음예문』의 내용과 거의 유사하다. 만약 『백의해』가 고려시대 혜영의 저술이 맞다면 조선시대 『육경합부』에 포함된 『관음예문』은 이미 고려시대에 성립된 텍스트일 가능성이 농후한 것이다. 이는 『육경합부』 초간본에 실려 있는 성달생의 발문 내용과 일치한다. 즉 그는 발문에서 도인 신현으로부터 『금강경』 서사를 부탁받았는데, 이에 더하여 당시 사람들이 숭신하고 있던 나머지 다섯 가지 경전을 같이 서사한다고 밝히고 있기 때문이다. 따라서 『관음예문』은 당시에 널리 유포되어 있었던 것으로 보는 것이 타당하다.

현존본 『백의해』를 살펴보면, 우선 앞뒤로 내용이 빠져 있어 낙장이 있는 것을 알 수 있다. 그런데 필사본의 장차가 1장부터 시작하고 있는 것을 보면, 이미 원본이 낙장본이었을 가능성이 높다. 그리고 필사 상태를 보면 엄격히 대두법을 적용하고 있음을 알 수 있다. 즉 본문은 1열부터 배치하고 술해는 한 줄 내려 2열부터 적고 있는 것이다. 그런데 현존본 1장의 시작은 2열부터 시작하고 있어 이 부분은 술해의 내용임을 알 수 있다. 앞부분 본문과 술해의 내용이 결락되어 있는 것이다. 이 술해 부분은 5행까지 이어지고 6행부터 다시 본문과 그에 대한 술해가 이어지고 있다. 이때 6행에 나오는 본문 내용이 관음보살에 대한 귀명례인 "지심귀명례至心歸命禮 해안고절처海岸孤絶處 보타낙가산補陀洛迦山"이다.

맨 처음 나오는 술해 내용[79]을 검토해 보면, 이 부분 역시 앞부분이 결락되어 있음을 알 수 있다. 현재 수록되어 있는 부분은 소삼재小三災를 설명한 부분과 비悲·자慈·원願·성聖·대大에 대해 뜻풀이한 부분으로 나눌 수 있다. 소삼재는 기근, 역병, 도병刀兵을 이르는 것으로 겁탁劫濁이라고도 한다. 이는 오탁五濁 중 하나로, 오탁은 겁탁劫濁, 견탁見濁, 번뇌탁煩惱濁, 중생탁衆生濁, 명탁命濁을 이른다.[80] 우선 현존 필사본에는 기근에 대한 내용 없이 역병과 도병에 대한 언급 후에 경전의 내용을 인용하고 있으니, 앞부분에 기근에 대한 언급이 있었을 것임은 자명하다. 그리고 여기에 인용되어 있는 경전의 내용은 송대 천식재가 번역한 『불설누각정법감로고경佛說樓閣正法甘露鼓經』의 내용[81]과 가장 유사하다. 다음으로 소삼재에 대해 경전을 인용하여 자세히 술해한 것을 보면 본문에 이에 대한 내용이 나왔다는 것을 의미한다. 그리고 비·자·원·성·대 글자 하나하나에 대해 풀이하고 있는 것을 보면 이 글자들도 본문에 나타나야 한다. 그렇다면 이 술해 부분은 어떤 본문에 대한 풀이일까. 그 답은 『관음예문』을 보면 알 수 있다. 관음보살에게 10업을 참회하는 내용 앞에 아미타불을 찬탄하는 내용이 나오는데, 그 말미에 "령사오탁令辭五濁 대비대원大悲大願 대성대자大聖大慈 아등도사我等導師 아미타불阿彌陀佛"이라는

---

79 "歲時疫病災起 經七月七日 至十歲時 刀兵災起 七日七夜 更互殺傷 是爲小三災也 經云 由施衆生一摶食故 不生飢饉劫 由施衆僧一阿梨藥 不生疫病劫 由一日夜持不殺戒 不生刀兵劫 已上 大悲等者 拔苦名悲 與樂名慈 希欲爲願 證眞曰聖 此四深廣 並稱爲大."

80 권상로 譯述, 『관음예문강의』, 동아어문학회, 1978, 72~75쪽 참조.

81 "若有人一日持此遠離殺生之戒 彼人不生刀兵劫中 若以一訶梨勒布施衆僧 彼人不生疫病之劫 若以一盂飲食施於衆僧 彼人當得不生飢饉之劫."

문구가 나온다. 즉 현존본『백의해』제일 앞에 나오는 술해 부분은 바로 아미타불에 대한 설명인 것이다.

위에서 언급한 바와 같이 현존본『백의해』의 저자는 조명기 박사에 의해 고려시대 혜영임이 밝혀졌다. 혜영(1228~1294)의 속성은 강씨로, 문경 출신이다. 김훤金晅이 지은 '고려국대유가동화사주지오교도승통보자국존증시홍진비명高麗國大瑜珈桐華寺住持五教都僧統普慈國尊贈謚弘眞碑銘'[82]이 남아 있어, 이를 통해 그의 일대기를 알 수 있다. 이 비문에 따르면 "고려 원종 8년(1267) 속리사로 이주했고, 2년 뒤인 1269년 승통에 봉해졌는데, 마침 중찬中贊 류경柳璥이『백의예참白衣禮懺』을 청하니, 대사가 두루 경문을 인용하여『해解』1권을 찬술했다."[83]는 구절이 나온다. 류경(1211~1289)은 최씨 무신집정기에 최항의 신임을 받았던 인물로, 최항이 죽고 그의 아들 최의가 뒤를 이어 국정을 농단하자 고종 45년(1258) 별장 김준(?~1268) 등과 모의해 최의를 죽이고 왕정을 회복시켰던 고려 후기 문신이다.[84] 1269년에는 대사성 김구金坵(1211~1278) 등에게 임연林衍이 김준을 죽이고 공신이 된 사실을 비난했다가 이를 엿들은 환관 김경金鏡의 고발로 흑산도에 유배되기도 했다. 류경이 혜영에게『백의예참』을 요청한 때가

---

82 이능화,『조선불교통사』하, 176~178쪽; 조선총독부,『조선금석총람』상, 596쪽.

83 "至元四年(1267) 移住俗離寺 己巳(1269)加僧統 卒中贊柳公璥 請白衣禮懺 師旁引經文 撰解一卷 傳爲龜鑑."

84 유경의 삶과 학술에 대해서는 다음의 논문을 참고할 수 있다. 김건곤,「유경의 삶과 학술사상에 대한 소고-고려 후기 한문학의 기점과 관련하여」,『돈암어문학』제26집, 2013.

바로 이 해이다.

그런데 위 비문의 내용을 보면 류경이 요청한 것이 『백의예참』이라는 문장인지, 아니면 그에 대한 주해인지가 애매모호하다. 문장 상으로는 류경이 『백의예참』을 요청하자, 혜영은 이에 대해 경문을 인용하여 주해 1권을 찬술한 것으로 되어 있기 때문이다. 그렇다면 류경이 백의관음에 대한 예참문을 요구하니 이에 대해 혜영이 기존에 있던 관음보살에 대한 예문에 주해를 달아 이를 펴낸 것으로 보는 것이 타당하지 않을까 한다. 이렇게 해석하면 이 『백의해』 본문은 그 이전부터 존재했던 것이 된다. 현재로선 그 이상으로 추적하기는 어렵다.

2) 『관세음보살예문』과 『백의해』의 내용 구성

『관세음보살예문』과 『백의해』의 내용 구성을 표로 비교해 보면 다음과 같다.

〈표〉 『관세음보살예문』과 『백의해』의 내용 구성

<table>
<tr><th colspan="3">내용 구성</th><th>『관세음보살예문』</th><th>『백의해』</th></tr>
<tr><td colspan="3">관세음 찬탄</td><td>○</td><td>×</td></tr>
<tr><td colspan="3">삼신불 찬탄</td><td>○</td><td>×</td></tr>
<tr><td colspan="3">아미타불 찬탄</td><td>志心歸命禮 紫金嚴相 煇華百億刹中 白玉明毫 旋轉五峯山上 光流處處 無不攝生 影化重重 有緣皆度 若有三心克備 十念功成 接向九蓮 令辭五濁 大悲大願 大聖大慈 我等導師 阿彌陀佛</td><td>×</td></tr>
<tr><td>관세음예</td><td>제죄장
諸罪障
참회</td><td>귀명례</td><td>志心歸命禮 海岸孤絶處 補陀落伽山 正法明王聖觀自在 髮疑翠黛 唇艶朱紅 臉透丹霞 眉彎初月 乍稱多利 時號吉祥 皎</td><td>至心歸命禮 海岸孤絶處 補陀洛迦山 正法明王聖觀自在 髮疑翠黛 唇艶朱紅 光透丹霞 眉彎初月 乍稱多利 時</td></tr>
</table>

				素衣而目煥重瞳 坐青蓮而身嚴百福 響接危苦 聲察求哀 似月現於九霄 形分衆水 如春行於萬國 體備群芳 大悲大願大聖大慈聖白衣觀自在菩薩摩訶薩	號吉祥 瞰素衣而目煥重瞳 坐青蓮而身嚴百福 響接危苦 聲察求哀 似月現九霄 影分萬水 大悲大願大聖大慈聖白衣觀自在菩薩摩訶薩
			찬송	補陀山上琉璃界 正法明王觀世音 影入三途利有情 形分六道曾無息 慈悲不捨隨形化 宣說聽明祕密言	일치
			진언	唵 阿嚧勒繼 娑婆訶	일치
			참회	願滅 四生六道 法界有情 多劫生來諸業障 我今稽首禮 願諸罪障悉消除 世世常行菩薩道	願滅 我多生諸業障 我今稽首禮 迴願往生無量壽國
참	십업참회	살해업참회	귀명례	志心歸命禮 南海寶光山上 護黑風帆過之千商 西方金色界中 接緣水蓮開於九品 大悲大願大聖大慈聖白衣觀自在菩薩摩訶薩	至心歸命禮 海岸孤絶處 補陀洛迦山 素服華冠 圓容麗質 大悲大願大聖大慈聖白衣觀自在菩薩摩訶薩
			찬송	因修十善三祇滿 果秀千花百福嚴 逈寶山王碧海間 佩珠瓔珞白衣相 今將身業歸依禮 願天眼通遙證明	일치
			진언	唵 阿嚧勒繼 娑婆訶	일치
			참회	願滅 四生六道 法界有情 多劫生來 殺害業 我今稽首禮 願諸罪障悉消除 世世常行菩薩道	願滅 我多生殺害業 我今稽首禮 迴願往生無量壽國
		투도업참회	귀명례	志心歸命禮 金身坐蓮萼 飛妙香 除觸穢於人寰 寶手執楊枝 洒甘露 沃焦燃於鬼界 大悲大願大聖大慈聖白衣觀自在菩薩摩訶薩	至心歸命禮 海岸孤絶處 補陀洛迦山 素服華冠 圓容麗質 大悲大願大聖大慈聖白衣觀自在菩薩摩訶薩
			찬송	紫檀金色分雙臉 白玉明毫發兩鬓 百千日月掩輝華 億萬乾坤皆晃朗 今將身業歸依禮 願天眼通遙證明	일치
			진언	唵 阿嚧勒繼 娑婆訶	일치
			참회	願滅 四生六道 法界有情 多劫生來 偸盜業 我今稽首禮 願諸罪障悉消除 世世常	願滅 我多生偸盜業 我今稽首禮 迴願往生無量壽國

			行菩薩道	
	사행업참회	귀명례	志心歸命禮 除三災於災劫 災變不災 救八難於難鄕 難飜無難 大悲大願大聖大慈聖白衣觀自在菩薩摩訶薩	至心歸命禮 海岸孤絶處 補陀洛迦山 素服華冠 圓容麗質 大悲大願大聖大慈聖白衣觀自在菩薩摩訶薩
		찬송	澄凝間豁雙蓮目 靑紺分彎初月眉 項佩圓明金色光 頂盤間錯珠瓔翠 今將身業歸依禮 願天眼通遙證明	일치
		진언	唵 阿嚧勒繼 娑婆訶	일치
		참회	願滅 四生六道 法界有情 多劫生來 邪行業 我今稽首禮 願諸罪障悉消除 世世常行菩薩道	願滅 我多生邪行業 我今稽首禮 廻願往生無量壽國
	망어업참회	귀명례	志心歸命禮 遊百千億之凡界 化現居多越二十四之聖輪 圓通第一 大悲大願大聖大慈聖白衣觀自在菩薩摩訶薩	至心歸命禮 海岸孤絶處 補陀洛迦山 素服華冠 圓容麗質 大悲大願大聖大慈聖白衣觀自在菩薩摩訶薩
		찬송	菡萏紅蓮凝舌相 蘋婆丹果艶唇端 威儀相若象王行 說法音同獅子吼 今將口業稱讚禮 願天耳通遙聽聞	일치
		진언	唵 阿嚧勒繼 娑婆訶	일치
		참회	願滅 四生六道 法界有情 多劫生來 妄語業 我今稽首禮 願諸罪障悉消除 世世常行菩薩道	願滅 我多生妄語業 我今稽首禮 廻願往生無量壽國
	기어업참회	귀명례	志心歸命禮 尋聲救苦 應念與安 現一千手眼之形儀 蕩八萬身心之障惱 大悲大願大聖大慈聖白衣觀自在菩薩摩訶薩	至心歸命禮 海岸孤絶處 補陀洛迦山 素服華冠 圓容麗質 大悲大願大聖大慈聖白衣觀自在菩薩摩訶薩
		찬송	頂螺靑紺縈盤緖 肉髻朱紅杲艶分 照耀朦朧五彩明 當空宛轉千花秀 今將口業稱讚禮 願天耳通遙聽聞	일치
		진언	唵 阿嚧勒繼 娑婆訶	일치
		참회	願滅 四生六道 法界有情 多劫生來 綺語業 我今稽首禮 願諸罪障悉消除 世世常行菩薩	願滅 我多生綺語業 我今稽首禮 廻願往生無量壽國
	양설	귀명	志心歸命禮 金剛石之座上 法施善財 極樂國之宮中 位高勢至 大悲大願大聖大	至心歸命禮 海岸孤絶處 補陀洛迦山 素服華冠 圓容麗質 大悲大願大聖大

업참회	례	慈聖白衣觀自在菩薩摩訶薩	慈聖白衣觀自在菩薩摩訶薩
	찬송	赴感應機無暫息 尋聲救苦未曾休 三空定觀觀空空 四等住心心等等 今將口業稱讚禮 願天耳通遙聽聞	일치
	진언	唵 阿嚧勒繼 娑婆訶	일치
	참회	願滅 四生六道 法界有情 多劫生來 兩舌業 我今稽首禮願諸罪障悉消除 世世常行菩薩道	願滅 我多生惡口業 我今稽首禮 廻願往生無量壽國
악구업참회	귀명례	志心歸命禮 道安仰借 暫時乘現聖之神通 利涉超求 應念得不凡之詞辯 大悲大願大聖大慈聖白衣觀自在菩薩摩訶薩	至心歸命禮 海岸孤絶處 補陀洛迦山 素服華冠 圓容麗質 大悲大願大聖大慈聖白衣觀自在菩薩摩訶薩
	찬송	一音淸震三千界 七辯宣談八諦門 運悲隨願應群機 此界他方極六趣 今將口業稱讚禮 願天耳通遙聽聞	일치
	진언	唵 阿嚧勒繼 娑婆訶	일치
	참회	願滅 四生六道 法界有情 多劫生來 惡口業 我今稽首禮 願諸罪障悉消除 世世常行菩薩道	願滅 我多生兩舌業 我今稽首禮 迴願往生無量壽國
탐애업참회	귀명례	志心歸命禮 大悲心眞言利濟 應感隨機無盡意菩薩欽歸 超賢越聖 大悲大願大聖大慈聖白衣觀自在菩薩摩訶薩	至心歸命禮 海岸孤絶處 補陀洛迦山 素服華冠 圓容麗質 大悲大願大聖大慈聖白衣觀自在菩薩摩訶薩
	찬송	碧玉螺紋旋宛轉 紫金蓮掌畵分明 八功德水滌昏蒙 七寶楊枝除熱惱 今將意業虔誠禮 願他心通遙鑑知	일치
	진언	唵 阿嚧勒繼 娑婆訶	일치
	참회	願滅 四生六道 法界有情 多劫生來 貪愛業 我今稽首禮 願諸罪障悉消除 世世常行菩薩道	願滅 我多生貪愛業 我今稽首禮 廻願往生無量壽國
진에업참회	귀명례	志心歸命禮 四洲之遏漂溺 聖僧現擁紫檀衣 陜府之止婬迷 僊女化留金鎖骨 大悲大願大聖大慈聖白衣觀自在菩薩摩訶薩	至心歸命禮 海岸孤絶處 補陀洛迦山 素服華冠 圓容麗質 大悲大願大聖大慈聖白衣觀自在菩薩摩訶薩

			찬송	丹艷霞光身瑩淨 素凝月面貌希奇 觀根逗教不參差 說法利生咸解脫 今將意業虔誠禮 願他心通遙鑑知	일치
			진언	唵 阿嚧勒繼 娑婆訶	일치
			참회	願滅 四生六道 法界有情 多劫生來 瞋恚業 我今稽首禮 願諸罪障悉消除 世世常行菩薩道	願滅 我多生瞋恚業 我今稽首禮 廻願往生無量壽國
		치암업참회	귀명례	志心歸命禮 珠海波濤面 寶山巖窟心 紗襟飛透霧之煙 冠帶映輝瀛之月 大悲大願大聖大慈聖白衣觀自在菩薩摩訶薩	至心歸命禮 海岸孤絶處 補陀洛迦山 素服華冠 圓容麗質 大悲大願大聖大慈聖白衣觀自在菩薩摩訶薩
			찬송	胸藏黃金題卍字 足輪碧玉間千華 三十二相徧莊嚴 千百億身常救苦 今將意業處誠禮 願他心通遙鑑知	일치
			진언	唵 阿嚧勒繼 婆婆訶	일치
			참회	願滅 四生六道 法界有情 多劫生來 癡闇業 我今稽首禮 願諸罪障悉消除 世世常行菩薩道	願滅 我多生癡暗業 我今稽首禮 迴願往生無量壽國
지장보살에 귀의				○	×
대세지보살에 귀의				○	○
대해중보살에 귀의				○	○
연각, 성문, 현성승에 귀의				○	○
삼보와 관세음에 참회				○	○
발원문				○	×

위 표는 『관음예문』과 『백의해』의 내용 구성과 양자의 동이同異를 나타낸 것이다. 본론에 해당하는 '관세음에 대한 예참' 부분은 두 문헌의 텍스트 비교를 위해서 단락에 따라 일일이 문장을 제시했다.

나머지 부분은 단순히 ○, ×로 내용 수록 여부를 표시했다. 전체 구성은 관세음 찬탄, 삼신불 찬탄, 아미타불 찬탄이 서론 격으로 먼저 나오고 이어서 본론인 관음보살에 대한 예참이 길게 이어진다. 다음으로 지장보살에 귀의, 대세지보살에 귀의, 대해중보살에 귀의, 연각·성문·현성승에 귀의, 삼보와 관세음에 참회가 나온 후 발원문으로 마무리된다. 『백의해』는 앞뒤로 낙장되어 있고, 지장보살에 대한 귀의 부분이 빠져 있다. 그리고 『백의해』에는 중간 중간 필요한 위치에 술해 부분이 삽입되어 있다. 이 술해 부분은 편의상 위 표에 제시하지 않았다.

관음보살에게 예참하는 부분은 귀명례, 게송, 진언, 참회 등 네 부분으로 구성되어 있다. 모두 11단으로 되어 있는데, 제1단은 총론 격으로 제죄장諸罪障에 대한 참회를 하고 있고, 뒤이어 10업에 대한 참회가 나오고 있다. 『관음예문』과 『백의해』의 큰 차이는 『관음예문』은 귀명례 부분이 업에 따라 계속 바뀌고 있는 데 반해 『백의해』는 "지심귀명례至心歸命禮 해안고절처海岸孤絶處 보타낙가산補陀洛迦山 소복화관素服華冠 원용려질圓容麗質 대비대원대성대자성백의관자재보살마하살大悲大願大聖大慈聖白衣觀自在菩薩摩訶薩"로 동일하다는 점이다. 그리고 참회 부분에서 『관음예문』은 "원멸사생육도願滅四生六道 법계유정法界有情 다겁생래多劫生來~업業 아금계수례我今稽首禮 원제죄장실소제願諸罪障悉消除 세세상행보살도世世常行菩薩道"라고 발원하고 있는 데 반해 『백의해』는 "원멸아다생願滅我多生~업業 아금계수례我今稽首禮 회원왕생무량수국廻願往生無量壽國"이라고 발원하고 있다. 발원의 주체는 나로 일치하나 업의 주체가 다르다. 즉 『관음예문』은 사생육도 모든 중생의 업을 소멸시켜 주길 바라고 있는 반면 『백의해』는 나의 다생 업을 소멸시켜 주길 바라고 있다. 그리고 발원의 목적 또한 다르다. 『관음예문』은 모든 업장이 소멸하여 어느 생에서나 항상 보살도를 수행하길 바라고 있는 반면 『백의해』는 무량수국에 왕생하길 바라고 있는 것이다. 이는 신앙상의 큰 차이를 드러내는 것이다. 『백의해』가 정토경전에 입각한 관음신앙을 보이는 것이라면 『관음예문』은 『화엄경』 「입법계품」에 입각한 관음신앙을 보이고 있다. 『백의해』가 내 업의 소멸과 극락왕생을 간절히 바라는 개인적 신앙의 표출이라면 『관음예문』은 중생구제를 향한 보살적 신앙을 표현하고 있다. 이는 선재동자가 '보살행이란 무엇이고, 보살도는 어떻게 닦는가'라는 질문을 갖고 53선지식을 탐방하는 것과 비슷하다. 물론 이 과정에서 선재동자는 관음보살을 만나 자비법문을 듣는다.

3) 『백의해』의 인용 경전

『백의해』에서 혜영은 여러 대승경전을 인용하여 『관음예문』을 주해하고 있다. 이 경전들을 표로 제시하고, 각 경전들과 인용된 내용에 대해 설명하고자 한다.[85]

〈표〉 『백의해』의 인용 경전과 내용

『백의해』내용 구성	인용 경전	인용 내용
아미타불 찬탄	『불설누각정법감로고경』	由施衆生一摶食故 不生飢饉劫 由施衆僧一阿梨藥 不生疫病劫 由一日夜 持不殺戒 不生刀兵劫

85 서승연, 위 논문, 32~37쪽 참조.

관세음예참	제죄장 참회		『화엄경송』	海上有山衆寶成 賢聖所居極淸淨 衆流縈帶爲嚴飾 林葉花果滿其中 最勝勇猛利衆生 觀自在尊於此住
			『천수경』	大悲菩薩 久成正覺 號正法明王如來
			『천수경』	持此呪者 聰明多聞 强記不忘
			『금강정경』	觀自在菩薩 白佛言 世尊 我欲於此會中 說自心眞言 若纔稱誦一切如來 三昧現前 一切怖畏 厄難災難 及諸病惱 皆得消滅
	10업참회	살해업 참회		
		투도업 참회	『니건자경 尼乾子經』	兩眉高峻 圓如金山
			『관경』	眉間毫相 流出八萬四千光明 滿十方界 是爲掩日月之輝華
		사행업 참회	『금경』	眉細修揚 形如月初
			『관경』	項有圓光 面各百千由旬 其圓光中 有百億佛
			『관경』	摩尼妙寶 以爲天冠 其天冠中 立一化佛
		망어업 참회		
		기어업 참회		
		양설업 참회		
		악구업 참회	『유마경』	佛以一音演說法 衆生隨類各得解
			『구사론송』	四大洲日月蘇迷盧 欲天梵世各一千 名一小千界 此小千千倍 說名一中千 此千倍大千 皆同一成壞
		탐애업 참회	『관경』	手掌作五百億雜蓮華色 手十指端 各有八萬四千畫猶如印文 一一畫有八萬四千色
			『관정경』	佛使禪提比丘 往維耶梨城持神呪 救人疫病二十九年 民安其化 禪提死後 民復遭疫往其住處 但見所嚼齒木 擲地成林林下有泉 民酌其水 折楊枝歸洒病者 身毒氣消 土應時皆愈 又漢土北人 每至端午等日 以盆盛水搯楊枝置于門辟毒 旣此菩薩 順俗化故 以七寶飾楊枝 八功德水盛瓶

		진에업 참회		
		치암업 참회	『관경』	擧足時足下有千輻輪相 自然化成五百億光明臺 下足時有金剛末摩花 布散一切 無不彌滿
			『니건자경』	一足下平滿 二足下具足~
대세지보살에 귀의			『관경』	菩薩行時 十方世界 一時振動
			『관경』	此菩薩身相大八 亦如觀世音
			『관경』	此菩薩天冠 有五百妙寶蓮花 一一蓮華 有五百寶臺一一臺中 十方國土 皆於中現
			『관경』	頂上肉髻 有一寶甁 盛諸光明 普現佛事
제존보살에 귀의			『아미타경』	極樂國土 衆生生者 皆是阿毗跋致
			『아미타경』	其中多有 一生補處
연각, 성문, 현성승에 귀의			『심지관경』	父母恩 衆生恩 國王恩 三寶恩 名爲四恩
삼보와 관세음에 참회			『수능엄경』	今摠懺中 先擧口業者 菩薩以耳根圓通聞聲濟苦故也

아미타불 찬탄 부분에서는 위에서 설명한 바와 같이 송대 천식재가 번역한 『불설누각정법감로고경』을 인용하고 있다. 제죄장 참회에서는 『화엄경』 게송과 『천수경』, 그리고 『금강정경』을 인용하고 있다. 여기에 나오는 『화엄경』 게송은 40권본 『화엄경』에 나오는 것으로 비슬지라 거사가 선재동자에게 관음보살을 찾아가라고 권유하면서 읊은 찬탄이다.[86] 그리고 찬송에서 관음보살을 '정법명왕관세음正法明王觀世音'이라고 표현하고 있는데, 이것은 『천수경』에 나오는 명칭이다. 『관음예문』과 『백의해』에서 지속적으로 반복되는 '옴 아로늑계 사바하'라는 진언은 『금강정경』에 출처를 두고 있다고 설명한다.

---

86 "海上有山衆寶成 賢聖所居極淸淨 泉流縈帶爲嚴飾 華林果樹滿其中 最勝勇猛利衆生 觀自在尊於此住 汝應往問佛功德 彼當爲汝廣宣說."

투도업 참회에서는 『니건자경』과 『관경』을 인용하고 있다. 『니건자경』은 『대살차니건자소설경大薩遮尼乾子所說經』으로 보인다. 이 경전은 모두 10권으로 520년 보리류지가 번역했다. 이 경 제6권에 대살차니건자가 엄치왕嚴熾王에게 부처의 32상을 설명하는 다음과 같은 대목이 나온다. "두 어깨의 모습은 높이 드러나, 앞과 뒤 모두 둥글둥글하고, 신기한 광명이 대중의 눈을 비추니, 드높고 아름다워 금산과 같네."[87] 그런데 『백의해』에는 '양견兩肩'이 '양미兩眉'로 되어 있다. 아마 글자 모양이 비슷하여 필사하는 과정에서 잘못 쓴 것으로 보인다. 『관경』은 물론 『관무량수경』을 가리킨다. 인용 횟수로는 『관무량수경』이 제일 많은데, 이 경전에서 아미타불과 그 좌우협시인 관음보살과 대세지보살의 장엄된 모습을 자세히 설명하고 있기 때문으로 보인다. 사행업 참회에서는 『금경』과 『관무량수경』을 인용하고 있다. 『금경』은 북량시대 담무참이 414년에서 421년 사이에 번역한 『금광명경』을 가리킨다. 이 경전 제1권에 「찬탄품」이 있는데, 여기에 부처가 견뇌지신堅牢地神을 위하여 금룡존金龍尊이 과거, 미래, 현재의 여러 부처를 찬탄한 게송을 인용하는 부분이 나온다. '미세수양眉細修揚 형여월초形如月初'는 이 게송에 들어 있는 대목이다. 악구업 참회에서는 『유마경』과 『구사론송』을 인용하고 있다. 탐애업 참회에서는 『관무량수경』과 『관정경』에서 일부를 인용하고 있고, 치암업 참회에서는 『관무량수경』과 『니건자경』에서 인용하고 있다. 대세지보살을 설명하는 부분에서는 전적으로 『관무량수경』을 인용하고 있다. 위에서 언급한 바와

87 "兩肩相高顯 前後俱團圓 神光曜衆目 峻美如金山."

같이 이 경전에서 대세지보살의 모습을 자세히 설명하고 있기 때문이다. 여러 보살에 대한 귀의 부분에서는 『아미타경』을 인용하고 있다. 연각, 성문, 현성승에 귀의하는 부분에서는 『심지관경』을 인용하고 있다. 『심지관경』은 당나라 때 반야가 790년에 번역한 『대승본생심지관경大乘本生心地觀經』을 이른다. 이 경전 제2권에 「보은품」이 실려 있는데, 여기서 '사은四恩'을 설명하고 있다.[88] 마지막으로 참회하는 부분에서는 『수능엄경』이라고 경명을 밝히고 있지는 않으나, 이 경전에 나오는 관음보살의 '이근원통' 수행을 인용하고 있다.

이상의 인용 경전을 살펴보면 『관무량수경』과 『아미타경』 등 정토계 경전과 『천수경』, 『관정경』, 『금강정경』 등 밀교계 경전, 그리고 『유마경』, 『화엄경』, 『수능엄경』, 『금광명경』, 『대살차니건자소설경』, 『대승본생심지관경』 등 대승경전에서 두루 인용하고 있음을 알 수 있다.

88 "世出世恩有其四種 一父母恩 二衆生恩 三國王恩 四三寶恩 如是四恩 一切衆生平等荷負."

Ⅵ. 결론

첫째, 우리 조상들이 간행한 불서들 중 관음신앙 관련 불서를 추출해 보았다. 관음보살이 등장하는 불서들은 많다. 그중에 관음신앙을 직접적으로 표방하고, 간행 빈도수가 비교적 높으며, 무엇보다도 우리나라 관음신앙의 특징을 보여줄 수 있는 불서들을 골랐다. 이를 통해 『반야심경』, 『법화경』「관세음보살보문품」, 『화엄경』「입법계품」과 「보현행원품」, 『관무량수경』, 『대불정여래밀인수증요의제보살만행수능엄경』, 『육경합부』, 『천수경』, 『오대진언』, 『영험약초』, 『관세음보살영험약초』, 『불정심관세음보살대다라니경』, 『고왕관세음경』, 『몽수경』, 『성관자재구수육자선정』, 『법화영험전』, 『관세음지험기』, 『관세음보살지송영험전』, 『관음예문』, 『백의해』 등이 선정되었다. 이들을 1단계, 『한국불교찬술문헌총록』 찬술부를 참조하여 경전류, 사전부, 예참부로 나누고, 2단계, 현교 경전, 밀교 경전, 영험전, 예참문으로 나눈 다음, 3단계, 경전류를 각각 기본 경전, 특화 경전, 발췌 경전으로 나누었다. 거기에 개별 불서들을 각 항목에 배속시켰다. 이렇게 분류한 이유는 관음신앙 관련 개별 불서들의 내용과 구성 형식을 동시에 고려하여 각 불서들의 특징을 구조적으로 이해하기 위해서이다.

둘째, 이 불서들을 불서의 내용 구성과 출전을 분석하는 방법, 텍스트 구성의 변천을 검토하는 방법, 그리고 불서의 주요 간행본을 정리하는 방법 등을 적용하여 각 불서의 내용과 역사적 맥락을 검토했다. 특히 각 경전들이 내포하고 있는 관음신앙과의 관련성을 중점적으로 분석해 보았다.

『반야심경』은 대승불교의 이론적 핵심을 담고 있으면서도 늘상 불자들 사이에 암송되는 경전이다. 특히 위기의 상황에서 염송되던 구원의 텍스트이기도 했다. 관음보살이 설법주로 등장하기에 관음신앙의 확산에 중요한 역할을 했던 것이다.

『법화경』「관세음보살보문품」은 관음신앙의 기본 소의경전이라고 볼 수 있다. 『법화경』의 전체 구조 속에서 「관세음보살보문품」이 차지하는 위상을 살펴본 후 「관세음보살보문품」의 주요 간본과 언해본, 그리고 사경본을 살펴보았다.

『화엄경』에서는 특히 40권본에 초점을 맞추어 관음신앙과의 연관성을 논구해 보았다. 특히 우리나라에서 별도로 유행했던 「보현행원품」의 출전과 특징을 분명히 드러냈다는 데 의미가 있다.

『관무량수경』은 정토삼부경 중 가장 직접적으로 관음신앙을 드러내는 경전이다. 여기서 관음보살은 아미타불의 좌협시로 등장하여 현세와 내세 정토를 이어주는 역할을 한다. '나무아미타불 관세음보살'이라는 주문은 이에 근거한 것으로 보인다. 이 『관무량수경』은 조선 전기부터 후기까지 꾸준히 간행되는 경향을 보였다.

『수능엄경』은 관음보살의 수행법이 소개된 25원통장과 능엄주를 집중적으로 분석해 보았다. 이를 통해 관음보살에게 있어 소리가 갖는 의미가 무엇인지 분명히 인지할 수 있었다. 그리고 능엄주가 갖는 현세적 권능을 통해 관음신앙과의 관련성을 추론해 보았다.

『육경합부』는 조선시대 특유의 판본으로서, 여기에서는 우선 6개 경전의 내용 구성과 각 구성 부분의 출전을 밝혀 보았다. 그 다음 1424년 성달생에 의한 최초 간행 배경을 살펴보고, 6개 경전의 내용을 바탕으로 관음신앙과의 연관성을 검토해 보았다.

『천수경』은 가장 대표적인 관음신앙 소의경전 중 하나일 것이다. 현재 일반적으로 독송되는 『천수경』은 원본 『천수경』과 많이 다르다. 원본 『천수경』을 바탕으로 여러 진언과 다라니, 발원문들이 들어가 있기 때문이다. 그래서 원본 『천수경』과 현행 『천수경』으로 나누어 양자의 차이와 관계를 검토한 후 원본 『천수경』 간행본들을 정리해 보았다. 이 원본 『천수경』이 중요한 이유는 여기에 들어 있는 신묘장구대다라니가 이후 다른 다라니들과 결합하여 여러 형태로 간행되기 때문이다. 조선 후기 관음신앙 확산에 중요한 역할을 한 다라니다.

『오대진언』에서는 5개 진언의 구성과 출전을 분명히 밝힌 후, 가장 선본인 1485년 간행 상원사본에 이르기까지의 과정을 고려 후기 간행본과 1485년 이전 간행본을 통해 추적해 보았다. 그리고 1번 대비심대다라니는 원본 『천수경』인 가범달마 역본과 불공 역본을 동시에 참고하여 편집한 것인데, 여기에 들어 있는 42수진언의 구성 순서와 수인도의 출처를 밝혀 보았다. 그리고 '42자문'과의 관련 하에서 왜 42가지 수인이어야 했는지를 유추해 보았다.

『영험약초』와 『관세음보살영험약초』에서는 우선 『영험약초』의 출전을 일일이 확인해서 밝혀 놓았다. 그리고 『영험약초』에서 『관세음보살영험약초』로 넘어가는 1716년 감로사 간행본을 면밀히 검토해 보았다. 이 『관세음보살영험약초』는 『화천수』라는 이름으로도 불리며 조선 후기에 여러 차례 간행되어 관음신앙 확산에 중요한 역할을 했다.

『불정심관세음보살대다라니경』에서는 기존에 밝히지 못했던 이 경전의 출처를 추적해 보았다. 이를 통해 『불정심다라니경』은 『천수경』류에 속하는 지통 역 『천안천비관세음보살다라니신주경』과 보리류지 역 『천수천안관세음보살모다라니신주경』에 출처를 두고 있음을 알 수 있었다. 즉 『불정심다라니경』은 범 『천수경』에 속하는 경전이다. 판본조사를 통해 이 경전은 고려 후기부터 조선시대 내내 지속적으로 간행되었음을 알 수 있었다.

『고왕관세음경』과 『몽수경』은 남북조 시기 중국에서 싹튼 경전으로 한 세트를 이룬다. 우선 『고왕관세음경』의 내용 구성과 출전을 밝힌 후 『고왕관세음경』의 탄생 배경을 『속고승전』의 기사와 비교하며 살펴보았다. 『고왕관세음경』의 텍스트는 처음부터 지금 모습이었던 것이 아니라 소박한 형태의 『십구관음경』에서 시간을 두고 증보되어 갔는데, 그 과정을 추적해 보았다. 그리고 『몽수경』은 『고왕관세음경』과 마찬가지로 『십구관음경』을 출발점으로 하고 있는데, 이후 북송대를 거치면서 지금과 같은 모습의 텍스트를 갖추게 되었다.

『성관자재구수육자선정』에서는 조선시대 최초 간행본인 1560년 평안도 숙천부 간행본을 통해 내용 구성을 면밀히 검토해 보았다. 이를 통해 이 경전은 '성관자재구수육자선정'과 '관세음보살육자대명왕신주' 두 부분으로 구성되어 있음을 알 수 있었고, 따라서 이 경전의 본래 명칭은 '성관자재구수육자선정'이 아니었을 가능성이 농후함을 알 수 있었다. 그리고 『성관자재구수육자선정』과 육자진언의 원 출처인 『대승장엄보왕경』, 티베트 경전 『마니칸붐』 사이의 관계를 정리해 보았다.

『관음예문』은 관음보살에 대한 예참문으로서 이에 대한 주해서가 고려시대 혜영이 찬술했다는 『백의해』이다. 『백의해』는 원본은 없고, 1950년대에 필사한 사본만 남아 있다. 우선 『관음예문』과 『백의해』의 내용 구성을 비교하여 같은 점과 다른 점을 밝혀 보았고, 혜영이 『백의해』를 저술하면서 인용한 경전들을 일일이 추적해 보았다.

영험전은 경전 못지않게 관음신앙 확산에 중요한 역할을 했다. 신앙의 효과가 실제 영험담을 통해 리얼하게 전달되기 때문이다. 『법화영험전』은 고려 후기 요원에 의해 편찬되었지만 이후 조선시대에도 지속적으로 간행되었다. 고려시대 수원 만의사에서 『법화영험전』이 간행될 수 있었던 배경과 『법화영험전』의 구성과 내용을 살펴보았다. 그리고 1686년 백암성총이 간행한 『사경지험기』 중 하나인 『관세음지험기』의 탄생 배경과 여기서 일부를 발췌하여 언해한 『관세음보살지송영험전』의 관계를 분석해 보았다. 또한 『관세음지험기』의 기사 분석을 통해 어떠한 경전들이 관음신앙 형성에 바탕이 되었는지를 도출해 보았다.

끝으로 개별 불서들의 시기적 간행 상황을 정리해 본다.

① 『관무량수경』과 『불정심다라니경』은 전 시기에 걸쳐 골고루 간행되고 있다. 『관무량수경』은 아미타정토의 장엄함을 보여주는 경전으로서 아미타삼존의 기본 도상을 제공하는 경전이다. 전 시기에 걸쳐 아미타신앙의 성행을 보여주는 것이라고 생각된다. 『불정심다라니경』은 관음신앙의 영험성을 강조한 경전으로서 판화본과 언해본, 그리고 한문본이 지속적으로 간행된 것으로 보인다.

② 『법화경』 「관세음보살보문품」은 분량이 많지 않기 때문에 단독으로 간행되기보다는 『육경합부』와 함께 간행되거나 필사되는 경우가 많았던 것으로 판단된다.

③ 『육경합부』는 15세기에 집중적으로 간행되고 있다. 이후 18세기까지 지속적으로 간행되고 있다.

④ 『오대진언』과 『영험약초』는 15세기부터 17세기까지 집중적으로 간행되고 있다.

⑤ 『육자선정』은 16세기와 17세기에 집중적으로 간행되고 있다. 육자진언이 고려시대부터 여러 유물에 시문되거나 진언집과 의례집에 편입되어 있지만, 티베트처럼 육자진언을 중심으로 한 수행이나 신앙체계가 독자적으로 발달하지는 못한 것으로 보인다.

⑥ 『고왕관세음경』은 17세기부터 19세기까지 집중적으로 간행되고 있다.

⑦ 원본 『천수경』은 가범달마 역본이 17세기부터 간행되고 있다. 『천수경』은 원본 『천수경』과 『오대진언』, 『영험약초』, 『관세음보살영험약초』를 동시에 고찰해야 한다. 모두 신묘장구대다라니를 중심

으로 해서 그 영험, 그리고 42수진언을 내용으로 하고 있기 때문이다.

⑧ 『법화영험전』은 16세기에 집중적으로 간행된 후 18세기까지 꾸준히 간행되고 있다. 『관세음지험기』는 17세기에, 이 중 일부를 언해한 『관세음보살지송영험전』은 18세기에 간행되었다.

⑨ 『관음예문』은 『육경합부』의 육경 중 하나이기 때문에 이와 함께 간행되거나 필사되어 유통되었다. 『관음예문』의 주해서인 『백의해』는 고려시대에 저술되었으나 고려시대 간행본은 남아 있지 않고 1950년대에 필사된 낙장본이 현존한다.

⑩ 『반야심경』은 분량이 짧기 때문에 주로 암송되거나 필사되며 전승되었을 것으로 보인다. 간행본은 주석서들이 출판되었는데, 여말선초에 간행된 판본들이 이후 지속적으로 간행되는 경향을 보인다. 특히 『대전화상주심경』은 중국과 일본에서는 거의 유통되지 않았던 경전인데 유독 조선에서만 널리 유통되었다.

⑪ 「보현행원품」은 별도로 간행되기도 했지만 변상도와 함께 사경으로 많이 제작되었다. 고려시대 사경본은 특히 정교하게 제작되어 아름답기로 유명하다. 그리고 「능엄주」는 낱장 다라니로 제작되어 다수 유통되었다. 특히 복장 충전용으로도 제작되어 부처님 배속에서도 많이 발견되고 있다.

경전을 바탕으로 관음신앙이 형성되고, 이러한 신앙이 확산되면서 각종의 영험담들이 생성된다. 이러한 영험담은 중생들의 신앙심을 더욱 고취시키고, 이는 관음보살을 향한 예경과 참회를 더욱 간절하게 한다. 조선시대에 간행된 관음신앙 관련 불서들은 이러한 세 축을 기반으로 사이클을 그리면서 관음신앙을 더욱 고조, 심화시켜 갔던 것이다.

경전에서 시작하되 경전은 원형을 고수하지 않고 역사적 상황과 필요에 따라 새롭게 편집, 변형되어 간다. 이것을 추동하는 힘은 현실의 결핍을 누군가에게 호소하고 그 충족을 간절히 바라는 중생들의 간절한 신심일 것이다. 본문에서 일일이 밝혔지만 조선시대에 간행된 대다수의 관음신앙 불서들은 원형 그대로가 아니라 편집과 변형의 과정을 거친 텍스트들이다. 다라니와 진언을 중심으로 독송할 수 있는 텍스트로의 전환이 일어났던 것이다. 이러한 염송, 독송의 소리를 들어줄 존재는 누구인가. 바로 『법화경』「관세음보살보문품」에 나오는 일심一心으로 칭명稱名하면 그 소리를 듣고 고난에서 구해준다는 관음보살이었던 것이다. 그래서 이름도 '관음觀音'이 아닌가.

참고문헌

1. 원전자료

구마라집 역『摩訶般若波羅蜜大明呪經』

현장 역『般若波羅蜜多心經』

法月 역『普遍智藏般若波羅蜜多心經』

반야·利言 역『반야바라밀다심경』

智慧輪 역『반야바라밀다심경』

法成 역『반야바라밀다심경』

施護 역『佛說聖佛母般若波羅密多經』

『관무량수경』

『수능엄경』

60권본『화엄경』

80권본『화엄경』

40권본『화엄경』

『법화경』「관세음보살보문품」

『육경합부』

『고왕관세음경』

『몽수경』

『오대진언』

『영험약초』

『관세음보살영험약초』

『불정심다라니경』

『법화영험전』

『千眼千臂觀世音菩薩陀羅尼神呪經』

『千手千眼觀世音菩薩姥陀羅尼身經』

『千手千眼觀世音菩薩廣大圓滿無礙大悲心陀羅尼經』

『千手千眼觀世音菩薩大悲心陀羅尼』

『眞心直說』

『大智度論』

『續高僧傳』

『正訛集』

『佛祖統紀』

『杜英儁等十四人造像記』

『陀羅尼雜集』

『觀世音菩薩禮文』

『白衣解』

2. 목록·도록·사전

동국대 불교문화연구소 편, 『한국불교찬술문헌총록』, 동국대출판부, 1976.

『전국사찰소장목판집』

『동국대 고서목록』

『국회도서관 한국고서종합목록』

『조선불교전적전람회목록』, 전국불교학생회, 1950.

『高麗寫經展觀目錄』, 동대 불교문화연구소개창기념, 1962.

『이조전기국역불서전관목록』, 동대 불교문화연구소, 1964.

『이조전기불서전관목록』, 동대 불교문화연구소, 1965.

『한국찬술불서전관목록』, 동대 불교문화연구소, 1966.

『법화경전관목록』, 동대 불교문화연구소, 1967.

『금강반야바라밀경전관목록』, 동대 불교문화연구소, 1968.

『진언·의식관계불서전관목록』, 동대 불교문화연구소, 1976.

『한국의 전통 다라니-東齋文庫 소장자료 특별전』, 위덕대학교 회당학술정보원, 2004.

『사경변상도의 세계, 부처 그리고 마음』, 국립중앙박물관, 2007.

『불서를 통해 본 조선시대 스님의 일상-김민영 소장 귀중불서 특별전』, 동국대, 2007.

『김민영 소장 고서목록』, 동국대출판부, 2007.

『미국 예일대학교 도서관 소장 한국문화재』, 국립문화재연구소, 2011.

『'93책의해기념 한국의 책문화 특별전-출판인쇄 1300년』, 1993.
『마니칸붐』, 불교진각종 종학연구실, 2000.
『만해의 한글사랑-특별기획전』, 남한산성 만해기념관, 2006.
이성의·김약슬, 『나려예문지』, 홍문서관, 1964.
『불전해설대사전』, 일본 대동출판사, 1968.
운허, 『불교사전』, 동국역경원.
慈怡 편저, 「불광대사전」 2, 북경도서관출판사, 2004.
황수영 편, 『한국금석유문』, 일지사, 1976.
이능화, 『조선불교통사』 하.
조선총독부, 『조선금석총람』 상.

3. 저서 및 편저

석지현, 『불교를 찾아서』, 일지사, 1997.
圓仁 저, 申福龍 역, 『入唐求法巡禮行記』, 정신세계사, 1991.
김영태, 『한국불교사개설』, 경서원, 1993.
김행산, 『법화영험전』, 영산법화사출판부, 1982.
요원, 『법화영험전』 영인본, 단국대학출판부, 1976.
백암성총, 성재헌 옮김, 『사경지험기』, 동국대학교 출판부, 2014.
松長有慶 저, 張益 역, 『밀교 경전성립사론』, 불광출판부, 1999.
이기영 역해, 『반야심경』, 한국불교문화연구원, 1979.
불교신문사 편, 「천수경」, 『불교경전의 이해』, 불교시대사, 1997.
현봉 옮김, 『禪에서 본 반야심경-대전화상주심경』, 도서출판 송광사, 2002.
정승석, 『왕초보 법화경 박사되다』, 민족사, 2009.
강순애, 『장흥 보림사 초참본 월인석보 권25 연구』, 아세아문화사, 2005.
카마타 시게오, 장휘옥 역, 『화엄경이야기』, 장승, 1992.
장충식, 『한국사경 연구』, 동국대출판부, 2007.
법성 연의, 『화엄경 보현행원품』, 큰수레, 1993.
釋法性 편역, 『대승기신론』, 운주사, 2003.
坪井俊映(쓰보이 슌에이) 저, 李太元 역, 『淨土三部經概說』, 운주사, 1995.
전재성, 『천수다라니와 붓다의 가르침』, 한국빠알리성전협회, 2003.

一歸 역주, 如天無比 감수, 『역주 수능엄경』, 불일출판사, 1999.
이운허 역주, 『능엄경 주해』, 동국역경원, 1995.
심재열 강설, 『보조법어』, 보성문화사, 1986.
조오현 역해, 『벽암록』, 불교시대사, 2000.
김호성, 『천수경과 관음신앙』, 동국대학교출판부, 2012.
정각, 『천수경연구』, 운주사, 2001.
김무봉, 『역주 상원사중창권선문·영험약초·오대진언』, 세종대왕기념사업회, 2010.
김상현, 『신라화엄사상사연구』, 민족사, 1991.
천혜봉, 『한국전적인쇄사』, 범우사, 1990.
천혜봉, 『한국금속활자본』, 범우사, 2003.
천혜봉 편, 『국보 12 서예·전적』, 예경문화사, 1985.
한용운, 『한용운전집4』, 불교문화연구원, 2006.
세종대왕기념사업회, 『역주 불설아미타경언해 불정심다라니경언해』, 2008.
세종대왕기념사업회, 『역주 상원사중창권선문 영험약초·오대진언』, 2010.
뤄슈바오 지음, 조현주 옮김, 『중국책의 역사』, 다른생각, 2008.
권상로 譯述, 『관음예문강의』, 동악어문학회, 1978.
학담 해석, 『관음예문선해』, 큰수레, 2006.
학담, 『현수법장으로 읽는 반야심경』, 큰수레, 2013.
채상식, 『고려후기 불교사연구』, 일조각, 1991.
전북대학교박물관, 『전주·완주지역 문화재조사보고서』, 1979.
전라북도, 『사찰지』, 1990.
문명대·오진희·전윤미, 『지장암-지장암의 역사와 문화』, (사)한국미술사연구소·지장암, 2010.
牧田諦亮, 『疑經硏究』, 京都大學人文科學硏究所, 1976.

4. 학위논문

남희숙 「조선후기 불서간행 연구: 眞言集과 佛敎儀式集을 중심으로」, 서울대 국사학과 박사학위논문, 2004.
김찬용, 「조선시대에 유포된 관음영험설화-관세음보살지송영험전을 중심으로」, 동국대 석사학위논문, 1978.

우진웅,「한국 밀교 경전의 판화본에 관한 연구」, 경북대 문헌정보학과 박사학위논문, 2010.

김수현,「조선시대 관음도상과 신앙 연구」, 동국대 사학과 박사학위논문, 2005.

조용헌,「능엄경 수행법의 한국적 수용(耳根圓通과 性命雙修를 중심으로)」, 원광대 불교학과 박사학위논문, 2002.

任永泌(碧松),「산스크리트本「Samantabhadracary-apranidhanam」(「普賢行願品」)의 譯註 및 漢譯本 比較 硏究」, 中央僧伽大學校 석사학위논문, 2009.

김진열,「능엄경 연구」, 동국대 대학원 박사학위논문, 1991.

장운숙,「능엄경 이근원통 연구」, 동국대 불교학과 석사학위논문, 2009.

곽동화,「능엄경 판본에 관한 서지적 연구」, 한성대 문헌정보학과 석사학위논문, 2008.

김유리,「육경합부의 판본 연구」, 중앙대 문헌정보학과 석사학위논문, 2013.

윤혜진,「조선시대 불정심다라니경 판화 연구」, 동국대 불교예술문화학과 석사학위논문, 2012.

김수연,「고려시대 불정도량 연구」, 이화여대 사학과 석사학위논문, 2004.

서승연,「고려시대 백의예참문 연구-백의해를 중심으로-」, 동국대 불교학과 석사학위논문, 1988.

이옥금,「조선조 호남 사찰판에 관한 서지적 연구」, 상명여대 도서관학과 석사학위논문, 1988.

백혜경,「양주지역 불서 간행에 관한 연구」, 중앙대 문헌정보학과 석사학위논문, 2005.

탁효정,「조선시대 왕실원당 연구」, 한국학중앙연구원 한국학대학원 한국사학 박사학위논문, 2011.

이갑봉,「『관세음보살묘응시현제중감로』에 나타난 불교사상 연구」, 동방문화대학원대학교 불교문예학과 박사학위논문, 2014.

5. 학술지논문

김영태,「삼국(麗·濟·羅)의 관음신앙」,『한국관음신앙』, 동국대 불교문화연구원 편, 1997.

김영태,「신라의 관음신앙(삼국유사를 중심으로)」,『불교학보』 제8집, 동국대 불교문화연구소, 1976.
고익진, 「白蓮社의 思想傳統과 天頙의 著述問題」, 『불교학보』 16, 1979.
채상식, 「체원의 저술과 화엄사상-14세기 화엄사상의 단면」, 『한국화엄사상연구』, 동국대 불교문화연구원, 1982.
채상식, 「묘련사의 창건과 그 성격」, 『고려후기 불교사 연구』, 일조각, 1991.
홍윤식, 「조선시대 진언집의 간행과 의식의 밀교화」, 『한국밀교사상연구』, 동국대출판부, 1986.
이봉춘, 「조선시대의 관음신앙」, 『한국관음신앙』, 동국대 불교문화연구원 편, 1997.
이봉춘, 「조선 전기 불전언해와 그 사상」, 『한국불교학』 제5집, 한국불교학회, 1982.
이봉춘, 「왕실과 일반대중의 관음신앙」, 『조선시대 불교사 연구』, 민족사, 2015, 519~565쪽.
서윤길, 「조선조밀교사상연구」, 『불교학보』 제20집, 1983.
정병조, 「관음신앙의 현대적 의의」, 『관세음보살 33응신의 종합적 탐구』, 대한불교천태종 황해사, 2011.
이지관, 「經說 상의 관음신앙」, 『한국관음신앙』, 동국대 불교문화연구원 편, 1997.
김호성, 「천수경에 나타난 한국불교의 전통성」, 『석림』 26집, 동국대 석림회, 1993.
황금순, 「고려 수월관음도에 보이는 40『화엄경』 영향」, 『미술사연구』 제17호.
최범술 편, 「海印寺寺刊鏤板目錄」, 연대 『동방학지』 제11집.
한보광, 「한국정토사상의 특색」, 『정토학연구』 제13집.
宋敏, 「觀無量壽經과 月印釋譜 卷八의 比較」, 『성심어문논집』, Vol.2, 1968.
옥영정, 「장서각 소장 보물 『능엄경』과 『원각경』의 인쇄문화적 가치」, 『장서각』 제20집, 한국학중앙연구원, 2008.
편집부, 「천수경의 역사적 변천」, 『불교사상』 통권 제11호, 불교사상사, 1984.10.
남권희, 「고려말에서 조선중기까지의 구결자료에 대한 서지학적 연구」, 『도서관학논집』 27집, 1997.
남권희, 「12세기 간행의 불교자료에 관한 연구」, 『서지학연구』 제17집.
남권희, 「한국기록문화에 나타난 진언의 유통」, 『밀교학보』 7집, 밀교문화연구원, 2005.
남권희·최연식, 「진심직설의 저자에 대한 재고찰」, 『한국도서관·정보학회지』 31(2), 2000.

최연식, 「진심직설의 저자에 대한 새로운 이해」, 『진단학보』 94, 2002.
안병희, 「한글판 〈오대진언〉에 대하여」, 『한글』 195호, 한글학회, 1988.11.
안주호, 「오대진언에 나타난 표기의 특징 연구–성암본과 상원사본을 중심으로 –」, 『한국어학』 25, 2004.
안주호, 「상원사본 오대진언의 표기법 연구」, 『언어학』 11권 1호, 2003.
남경란, 「오대진언과 영험약초의 국어학적 연구」, 『한국전통문화연구』 제13집, 1999.1.
남경란, 「육자선정(육자대명왕경)의 일고찰」, 『배달말』 37집, 2005.
정태혁, 「능엄주 해의」, 『불교학보』 20권 0호, 동국대 불교문화연구원, 1983.
허흥식, 「14세기의 새로운 불복장 자료」, 『문화재』 제19호, 1986.
김무봉, 「불정심다라니경언해 연구」, 『한국사상과 문화』 제45집, 2008.
우진웅, 「불정심다라니경의 판본과 삽화에 관한 연구」, 『서지학연구』 제60집, 2014.
김무생, 「육자진언 신앙의 사적 전개와 그 특질」, 『한국밀교사상연구』, 동국대 불교문화연구원, 1986.
김무생, 「육자진언의 상징의미」, 『밀교학보』창간호, 1999.
허일범, 「고려·조선시대의 범자문화 연구」, 『회당학보』 제5집, 2000.
허일범, 「한국의 진언·다라니 신앙 연구–육자진언과 천수다라니를 중심으로–」, 『회당학보』 제6집, 2001.
이선이, 「백의해의 관음수행관 고찰」, 『불교연구』 24, 2006.
이병희, 「조선시대 사찰의 수적 추이」, 『역사교육』 61, 1997.
강인구, 「서산 문수사 금동여래좌상 불복유물」, 『미술자료』 제18호, 1975.
변동명, 「고려 충렬왕의 묘련사 창건과 법화신앙」, 『한국사연구』 104, 1999.
이종수, 「숙종7년 중국선박의 표착과 백암성총의 불서간행」, 『불교학연구』 제21호, 2008.
이종수, 「조선 후기 가흥대장경의 복각」, 『서지학연구』 제56집, 2013.
김건곤, 「유경의 삶과 학술사상에 대한 소고-고려 후기 한문학의 기점과 관련하여」, 『돈암어문학』 제26집, 2013.
차차석, 「『관세음보살묘응시현제중감로』에 나타난 관음신앙의 특징」, 『보조사상』 39집, 2013.
차차석, 「『관세음보살묘응시현제중감로』에 나타난 법화사상」, 『보조사상』 43집,

2015.
장경호, 「완주 화암사 극락전 조사보고서」, 『문화재』 12호, 1979.
김기종, 「지형의 불교가사 연구」, 『한국문학연구』 제24집, 2001.
김방울, 「고려본 『대전화상주심경』과 저자 문제」, 『서지학연구』 제77집, 한국서지학회, 2019.3.
李小榮, 「『高王觀世音經』 考析」, 『敦煌研究』, 2003年 第1期(總 第77期).
聶鴻音, 「明刻本西夏文 『高王觀世音經』 補議」, 『宁夏社會科學』, 2003年 第1期(總 第117期).
張總, 「觀世音 『高王經』 并應化像碑-美國哥倫比亞大學藏沙可樂捐觀音經像碑」, 『世界宗教文化』, 2010年 第3期.
牧田諦亮, 「高王觀世音經の成立: 北朝佛教の一斷面」, 『佛教史學』Vol.12 no.3, 佛教史學會, 1966.2.
桐谷征一, 「僞經高王觀世音經のテキストと信仰」, 『(立正大學)法華文化研究』 16號, 立正大學 法華經文化研究所, 1990.3.

6. 웹사이트

국가기록유산 (http://www.memorykorea.go.kr)
한국학중앙연구원 왕실도서관 장서각 디지털아카이브
서울대학교 규장각 한국학연구원 (http://kyujanggak.snu.ac.kr)
한국고전번역원 한국고전종합DB (http://db.itkc.or.kr)
한국역대인물종합정보시스템 (http://people.aks.ac.kr)
국립중앙도서관
한국고전적종합목록시스템 (http://www.nl.go.kr/korcis)
문화재청 (http://www.cha.go.kr)
한국금석문 종합영상정보시스템
불교기록문화유산아카이브
동경대 대정신수대장경
중화전자불전협회(CBETA)
원각사 성보박물관(도판 자료 인용)

찾아보기

김방울

한양대학교에서 법학, 한국전통문화대학교에서 문화재관리학을 공부했다. 한국학중앙연구원 한국학대학원 고문헌관리학과에서 불교서지학을 전공하여 박사학위를 취득했다. 한국전통문화대학교, 청주대학교, 용인대학교 예술대학원, 대구가톨릭대학교 대학원에서 강의를 했다. 한국학중앙연구원 장서각, 한국전통문화대학교 한국철학연구소, 한국국학진흥원에서 전임연구원을 역임했다. 주로 동아시아 문헌들 사이의 상호관계를 연구하고 있다.

저·역서로 『17세기 조선 로열패밀리의 결혼』(공역), 『홍범연의』(공저), 『17세기 조선 왕실 가족의 혼례-가례등록·명안공주가례등록』(공저) 외에 다수의 연구논문이 있다.

관음신앙 경전 연구

초판 1쇄 인쇄 2025년 1월 17일 | **초판 1쇄 발행** 2025년 1월 27일
지은이 김방울 | **펴낸이** 김시열
펴낸곳 도서출판 운주사
(02832) 서울시 성북구 동소문로 67-1 성심빌딩 3층
전화 (02) 926-8361 | **팩스** 0505-115-8361

ISBN 978-89-5746-864-7 93220 값 23,000원
http://cafe.daum.net/unjubooks 〈다음카페: 도서출판 운주사〉